REDLINE WIRTSCHAFT

MICHAEL OPOCZYNSKI
JÜRGEN E. LESKE

ZDF WISO

Erben und Vererben

- Testament
- Erbfolge
- Pflichtteil
- Steuern

REDLINE WIRTSCHAFT

Michael Opoczynski / Jürgen E. Leske
WISO Erben und Vererben
4., aktualisierte und erweiterte Auflage
Testament / Erbfolge / Pflichtteil / Steuern
Frankfurt: Redline Wirtschaft, 2004
ISBN 3-636-01161-8

Unsere Web-Adresse:
http://www.redline-wirtschaft.de

Umschlag: INIT, Büro für Gestaltung, Bielefeld
Coverabbildung: Tony Stone

Ein Unternehmen der Süddeutscher Verlag Hüthig Fachinformationen
Satz: Sachartschenko & Spreitzer OEG, Wien
Druck: Himmer, Augsburg
Printed in Germany

INHALT

EINLEITUNG

Als sich die beiden deutschen Staaten vereinigten, da mussten wir alle staunend einiges lernen. Wer sich für Wirtschaft interessierte, nahm mit Stirnrunzeln zur Kenntnis, dass wir ab sofort nun in Milliarden Mark zu rechnen hatten, Milliarden, die die Vereinigung kosten sollte. Milliarden, um die sich der Staat verschulden würde. Früher gab es Staatskrisen, wenn Millionendefizite drohten, nun wird man erst bei Milliarden nervös.

Ähnlich ergeht es dem, der sich mit dem Vermögen befasst, das die Deutschen inzwischen angespart und angehäuft haben. Nur, dass da nicht mehr von Milliarden Mark die Rede ist, sondern sogar von Billionen – und das auch noch in Euro. Wie viel eine Billion Euro sein soll, das entzieht sich der Vorstellungskraft eines durchschnittlichen Bürgers. Nun wird berichtet, zur Zeit des Übertritts in das neue Jahrhundert habe – auf die letzten Jahrzehnte gerechnet – via Erbschaft eine Umverteilung im Wert von an die zwei Billionen – damals noch – Mark stattgefunden, davon Immobilien in den letzten zehn Jahren im Wert von 345 Milliarden DM.

Das sind imposante Zahlen. Ihre Bedeutung ist kaum vorstellbar. Umso erstaunlicher der Befund, dass sich diejenigen, die solche Vermögensmassen hinterlassen (können), die Deutschen nämlich, sich kaum darum scheren, was aus ihrem Vermögen einmal werden soll.

Sicher: Vererben hat mit dem Tod zu tun und über den spricht keiner gern, über den eigenen erst recht nicht. Das mag eine Begründung sein. Merkwürdigerweise haben sich die Vermögenden früher mehr um die Frage gekümmert, was einmal nach ihrem Tod aus ihrem Lebenswerk wird. Das lag vielleicht daran, dass sich Vermögen auf eine dünnere Schicht der Bevölkerung konzentrierte, und dort schon seit Jahrhunderten. Es bildete sich im Bürgertum – und beim Adel ohnehin – eine Kultur des Denkens in Generationen aus. Man arbeitete nicht für hier und heute, sondern für die Familie, für die Kinder, die Nachkommen überhaupt, für den Stand, den Clan. Der Adel ging noch weiter: Er dachte dynastisch.

An der Wende vom 19. zum 20. Jahrhundert gab es Zulauf im Club der Wohlhabenden, die Gründerzeit entwickelte eine Schicht Reicher, die ihren Wohlstand auch zeigten. Die schönsten Teile unserer heutigen Städte sind meist solche, die zu dieser Zeit gebaut wurden.

Das Gros dieser Wohlhabenden aber lebte durchaus nicht besonders aufwändig. Man hielt sein Sach' zusammen. Die Rentiers und Privatiers, deren Grabsteine wir noch auf alten Friedhöfen finden, waren alles in allem eher bescheiden. Das waren oft Tüftler, die genau überlegten, wie sie ihr Geld rentabel und wertbeständig anlegten, sodass die Familie noch in Generationen davon zehren kann.

So ist es kein Zufall, dass unser Erbrecht, wie wir es heute vorfinden, just in dieser Zeit formuliert wurde. Das Bürgerliche Gesetzbuch, das unser Erbrecht enthält, stammt aus dem Jahre 1896 und wurde viele Jahrzehnte vorher vorbereitet und ausführlich diskutiert. Es ist ein außerordentlich kunstvolles Gesetz und der Teil über das Erbrecht besonders. Es umfasst das Fünfte Buch im Bürgerlichen Gesetzbuch, von § 1992 bis § 2385. Es zählt also genau 443 Paragrafen.

Im Wesentlichen basiert es übrigens auf dem römischen Erbrecht, das auch und gerade auf diesem Gebiet vorbildlich war.

Wir haben jetzt in Deutschland lange glückliche Jahre des Friedens seit dem Zweitem Weltkrieg hinter uns, ein halbes Jahrhundert, länger als jede andere Friedensperiode in unserer Geschichte. Frieden schafft Wirtschaftskraft, das zeigt das Beispiel Deutschland und Europa in überzeugender Weise. Es hat sich hier bei uns ein nie gekannter Wohlstand entwickelt, diesmal fast durch alle Schichten der Bevölkerung hindurch.

Aber: Es ist nicht in gleichem Maß ein Sinn für den Wohlstand gewachsen, geschweige denn eine Kultur des Eigentums. Es scheint fast so, als ob der Satz „nach mir die Sintflut" das Motto unserer Zeit wäre.

Hier können wir alle ein wenig nachholen. Denn es sollte keinem egal sein, was nach ihm wird. Man pflegt seine Dinge anders, wenn sie auch für Erben gedacht sind, man baut ein Haus anders, in dem auch die Enkel leben könnten.

Die Grundlage für eigenverantwortliche Gestaltung der eigenen Dinge auch im Hinblick auf die nächsten Generationen ist vorhanden. Wir haben ein hochdifferenziertes Erbrecht, das alle Möglichkeiten der Gestaltung bietet. Nur: Wir sollten uns gelegentlich auch damit beschäftigen. Tun wir das nicht, dann wird aus unserem Vermögen das, was das Gesetz als Notfall vorsieht. Und dieser Notfall ist konstruiert aus der Sicht eines konservativ-patriarchalischen Staates wilhelminischer Zeit. Viele Rechtsfolgen könnten anders und zeitgemäßer eintreten, wenn wir das nur wollten. Die Gestaltungsfreiheit lässt uns das Gesetz – so liberal ist es schon.

Machen Sie davon Gebrauch – zum eigenen Nutzen und dem Ihrer Umgebung. Und noch eines: Zur Kultur des „Über-die-eigene-Lebenszeit-hinaus-Denkens" gehört nicht nur die Information. Die liefert dieser Ratgeber. Zu ihr gehört auch ein freier, erhobener Kopf, eine positive Einstellung zum Leben. Sie ist eine gute Grundlage dafür, die Zukunft zu planen.

Ziehen Sie Bilanz – wirtschaftlich, familienplanerisch. Ergründen Sie, was Ihre Eltern und Großeltern geschaffen haben und wie sich das auf Ihre Familie auswirkt bzw. auswirken soll. Planen Sie ein „Gesamtkunstwerk", in dem Ihr Lebenspartner seinen Platz findet und die nächsten Generationen. Wer fest mit beiden Beinen auf dem Boden steht, hat den Kopf frei für kühne Konzepte. Mit kühlem Kopf und heißem Herz – das ist die richtige Temperaturverteilung, damit ein großer Wurf gelingt.

I.

DIE ERBFOLGE HAT EINE ORDNUNG

Wir Menschen sind Träger von Rechten und Pflichten, das gilt bei uns in Deutschland ausnahmslos für jeden. Unterschiede gibt es zwar. So hat ein Deutscher andere Rechte und Pflichten als ein Ausländer, ein Minderjähriger andere als ein Volljähriger, ein Mann andere als eine Frau.

Aber ein Grundfundus an Rechten steht jedem zu, etwa das Recht auf Leben, auf Eigentum, auf den Schutz seiner Würde. Jedoch: Mit dem Tod eines Menschen endet seine Rechtsfähigkeit, also die Fähigkeit, Rechte zu haben und Pflichten auszuüben. Mit dem Tod eines Menschen tritt vielmehr der Erbfall ein. Die Rechtsstellung des Verstorbenen übernehmen in der Stunde des Todes die Erben.

1. Ein paar Begriffe vorweg

Damit Sie verstehen, wovon hier ständig die Rede ist, erklären wir kurz ein paar Begriffe vorweg. Es handelt sich dabei um Ausdrücke, die viele auch im Alltagsleben verwenden. Hier aber müssen wir etwas präziser sein. Wir erläutern Ihnen also die Begriffe so, wie sie im Erbrecht gelten und wie wir sie in diesem Ratgeber dann auch verwenden. So verstehen Sie besser, was Ihnen Ihr Rechtsanwalt oder Notar über Erbrecht erzählt, wenn Sie einmal Rat suchen.

Erblasser

Also, wie gesagt: Die Rechtsstellung des Verstorbenen übernehmen in der Stunde des Todes die Erben. Der Verstorbene wird mit dem unschönen Wort „Erblasser“ bezeichnet, weil er ein Erbe hinterlassen hat. Die Erben übernehmen im Augenblick des Todes die Rechtsstellung des Erblassers. Dazu bedarf es nicht irgendwelcher Übertragungsakte. Die Erben müssen nicht einmal vom Erbfall – also vom Tod des Erblassers – etwas wissen, um Erbe zu sein. Sie können sich, zunächst, nicht einmal gegen ihre Erbenstellung wehren. Sie sind es kraft Gesetzes.

Häufig muss man erst recherchieren, um zu erfahren, wer Erbe geworden ist. Wenn etwa keine nahen Verwandten des Verstorbenen bekannt sind, dann kann es sein, dass erst nach ihnen oder ferneren Verwandten gesucht wird. Findet sich ein entfernter Onkel, dann ist dieser es vielleicht, der Erbe geworden ist, wenn der Erblasser nichts anderes verfügt hat. Der Onkel ist aber Erbe, auch wenn er es nicht weiß und auch wenn das Nachlassgericht ihn nicht kennt.

Freilich kann es sein, dass jemand das Erbe dann ausschlägt. Oder es gibt niemanden, der nach den gesetzlichen Bestimmungen Erbe ist – dann tritt der Staat ein.

Der Erblasser hat die Möglichkeit, selbst zu bestimmen, wer sein Erbe ist. Das ist sein höchstpersönliches Recht. Er kann sehr weitgehend selbst gestalten, was aus seinem Vermögen einmal werden soll. Die Grenzen seiner Gestaltungsmöglichkeit liegen allenfalls im Sittenwidrigen. Sonst kann er bestimmen, was er will. Wenn das dem Erben nicht behagt, muss er das Erbe eben ausschlagen.

Logiker werden sich daran stören, dass wir oben gesagt haben, der Erblasser sei der Verstorbene und nun vortragen, der Erblasser könne etwas noch vor seinem Tod bestimmen. Das scheint ein Widerspruch zu sein. Das Gesetz nennt den Verstorbenen den Erblasser, aber auch, in einzelnen Fällen, eine lebende Person, nämlich denjenigen, der ein Testament verfasst, oder die Personen, die einen Erbvertrag schließen.

Erbfall

Der Tod eines Menschen ist der Erbfall. Er ist der Augenblick, in dem das Vermögen des Verstorbenen, des Erblassers, auf den oder die Erben übergeht.

Es kommt normalerweise nicht darauf an, den Augenblick des Erbfalls genau festzustellen, weshalb man diesen Zeitpunkt auch selten exakt benennen muss. Grundsätzlich geht es darum, überhaupt den Nachweis des Erbfalles zu liefern, nämlich den des Sterbefalls. Das geschieht mit Hilfe der Sterbeurkunde, die der Standesbeamte ausfüllt.

Wenn eine Person verschollen ist und für tot erklärt wird, gilt der Mensch, der in der Todeserklärung genannt wird, zu dem Zeitpunkt als gestorben, der in der Urkunde festgehalten ist. Diese Erklärung ist aber widerlegbar. Kann also später ein anderer Todeszeitpunkt nachgewiesen werden oder gar, dass der angeblich Verstorbene doch noch lebt, dann kann die Feststellung in der Urkunde korrigiert werden.

Der genaue Zeitpunkt des Todes eines Menschen ist deshalb in Sonderfällen wichtig, weil nur Lebende erben können. Kein schönes Beispiel, aber so etwas kommt vor: Stellen Sie sich einen Verkehrsunfall vor, bei dem eine ganze Familie umkommt, die Eltern und die beiden Kinder. Stirbt der Vater als Erster, dann sind die Ehefrau und die Kinder Erben des Vaters. Dann kommt es darauf an, in welcher Reihenfolge die drei anderen Personen starben. Je nachdem verteilt sich das Vermögen anders, vor allem dann, wenn Testamente gefunden werden.

Kann in einem solchen Fall nicht nachgewiesen werden, wer zuerst starb, wird vom gleichzeitigen Tod der Beteiligten ausgegangen. Das kann erhebliche Bedeutung für das Schicksal des Vermögens haben.

Erbe

Erbe sein kann jede natürliche Person, also alle Menschen aus Fleisch und Blut, aber auch juristische Personen, etwa eine GmbH oder eine Aktiengesellschaft.

Es gibt Erben, deren Stellung sich aus dem Gesetz ergibt, die gesetzlichen Erben. Jeder Erblasser aber kann sich über das Gesetz hinwegsetzen und selbst Erben benennen, die mit denen identisch sein können, die sich aus dem Gesetz ergeben, oder auch nicht. Er kann hier völlig willkürlich handeln. Man nennt diese Erben die gewillkürten Erben. Die Bestimmung der gewillkürten Erben nimmt der Erblasser im Testament oder im Erbvertrag vor.

Wer aber nur ein Vermächtnis erhält, Erbersatzberechtigter ist oder Pflichtteilsberechtigter, der ist kein Erbe. Er kommt auch nicht automatisch in die Rechtsstellung zum Beispiel des Vermächtnisnehmers und schon gar nicht automatisch in die Eigentümerstellung hinsichtlich des Gegenstandes, der ihm zugewendet wird. Er hat vielmehr einen Anspruch gegen die Erben etwa auf Erfüllung dieses Vermächtnisses oder auf Herausgabe des Pflichtteils.

Leider sind die Lebensumstände oft komplizierter, als wir es uns vorstellen. Zwar haben wir gesagt, dass jede natürliche Person, also jeder Mensch, erben kann. Er muss aber auch die Erbfähigkeit besitzen. Das trifft nur auf natürliche Personen zu (oder auf juristische), die noch existieren; auf Menschen also, die noch am Leben sind.

Wird ein Kind geboren, das noch vor dem Erbfall gezeugt wurde, dann kann es auch Erbe sein. Es soll durch diese Bestimmung, sie ist in § 1923 Abs. 2 BGB nachzulesen, verhindert werden, dass ein schon gezeugtes Kind, dessen Vater vor der Geburt verstorben ist, vom Nachlass ausgeschlossen wird. Erst recht gilt das für den Fall, dass eine werdende Mutter stirbt, das Kind aber gerettet wird.

Zu beachten ist jedoch, dass der zwar erzeugte, aber noch nicht geborene Mensch, der Nasciturus genannt wird, in diesem Stadium nicht Erbe ist, sondern erst, wenn ein lebendes Kind geboren wird. Ist dies nicht der Fall, wird es nicht Erbe. Bei einer Fehl- oder Totgeburt ist die Erbschaft nicht angefallen. Ungeklärt sind die Fälle, die mit einer künstlichen Befruchtung zusammenhängen.

Ist ein Kind zur Zeit des Todes des Erblassers noch gar nicht gezeugt, kann er es zwar nicht zum Erben, wohl aber zum Nacherben bestimmen. Es ist also möglich, dass der Verfasser eines Testaments eine Person zum Nacherben bestimmt, die (vielleicht) später einmal geboren wird. Andererseits ist es möglich, dass ein Erbe vor dem Erblasser stirbt. Der 70-jährige Vater hat zum Beispiel seine Tochter Maria zur Alleinerbin bestimmt. Diese stirbt noch vor ihm bei einem Autounfall. Der Vater ändert sein Testament nicht und stirbt ein halbes Jahr später. Jetzt treten die Kinder von Maria in die Erbenstellung ein.

Die Fähigkeit juristischer Personen (GmbH, AG), Erbe zu sein, wurde bereits erwähnt. Erbfähig sind nach allgemeiner Meinung auch Offene Handelsgesellschaften, Kommanditgesellschaften und Vereine, sogar nicht rechtsfähige Vereine. Man erreicht ihre Erbeinsetzung, indem man die Vereinsmitglieder oder die Gesellschafter als Erben benennt und das Erbe zum Vereinsvermögen oder zum Gesellschaftsvermögen bestimmt. Nicht erbfähig sind BGB-Gesellschaften, eheliche Gütergemeinschaften und Miterbengemeinschaften.

Wird eine Stiftung, die im Testament bedacht wird, erst nach dem Tode des Erblassers genehmigt und also rechtsfähig, dann gilt diese als noch vor dem Tod entstanden.

Was oft übersehen wird: Tiere können nicht erben. Wer seinen Bernhardiner zum Alleinerben bestimmt, muss damit rechnen, dass die gesetzlichen Erben in die Erbfolge berufen werden mit der Auflage, den Hund zu versorgen.

Nachlass

Der Nachlass, auch Erbschaft genannt, ist das gesamte (vererbbare) Vermögen eines Verstorbenen. Es fällt mit dem Tod unverändert an den Erben. Man spricht deshalb von Gesamtrechtsnachfolge. Zum Vermögen zählen nicht nur die Aktiva, sondern auch die Schulden. Für sie muss der Erbe auch einstehen.

Um festzustellen, was zum Nachlass zählen kann, muss man als Faustregel sagen: Zum Nachlass gehören alle vermögensbezogenen Rechte und Pflichten des Verstorbenen, während die persönlichkeitsbezogenen Rechte nicht vererblich sind. Oder: Rechte, die übertragbar sind, sind auch vererblich, Rechte, die nicht übertragbar sind, sind nicht vererblich. Also gehören zur Erbschaft konkrete

Vermögensgegenstände wie Geld, Möbel, Schmuck, Kunstwerke, das Auto, das Haus, die Hypothek darauf, die Aktien, das Sparbuch.

Rechte mit stark persönlichem Einschlag, wie etwa ein Nießbrauchrecht, sind nicht vererblich. Andererseits kann die Mitgliedschaft an einer Gesellschaft vererbbar sein, auch der Besitz an einer Sache oder ein Anwartschaftsrecht, auch Urheberrechte und ein Patentrecht, gewerbliche Schutzrechte und Ansprüche auf Schadenersatz oder auf Schmerzensgeld (sofern nach dem 30.06.1990 entstanden).

Vererblich sind sonstige Ansprüche aus Verträgen und Verbindlichkeiten, sofern sie nicht zu stark auf die Person des Erblassers zugeschnitten sind. Ein Beispiel dafür ist sofort verständlich: Der Arbeiter, der stirbt, überträgt seinen Arbeitsvertrag nicht auf den Erben. Das gilt allgemein für Dienst-, Auftrags- und Geschäftsbesorgungsverträge.

Sofort verständlich ist auch, dass die Rechte und Pflichten aus einer Ehe nicht vererbbar werden und ähnlich höchstpersönliche familienrechtliche Ansprüche und Pflichten, also etwa auch die Pflicht zur elterlichen Sorge.

Vorerbe/Nacherbe

Normalerweise benennt ein Erblasser einzelne Personen als Erben, und mit seinem Tod werden sie das auch. Er kann die Erbeneigenschaft aber auch splitten und einen Vorerben und einen Nacherben benennen (oder jeweils auch mehrere Personen). Mit dem Tod des Testierers fällt der Nachlass zunächst einmal an den Vorerben und dann an den Nacherben.

Wann das sein soll, das bestimmt der Erblasser selbst. So kann er sagen, der Nacherbenfall solle eintreten, wenn der Vorerbe gestorben ist oder wenn sonst ein bestimmtes Ereignis eintritt. Franz Meier kann beispielsweise seine Frau Helene zur Vorerbin bestimmen mit der Maßgabe, dass mit ihrem Tod die Kinder Max und Moritz Nacherben sein sollen. Oder: Helene wird Vorerbin, jedoch sobald sie wieder heiratet, geht das Erbe an Max und Moritz.

Bei dieser Konstruktion ist der Vorerbe echter Erbe des Nachlasses, der Vorerbe wird Eigentümer. Es schwebt über ihm aber das

Damoklesschwert des Verlustes der Vorerbenstellung an den Nacherben – je nachdem wie die Bedingung beschaffen ist, die das Testament enthält. Denn als Bedingung kann sehr Verschiedenes bestimmt werden:

- Die Wiederverheiratungsklausel wurde schon genannt.
- Es kann auch bestimmt werden, dass der Nacherbfall eintritt, wenn der Ehegatte noch Nachkommen hat.
- Wer befürchtet, dass der Vorerbe bankrott geht, kann für den Fall seiner Insolvenz den Nacherbenfall bestimmen. So erhält er das Vermögen für den Nacherben.

Kurz: Mit der Splittung des Erbes in Vor- und Nacherbenschaft kann der Erblasser versuchen, ein bestimmtes Verhalten des Bedachten sicherzustellen. Zumeist geht es darum, den Nachlass für den Nacherben zu schützen. Wenn der Vorerbe aber Eigentümer ist, dann könnte er das Vermögen auch verbrauchen, vernichten oder verkaufen.

Das hat der Gesetzgeber gesehen und legt dem Vorerben Beschränkungen auf. Deshalb sind Geschäfte gegenüber dem Vorerben unwirksam, die die Rechtsstellung des Nacherben vereiteln oder auch nur beeinträchtigen. Das ist etwa der Fall beim Verkauf eine Grundstücks aus dem Nachlass oder bei Bestellung einer Hypothek oder einer Grundschuld. Das gilt auch bei Schenkungen aus dem Nachlass und dann, wenn Gläubiger des Vorerben aus dem Nachlass pfänden wollen.

Der Nacherbe hat das Recht, sich gegen derlei Eingriffe in den Bestand des Erbes zu wehren. Der Nachlass ist nur ein Sondervermögen des Vorerben. Wenn der stirbt, dann erben dessen Angehörige nur dessen eigenes Vermögen, nicht das Sondervermögen (es sei denn, sie erben es, weil sie zu Nacherben ernannt wurden).

Pflichtteil

Das Pflichtteilsrecht hat etwas mit Enterbung zu tun. Eine wirkliche Enterbung in dem Sinne, dass ein nach dem Gesetz erbberechtigter naher Verwandter überhaupt nichts erhält, gibt es bei uns so gut wie nicht. Wenn jemand aus diesem Kreis enterbt wird, dann bedeutet das, er ist auf den Pflichtteil gesetzt.

Also: Nahe Verwandte – Kinder, Eltern, der Ehegatte, aber auch der Partner einer eingetragenen Lebenspartnerschaft – sollen nach dem Willen des Gesetzes nicht völlig leer ausgehen. Sie erhalten doch noch etwas aus dem Nachlass. Einen Mindestanteil am Nachlass sollen sie haben.

Die Regel ist: Grundsätzlich pflichtteilsberechtigt sind die Kinder des Erblassers und deren Kinder, seine Eltern und der Ehegatte.

Die Enkel aber sind erst dann pflichtteilsberechtigt, wenn ihr Elternteil, das die Beziehung zum Erblasser herstellt, als Erbe ausfällt.

Beispiel: Der Erblasser Ernst hat zwei Kinder, Max und Klaus, von denen beide jeder auch ein Kind hat (also Enkel von Ernst), nämlich Max die Manuela und Klaus den Karl. Beim Tod des Ernst ist Max aber auch schon tot. Pflichtteilsberechtigter ist nun Klaus und die Tochter von Max, Manuela. Karl hingegen nicht.

Begründung: Bei Karl lebt noch der Vater Klaus. Der verhindert, dass Karl überhaupt erbberechtigt ist. Dann ist er auch nicht pflichtteilsberechtigt. Wenn Klaus aber nun auf seinen Pflichtteil verzichtet? Auch dann kommt Karl nicht zum Zuge. Das verhindert die schiere Existenz von Klaus.

Sie sehen: Auch hier kommen die Geschwister gar nicht vor. Sie sind keine Erben und auch nicht pflichtteilsberechtigt. Nicht zu vergessen sind aber nichteheliche Kinder: Sie werden wie andere Kinder behandelt, sind also auch pflichtteilsberechtigt.

Auf den Pflichtteil gesetzt ist der, der von der Erbfolge ausgeschlossen ist – entweder dadurch, dass das so ausdrücklich im Testament steht, oder einfach dadurch, dass jemand nicht erwähnt wird.

Schreibt Manuela also: „Mein Bruder Martin soll mein Erbe sein“, dann sind alle gesetzlichen Erben von Manuela auf den Pflichtteil gesetzt.

Eine Enterbung ist auch darin zu sehen, dass jemand zum Ersatzerben ernannt wird. Ersatzerbe ist man, wenn das Testament sagt: Anstelle von Klaus soll Max treten, wenn Klaus schon im Erbfall tot ist oder sonst als Erbe ausfällt. Max ist bei dieser Regelung Ersatzerbe. Ist er Pflichtteilsberechtigter, dann ist er somit enterbt und auf den Pflichtteil gesetzt.

Nicht pflichtteilsberechtigt ist der, der das Erbe ausschlägt. Eine Ausnahme sind hier Ehegatten in Zugewinngemeinschaft. Lesen Sie dies weiter hinten in diesem Buch nach.

Hat aber ein Pflichtteilsberechtigter ein Vermächtnis zugesprochen bekommen, dann kann es sich für ihn rechnen, dieses auszuschlagen. Er erhält dann den Pflichtteil. Diese Folge ist Ausdruck des übergeordneten Gedankens, dass ein Pflichtteilsberechtigter nicht durch Tricks im Zuschnitt dessen, was ihm zukommen soll, schlechter gestellt werden darf als mit Pflichtteil.

Verfasser von Testamenten sind oft findige Zeitgenossen. Sie berufen einen Pflichtteilsberechtigten vielleicht zum Vorerben oder beschweren Vermächtnisse für ihn so mit Auflagen, dass ihm nicht mehr viel bleibt. Hier kann sich der Betroffene wehren. Den Pflichtteil kann man ihm nicht nehmen. Wird also etwa ein Pflichtteilsberechtigter zwar zum Erben eingesetzt, erreicht das Vererbte jedoch im Wert nicht die Hälfte des gesetzlichen Erbteils (den Pflichtteil nämlich), dann hat er das Recht, den Rest, der auf den Pflichtteil fehlt, herauszuverlangen.

Der Pflichtteilsberechtigte ist, wenn enterbt, also kein Erbe. Das bedeutet: Er muss sich an den oder die Erben wenden, um von dort an seinen Pflichtteil zu kommen. Er hat nur einen Herausgabeanspruch.

Der Pflichtteilsberechtigte erhält keine Gegenstände aus dem Nachlass. Er hat vielmehr einen Anspruch in Geld gegen die Erben. Dieser Anspruch ist seinerseits wieder (ab dem Zeitpunkt des Erbfalls) vererbbar, er ist übertragbar und er kann verpfändet werden. Gepfändet werden kann er nur, wenn er anerkannt oder rechtskräftig ist – dies gilt auch, wenn der Betreffende im Insolvenzverfahren steckt.

Fällig wird der Pflichtteilsanspruch erst, wenn er gegenüber dem Erben geltend gemacht wird.

Wie hoch ist der Pflichtteilsanspruch?

Der Pflichtteil beträgt die Hälfte des Wertes des gesetzlichen Erbes. In Quoten ausgedrückt: $^1/_2$ des gesetzlichen Erbteils. Also: Wenn Sie wissen wollen, wie hoch Ihr Pflichtteil konkret ist, müssen Sie zuerst fragen, welchen Erbteil Sie erhalten und ob Sie gesetzlicher Erbe wären.

> **Beispiel:** Witwer Walter hinterlässt drei Kinder: Anton, Berta und Claus. Anton und Berta sind laut Testament Alleinerben, Claus wird enterbt.
> Wäre er gesetzlicher Erbe, dann stünde allen Kindern je $^1/_4$ zu. Da Claus aber enterbt ist, erhält er $^1/_2$ von $^1/_4$, also $^1/_8$ als Pflichtteil (also als Anspruch in Geld aus der Erbmasse).

Wie immer gibt es Besonderheiten bei Ehepaaren. Unproblematisch ist die Rechnung, wenn Gütertrennung vorliegt oder Gütergemeinschaft. Für die Gütertrennung bestimmt das Gesetz (§ 1931 Absatz 3 BGB), dass die Kinder und der Ehegatte zu gleichen Teilen erben, bei zwei Kindern also zum Beispiel erhält jeder $^1/_3$ des Erbes: der enterbte Ehegatte also $^1/_6$.

Lebten die Ehegatten aber in Zugewinngemeinschaft, dann erhöht sich der Erbteil des Überlebenden um $^1/_4$,

- wenn es Kinder oder Enkel gibt,
  erbt der Ehegatte $^1/_4 + ^1/_4 = ^1/_2$; als Pflichtteil bleibt $^1/_4$,
- wenn es noch Eltern des Erblassers gibt,
  erbt der Ehegatte $^1/_2 + ^1/_4 = ^3/_4$; als Pflichtteil bleibt also $^3/_8$.

Dies nennt man den **großen Pflichtteil**, der dem Ehegatten zusteht, wenn er gesetzlicher Erbe wird. Er bekommt dasselbe, wenn er als Erbe oder Vermächtnisnehmer eingesetzt wurde, aber das Erbe oder Vermächtnis ausgeschlagen hat.

Ist der Überlebende einer Zugewinngemeinschaft jedoch weder Erbe noch Vermächtnisnehmer, dann bekommt er nur den **kleinen Pflichtteil,** nämlich neben dem Zugewinnausgleich den Pflichtteil, der nach dem nicht erhöhten Anteil berechnet wird (das bedeutet insgesamt also ein Achtel).

2. Gesetzliche Erbfolge

Jeder kann jede Person (natürliche Person oder juristische) zu seinem Erben bestimmen. Das geschieht durch Testament, gemeinschaftliches Testament oder Erbvertrag. Da hat jeder völlig freie Hand.

Erst wenn ein Erblasser davon keinen Gebrauch macht, tritt die Erbfolge ein, wie sie dann das Gesetz vorsieht. Die gesetzliche Erbfolge ist also die Auffangkonstruktion, wenn es keine individuelle Erbenbestimmung gibt. Das Gesetz gibt der individuellen Erbeinsetzung den Vorzug. Das Testament verdrängt die Erbfolgeregelung, die das Gesetz vorsieht. Man muss aber wissen, dass das Gesetz vom Familienerbrecht ausgeht. Die Familie soll in einem gewissen Grade immer bedacht werden. Diesen Schutzgedanken kann der Erblasser durch sein Testament nicht völlig aushebeln.

Das Prinzip der Familienerbfolge kommt daher besonders zur Geltung, wenn die gesetzliche Erbfolge ungeschmälert durch das Testament greift. Der Grundsatz, wie ihn das Gesetz vorsieht, besagt, dass zuerst die nächsten Verwandten als Erbe in Frage kommen, also jene Personen, die mit dem Erblasser gemeinsame Vorfahren haben. Daneben hat der Ehegatte des Erblassers, mit dem er nicht blutsverwandt ist, ein gesondertes Erbrecht; das gilt ebenso für den Partner einer Eingetragenen Lebensgemeinschaft. Für adoptierte und nichteheliche Kinder gelten gleichfalls einige Besonderheiten. Sie sind aber grundsätzlich den ehelichen Kindern gleichgestellt.

Die Verwandten werden vom Gesetz in Ordnungen eingeteilt, je nach dem Grad der Verwandtschaft. Wer nah mit dem Erblasser verwandt ist, soll erben. So heißt denn die Regel: Ein Verwandter einer vorhergehenden Ordnung schließt einen der nachfolgenden Ordnung von der Erbfolge aus.

WISO-Tipp: Wenn Sie in einem konkreten Erbfall das Erbrecht feststellen wollen, dann skizzieren Sie sich am besten den Stammbaum, so machen Sie keinen Fehler. Die Ordnungen werden folgendermaßen eingeteilt:

1. Ordnung: Abkömmlinge des Erblassers und deren Abkömmlinge, also Kinder, Enkel, Urenkel des Erblassers
2. Ordnung: Eltern des Erblassers und deren Abkömmlinge, also Eltern, Geschwister, Neffen und Nichten des Erblassers
3. Ordnung: Großeltern des Erblassers und deren Abkömmlinge, also Großeltern, Onkel, Tanten, Cousinen und Cousins des Erblassers
4. Ordnung: Urgroßeltern des Erblassers und deren Abkömmlinge, also Urgroßeltern, Großonkel und Großtanten
5. Ordnung: entferntere Verwandten des Erblassers und deren Abkömmlinge

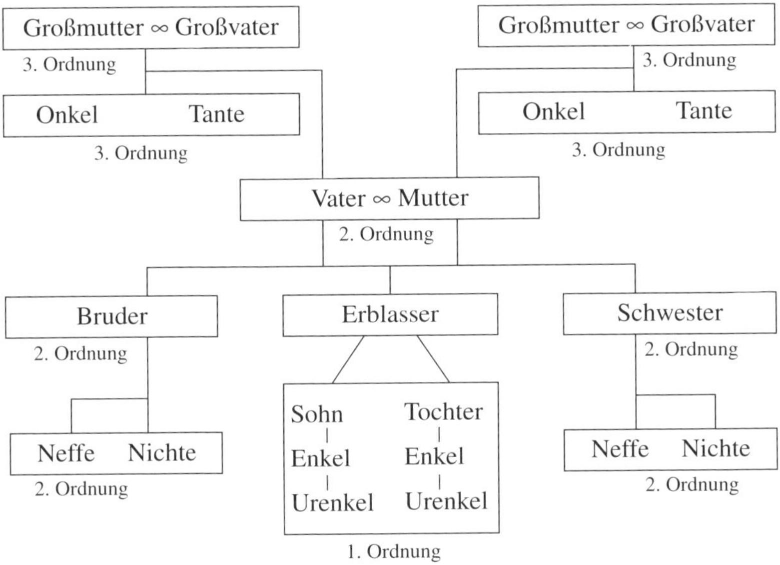

Sie sehen: Der Ehegatte ist mit dem Erblasser nicht verwandt und seine Familie erst recht nicht, also zum Beispiel auch nicht der Schwager oder die Schwägerin.

Für den Ehegatten und eingetragenen Lebenspartner gibt es daher besondere Regelungen. Des Weiteren zeigt diese Einteilung, dass es auch nicht darauf ankommt, ob einzelne Personen zur selben Generation gehören: Die Geschwister des Verstorbenen erben erst, wenn er keine Kinder (mehr) hat. Die Erbenstellung wird vielmehr durch ein gemeinsames Stammelternteil vermittelt: Bei den Kindern der Vater oder die Mutter, bei den Geschwistern die Eltern des Verstorbenen, bei dem Onkel oder der Tante einer der Großeltern. Das Prinzip folgt also einem mehrstöckigem Springbrunnen: Wenn die unterste Fontäne auf keinen Erben trifft, kann man sehen, ob die nächste Fontäne jemanden bedenkt.

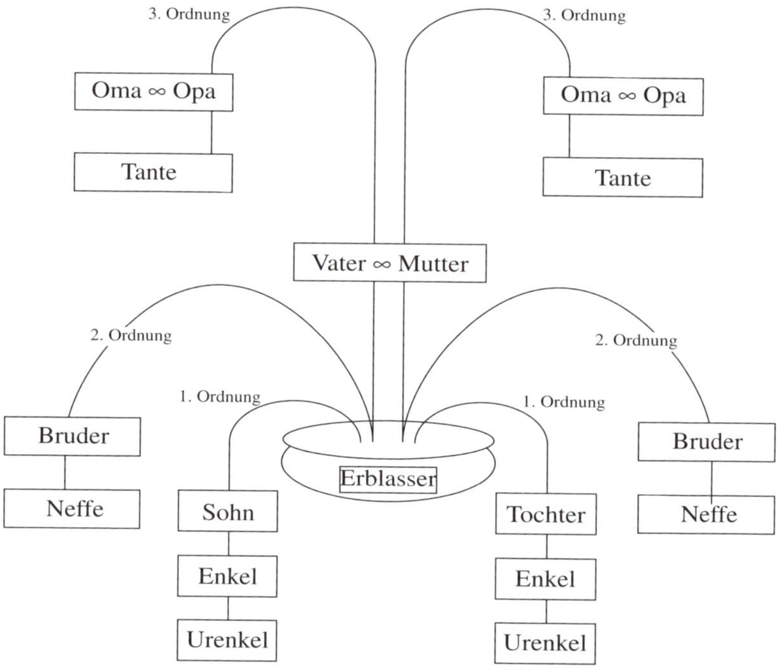

Beispiel: Vater Viktor ist gestorben. Seine Eltern (Mutter und Vater) leben schon lange nicht mehr, aber sein Bruder Bernd und dessen Tochter Traudl. Viktor hatte einmal drei Kinder, Karl, Karola und Kurt. Karl lebt auch nicht mehr, hatte aber ein Kind Quirin, Kurt hat zwei Kinder, Carolus und Cordula.

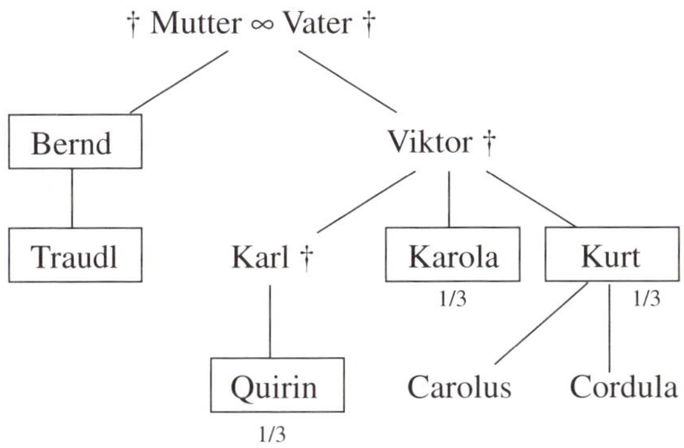

Beispiel: Dieselbe Situation. Aber: Kurt ist auch schon gestorben.

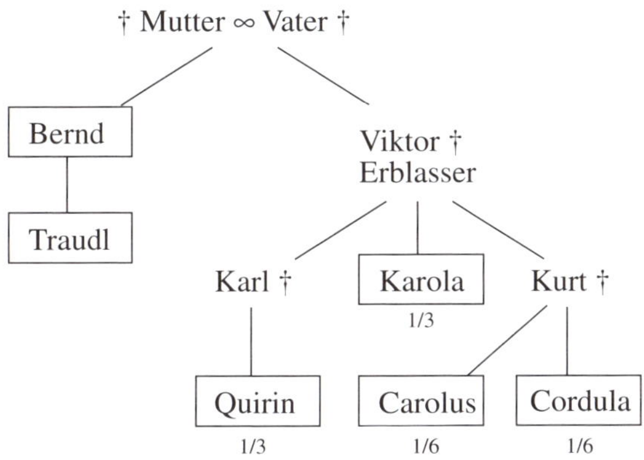

Wer ist Erbe? Der Bruder Bernd und seine Tochter Traudl kommen nicht zum Zuge, weil Viktor Kinder hat, die noch leben. Die 1. Ordnung hat Vorrang. Von den Kindern leben noch Karola und Kurt. Sie sind Erben, nicht jedoch die Kinder von Kurt, Carolus und Cordula. Denn § 1924 BGB sagt, dass ein zur Zeit des Erbfalls lebender Abkömmling die durch ihn mit dem Erblasser verwandten Abkömmlinge von der Erbfolge ausschließt. Umgekehrt erbt der Sohn Quirin von Karl, weil Karl schon tot ist.

Die Kinder erben zu gleichen Teilen, also je $^{1}/_{3}$, wobei – um bei obigem Beispiel zu bleiben – Quirin das Drittel seines Vaters Karl erhält, Karola und Kurt auch je $^{1}/_{3}$.

Beispiel: Die Familie besteht aus Vater und Mutter, Viktor und Maria. Sie haben zwei Kinder, Samuel und Theodora. Maria ist schon lange tot. Es stirbt nun Theodora.
Hier gibt es keine Erben der 1. Ordnung, Theodora hatte noch keine Kinder. Das Gesetz sagt, dass Eltern zu gleichen Teilen erben, wenn sie leben. Das wären, wenn Maria noch lebte, für sie und Viktor je 50 %. § 1925 BGB aber bestimmt, dass, wenn Vater oder Mutter nicht mehr leben, an ihrer Stelle ihre Abkömmlinge erben nach den Vorschriften der 1. Ordnung. Sind keine Abkömmlinge da, erbt der überlebende Teil allein.
Hier gibt es einen Abkömmling von Maria, nämlich Samuel, der Bruder von Theodora. Er erbt den Teil, den Maria erhalten hätte, also 50 %.

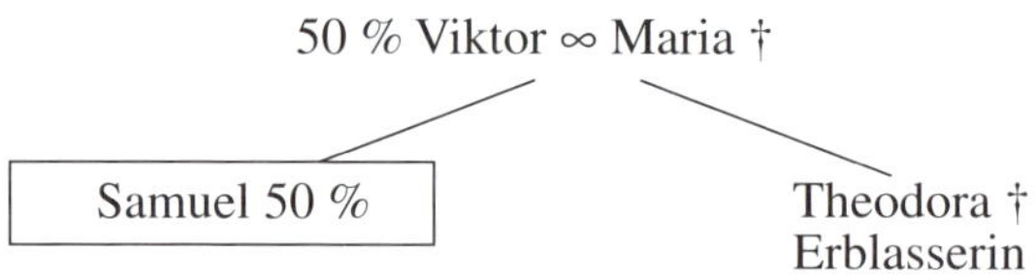

Beispiel: Hier heißt der Erblasser Ernst. Er hat keine Kinder. Auch seine Eltern M und V sind schon tot. Von den Großeltern lebt nur noch die Mutter väterlicherseits, Monika, und es gibt noch einen Bruder der Mutter, seinen Onkel Boris.

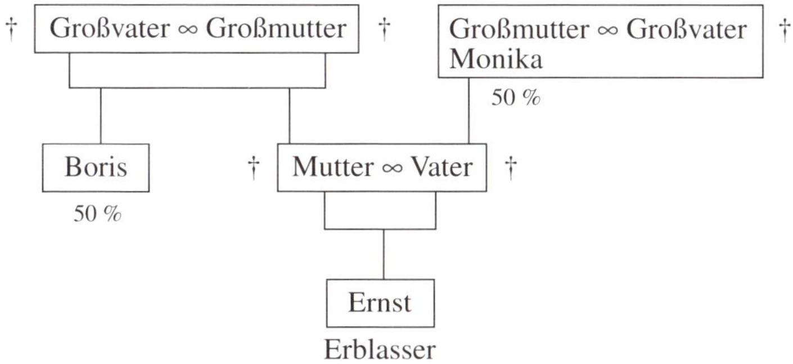

Hier gibt es wieder keine Erben der 1. Ordnung, Ernst hatte gar keine Kinder (war auch nicht verheiratet). In der 2. Ordnung lebt niemand mehr, also kommt die 3. Ordnung zum Zuge.
Zum besseren Verständnis nun die Variante, dass alle Großeltern noch leben: Sie würden dann alles erben zu gleichen Teilen, also je $^1/_4$. Sie schließen dann Abkömmlinge von der Erbschaft aus und Onkel Boris würde dann nichts erben.
Hier aber erbt nur Großmutter Monika und Onkel Boris, weil dessen Eltern, die Großeltern von Ernst mütterlicherseits, beide schon tot sind. Monika erbt zu $^1/_4$, aber auch den Teil ihres Mannes, des Großvaters von Ernst väterlicherseits. Sie erbt somit zu $^1/_2$. Onkel Boris erbt die Teile der verstorbenen Großeltern mütterlicherseits, also auch zu $^1/_2$.

3. Wer erbt wie viel?

a.) Ehepaare

Sicher ist Ihnen aufgefallen, dass in den bisherigen Beispielen der Erblasser nicht verheiratet war. Das war natürlich Absicht, um die Fälle nicht zu kompliziert zu gestalten. Ehegatten erben aufgrund des gesetzlichen Erbrechts (also wenn kein Testament vorliegt) auch, obwohl sie nicht blutsverwandt sind, sondern weil sich hier der besondere Schutz der Ehe auswirkt, den unsere Rechtsordnung ihr angedeihen lässt.

Die Folge ist ein etwas gekünsteltes System, das zu einem Interessengegensatz zwischen dem Erbrecht der Verwandten und dem des überlebenden Ehegatten führt. Der Ehegatte, der mit dem Erblasser nicht verwandt ist, hat ein eigenes definiertes Erbrecht neben den Verwandten, neben den Erben der 1. Ordnung.

Wie und zu welcher Quote der Ehegatte erbt, hängt zunächst einmal davon ab, ob es Verwandte des Verstorbenen gibt und in welcher Ordnung sie zu ihm stehen. Der zweite Punkt ist die Frage, in welcher Art von Güterstand die Eheleute am Ende miteinander gelebt haben.

Hier gibt es einen wichtigen Unterschied zum Erbrecht der DDR. Das damalige Zivilgesetzbuch (ZGB) reihte die Ehegatten in die 1. Ordnung mit ein. Gab es also einen überlebenden Ehegatten, dann schloss er die Angehörigen der 2. Ordnung von der Erbfolge aus – eine vielleicht weise Regelung.

Der Voraus des Ehegatten

Ein erster wichtiger Unterschied in der Behandlung im Erbfall gilt für den überlebenden Ehegatten gegenüber den erbenden Blutsverwandten deshalb, weil ihm der so genannte Voraus zusteht, der sicherstellen soll, dass der Witwer oder die Witwe das bisherige Leben in gewohnter Umgebung, soweit das denkbar ist, weiterführen kann. Der Voraus steht dem Überlebenden zu, unabhängig vom Güterstand.

Den Voraus erhält der Witwer oder die Witwe immer, sofern es nicht eine testamentarische Enterbung gegeben hat, ein Fall von Erbunwürdigkeit oder Erbverzicht vorliegt oder das Erbe ausgeschlagen wurde. Das heißt, dass es bei einer nichtehelichen Lebensgemeinschaft keinen Voraus geben werden kann, auch dann nicht, wenn es zwar eine Ehe gegeben hat, diese aber geschieden worden ist.

Lief in der Zeit vor dem Tod des Erblassers das Scheidungsverfahren, dann kommt es darauf an, in welchem Stadium es sich befand. Für die Aberkennung des Voraus muss der Scheidungsantrag vor dem Tod des Erblassers schon von diesem gestellt und rechtshängig geworden sein (oder er muss dem Antrag des Partners zugestimmt haben). Es müssen weiters die Voraussetzungen für eine Scheidung vorgelegen haben. Wurde der Scheidungsantrag rechtskräftig abgewiesen, gibt es für den Witwer oder die Witwe den Voraus, er oder sie ist erbberechtigt. Wurde dagegen schon rechtskräftig geschieden, dann fehlt es für ein Ehegattenerbrecht an einer gültigen Ehe.

Wir erläutern Ihnen zunächst, wie das Ehegattenerbrecht nach unserer Rechtsordnung angelegt ist – ohne die Auswirkungen des Güterstandes. Danach heißt die Regel:

! Neben dem/den Erben der 1. Ordnung erbt der überlebende Ehegatte zu $^{1}/_{4}$.

Beispiel: Ehemann Manfred Meier hinterlässt seine Ehefrau Frieda Meier und drei Kinder Karl, Konrad und Kiki. Ehefrau Frieda erhält als Ehegattin neben dem Erben der ersten Ordnung $^{1}/_{4}$. Es verbleiben $^{3}/_{4}$. Die Kinder erben nach § 1924 Abs. 4 BGB zu gleichen Teilen, also je zu $^{3}/_{12}$.

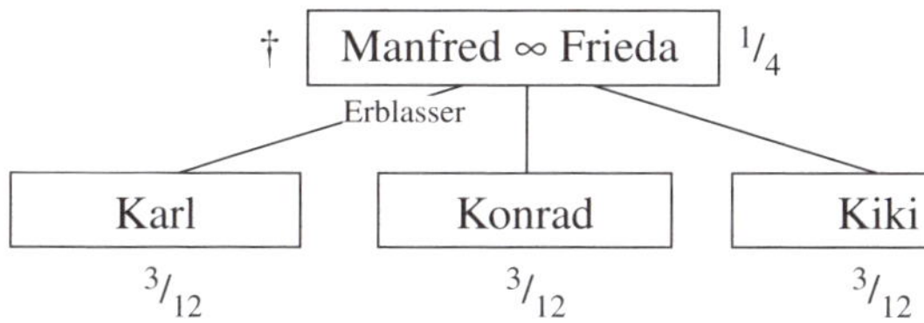

Beispiel: Ehefrau Frieda Meier hinterlässt ihren Ehemann Manfred Meier, die Tochter Traudl mit den Enkeln Ernst und Edeltraud. Die andere Tochter Theodora war schon früher verstorben, deren Kinder Theo und Tassilo leben noch.

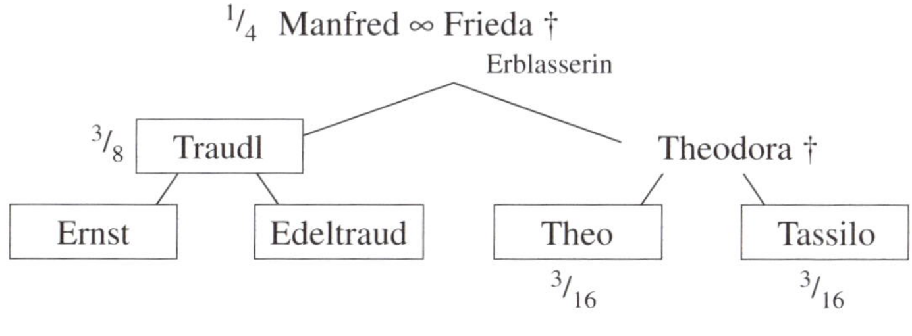

Der Ehemann Manfred erbt wie immer zu $^1/_4$; $^3/_4$ gehen an die anderen Erben, aber nicht zu gleichen Teilen. Auf Traudl und Theodora verteilen sich die $^3/_4$ gleich, also zu je $^3/_8$. Ernst und Edeltraud sind wegen der noch lebenden Traudl von der Erbschaft ausgenommen und erhalten nichts. Theodora lebt nicht mehr. Ihr Teil geht gleichmäßig an ihre Kinder, also zu je $^3/_{16}$.

! Gibt es keine Erben der ersten Ordnung, dann erhält der Witwer oder die Witwe $^1/_2$ des Erbes (§ 1931 Abs. 1 Satz 1 BGB)

Beispiel: Manfred hinterlässt seine Witwe Frieda. Sie haben keine Kinder. Die Eltern von Manfred leben nicht mehr, wohl aber sein Bruder Bernd. Nun erhält die Witwe Frieda $^1/_2$ des Erbes und der Bruder ebenfalls.

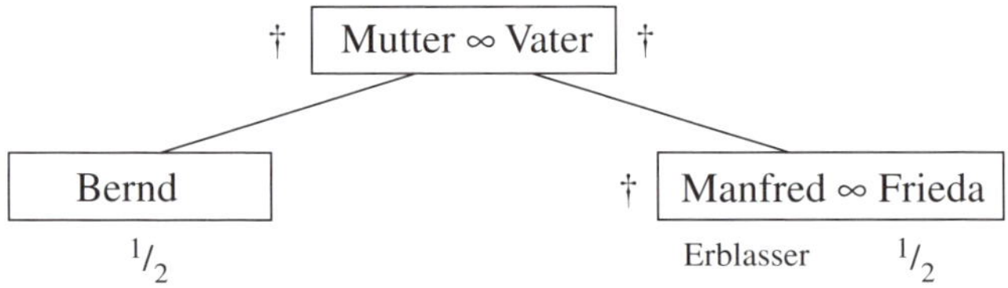

Die Regel dazu lautet:

! Neben Verwandten der 2. Ordnung erbt der Ehegatte die Hälfte.

Die nächste Regel lautet:

! Neben Verwandten der 3. Ordnung erbt der Witwer oder die Witwe – je nach dem.

Nämlich:

1. Trifft er mit den Großeltern des Verstorbenen allein zusammen, erhält der Ehegatte die Hälfte (§ 1931 Abs. 1 Satz 1 BGB).

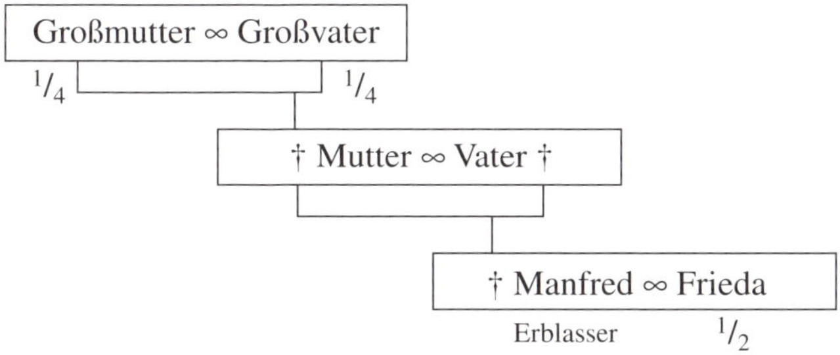

2. Trifft er nur noch mit Abkömmlingen der Großeltern zusammen, erbt der Ehegatte den gesamten Nachlass (§ 1931 Abs. 2 BGB).

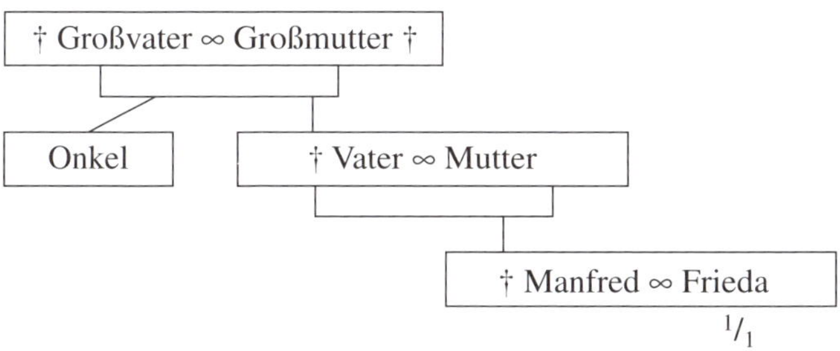

3. Lebt neben dem Ehegatten mindestens ein Großelternteil des Erblassers und mindestens ein Abkömmling eines anderen nichterbenden Großelternteils, dann gilt:
   - der Ehegatte erhält zunächst die Hälfte, die ihm generell neben den Großeltern zusteht.
   - er erhält dazu von der Hälfte den Teil, der auf die Abkömmlinge des nichterbenden Großelternteil dann fallen würde, wenn es auch den Ehegatten nicht mehr gäbe.

Beispiel: Die Ehe von Emil (Erblasser) und Frieda blieb kinderlos. Es leben nach dem Tod von Emil nur noch Frieda, der Großvater väterlicherseits, Gustav, und dessen Tochter, die Tante des Erblassers, Traudl.

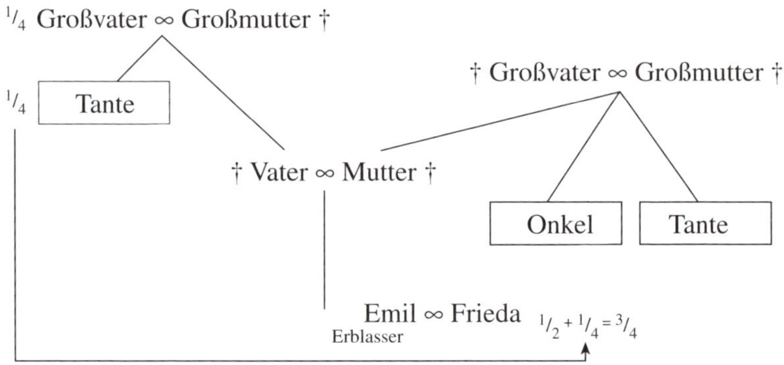

Zunächst erhält Frieda ihre obligatorische Hälfte. Dazu aber das, was der Abkömmling eines weggefallenen Großelternteils (Tante Traudl) erben würde, wäre auch Frieda schon gestorben. Tante Traudl würde die Hälfte der verbliebenen Hälfte erben, also $1/4$. Sie erhält aber nichts, weil Frieda noch lebt. Ihr Teil geht deshalb auch an Frieda, die also $1/2 + 1/4 = 3/4$ erhält. Gustav bleibt $1/4$.

! Verwandte der vierten oder noch fernerer Ordnung werden vom Erbe ausgeschlossen, wenn der Ehegatte erbt.

Es kann sein, dass der überlebende Ehegatte ausnahmsweise auch Verwandter des Erblassers ist (etwa Nichte). Dann erbt er einmal als Ehegatte und als Verwandter. Dies sind dann zwei Erbteile, die gesondert ausgeschlagen werden können.

Der Einfluss des Güterstandes auf das Erbrecht des Ehegatten

Zur Erinnerung: Bei der vorangegangenen Beschreibung des Ehegattenerbes haben wir zur Klarheit die Frage des Güterstandes ausgeklammert, in der der Verstorbene lebte.

Stirbt ein Partner einer Ehe, dann hat der Güterstand für die Berechnung des Erbes Bedeutung.

Unter dem ehelichen Güterstand versteht man die vermögensrechtliche Beziehung der Ehegatten zueinander. Wenn zwei Leute heiraten, können sie vertraglich klären, was denn in der Ehe mit ihrem jeweiligen Vermögen geschehen soll – denkbar ist, dass beider

Vermögen getrennt bleibt (man spricht dabei von Gütertrennung) oder das Gegenteil, dass die Güter zusammen gehören sollen (ein Fall von Gütergemeinschaft). Gibt es keinen eigenen Vertrag (er muss notariell beglaubigt werden), dann sagt das Gesetz, was gelten soll. Dann nämlich leben die Ehegatten automatisch in einem speziellen Güterstand, dem der Zugewinngemeinschaft.

Der Güterstand der Zugewinngemeinschaft

Anders als der Name vielleicht suggeriert, ist die Zugewinngemeinschaft de facto eine Gütertrennung. Sie bedeutet, dass jeder Ehegatte das Vermögen als eigenes behält, das er in die Ehe mitbringt.

Aber das Vermögen, das während der Ehe hinzugewirtschaftet wird, gilt als von beiden zusammen geschaffen – auch, wenn nur einer von beiden Geld verdient hat.

Dies ist der Grundgedanke, der noch dazu auf einer sozialen Situation basiert, wie sie im 19. Jahrhundert existiert hat. Das Bürgerliche Gesetzbuch wurde 1896 verabschiedet, ist exakt am 1. Januar 1900 in Kraft getreten und wurde in den 30 Jahren davor konzipiert. Inzwischen hat sich unsere Gesellschaft weiterentwikkelt. So gibt es bekanntlich heutzutage häufig auch den umgekehrten Fall, dass nämlich der Ehemann den Haushalt führt und die Frau Geld verdient oder, wahrscheinlich häufiger, beide Ehepartner tragen ähnlich viel einerseits zur wirtschaftlichen Mehrung des gemeinsamen Vermögens bei und andererseits zur Betreuung des Haushalts und der Familie.

Das gesetzliche Modell ist allerdings so angelegt, dass es auf alle diese Varianten Antworten findet, die zumindest ausgehend von seinem Grundgedanken zu sachgerechten Ergebnissen führen.

Der dahinter stehende Gedanke ist: In den häufigsten Fällen einer Ehe bei uns arbeitet der Mann, und die Frau verdient allenfalls nur zeitweilig während der Ehe Geld. Sie hält aber zumindest dem Mann organisatorisch den Rücken frei, erledigt den Haushalt und kümmert sich um die Erziehung der Kinder. Dies wird als genauso wichtig eingestuft wie das Geld verdienen des anderen Ehepartners. Infolge dessen sollen die Güter, die während der Ehe erwirtschaftet werden, beiden zu gleichen Teilen zukommen.

Die Zugewinngemeinschaft ist der eheliche Normalfall, wohl schon deshalb, weil eine andere Lösung von dem Ehepaar eigens vertraglich gefunden werden müsste. Die pure Faulheit, die die Formulierung eines selbstgefassten Vertrages zu mühsam erscheinen lässt, führt dazu, dass sozialtypisch dieser Güterstand vertreten ist. Er gilt kraft Gesetzes, wenn die Ehepartner nichts anderes vereinbaren.

Am Ende der Ehe, wenn also ein Partner stirbt oder nach der Scheidung, muss das hinzugewonnene Vermögen festgestellt und verteilt werden. Im Erbfall geschieht das so, dass der überlebende Ehegatte neben den Erben der 1. Ordnung (also Kinder und Enkel) $^{1}/_{4}$ des Nachlasses erhält, und der Zugewinn wird pauschal mit $^{1}/_{4}$ angesetzt. Der Zugewinnausgleich erfolgt also durch eine einfache, pauschalierende Berechnung.

Beispiel: Das Ehepaar Manfred und Freia hat zwei Kinder, Karl und Karola. Sie leben in Zugewinngemeinschaft, Manfred stirbt. Freia erhält als Witwe $^{1}/_{4}$ des Vermögens und pauschal ein weiteres $^{1}/_{4}$ als Zugewinnausgleich, also insgesamt $^{1}/_{2}$. Die beiden Kinder teilen sich die restliche Hälfte gleichmäßig, erhalten also jeweils $^{1}/_{4}$.

Zugewinn

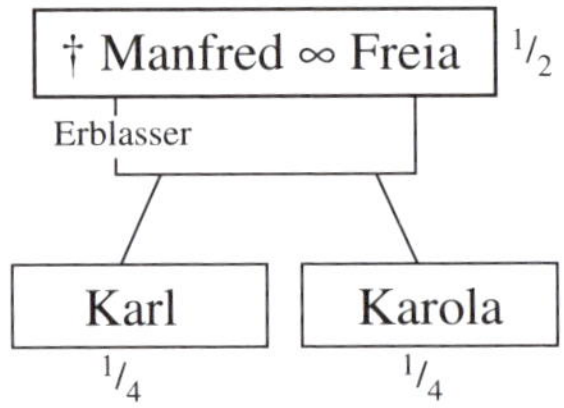

Gibt es aber nur noch Erben der 2. Ordnung, dann erbt die Witwe/der Witwer $^{3}/_{4}$ des Vermögens.

Beispiel: Wie eben beschrieben stirbt Manfred. Es gibt keine Kinder aus der Ehe, wohl aber eine Schwester Susanne von Manfred und keine Eltern mehr.

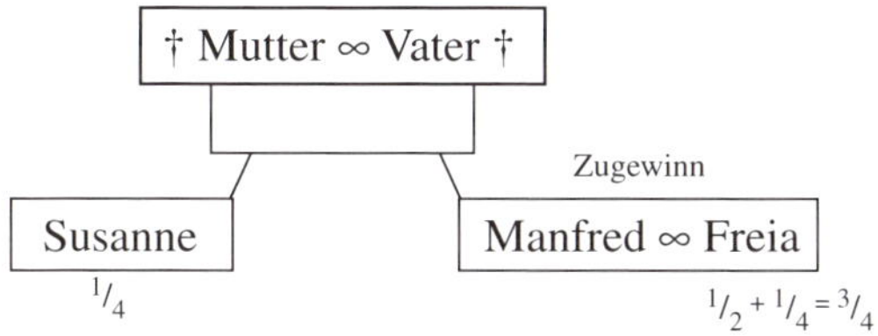

Hier erbt Freia zu $^{3}/_{4}$, Susanne erhält $^{1}/_{4}$.

Die pauschale Ermittlung des Zugewinns ($^{1}/_{4}$) kann ungerecht sein. Es gibt deshalb für beide Ehegatten die Möglichkeit, hier einzugreifen. Der Erblasser kann verfügen, dass die Pauschalierung nicht vorgenommen wird. Der Ehepartner ist dann auf den Pflichtteil gesetzt und erhält den Zugewinnausgleich.

Aber auch der überlebende Ehegatte kann initiativ werden und die Erbschaft ausschlagen. Dann erfolgt die Berechnung des Zugewinnausgleichs wie bei einer Scheidung, also nicht pauschal. Dem Ehegatten steht aber jedenfalls der Pflichtteil zu. Er berechnet sich jedoch nicht nach dem erwähnten gesetzlichen Erbteil des Ehegatten, sondern nach dem normalen Erbteil (§ 1931 BGB) – das ist der so genannte kleine Pflichtteil.

WISO-Tipp: Schlägt der überlebende Ehegatte also die Erbschaft aus, bleibt ihm der Pflichtteil und der Zugewinnausgleich. Die Entscheidung ist ein Rechenexempel. Gehen Sie zum Experten, der die Angelegenheit durchrechnet.

Vorteil der Ausschlagung kann sein, dass der Ehegatte keine Probleme als Miterbe bekommt, sondern Nachlassgläubiger wird und der Pflichtteil sofort fällig ist. Auch der Voraus bleibt erhalten und ist vorab auszuzahlen.

Der Nachteil: Die Frist zur Ausschlagung beträgt nur sechs Wochen. Eventuell muss gegen die eigenen Kinder geklagt werden.

Die Gütertrennung

Neben dem Zugewinnausgleich als Folge der am häufigsten vertretenen Güterstandsmischform gibt es die simple Form der Gütertrennung, die notariell in einem Vertrag abgeschlossen wird.

Hier wird vermögensrechtlich das Ehepaar behandelt wie nicht verheiratet. Stirbt ein Partner, erbt der andere mit den Kindern zu gleichen Teilen: Gibt es ein Kind, dann zu $^{1}/_{2}$, gibt es zwei Kinder dann zu $^{1}/_{3}$.

Verteilung des Erbes bei Gütertrennung

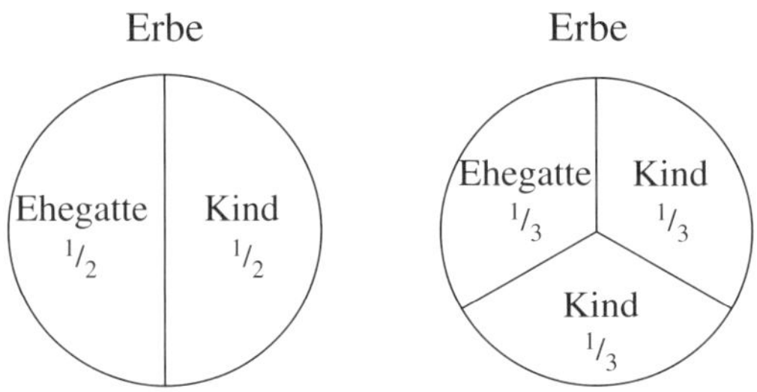

Es ist übrigens unerheblich, ob die Kinder aus der Ehe stammen oder nicht – es müssen eben Kinder des Erblassers sein. Und: Bei Gütertrennung spielt der eheliche Vermögenszuwachs für den Erbanteil des Ehepartners keine Rolle.

Die Gütergemeinschaft

Das andere Extrem ist die Gütergemeinschaft. Auch dieser Güterstand muss notariell beglaubigt werden. Die Gütergemeinschaft ist gleichfalls gesetzlich geregelt, wenngleich nicht als automatischer Güterstand wie die Zugewinngemeinschaft. Bei dieser Variante werden die beiden Vermögensmassen der Ehepartner in einen Topf zusammengeworfen zu einem Gesamtvermögen.

Auch dieser Güterstand hat wieder Auswirkungen im Erbfall: Tritt dieser ein, dann wird die Gütergemeinschaft aufgelöst und der Anteil des Verstorbenen fällt in den Nachlass. Die Auseinandersetzung erfolgt nun zwischen dem verbleibenden Ehegatten und den Erben.

Es kann in dem Ehevertrag aber auch vereinbart werden, dass die Gütergemeinschaft über den Tod hinaus fortgesetzt werden soll. Das geschieht dann zwischen dem überlebenden Ehegatten und den gemeinsamen Abkömmlingen. Das Familienvermögen bleibt auf diese Weise zusammen.

Aber normalerweise führt der Tod des Partners zur Beendigung der Gütergemeinschaft. Der Überlebende hat einen Auseinandersetzungsanspruch in Höhe der Hälfte des Gesamtguts. Der Anteil des Erblassers am Gesamtgut geht in den Nachlass. Der Erblasser wird hinsichtlich seines Anteils am Gesamtgut beerbt nach den allgemeinen Regeln inklusive seines sonstigen Vermögens.

Wird aber die Gütergemeinschaft fortgesetzt, fällt der Anteil des Erblassers am Gesamtgut nicht in den Nachlass, sondern nur das so genannte Sonder- und Vorbehaltsgut (z.B. Gehalts- und Unterhaltsansprüche).

Kinder des Erblassers, die nicht aus der letzten Ehe stammen, erben hier so, als wenn die Gütergemeinschaft nicht fortgesetzt würde.

b.) Eingetragene Lebenspartnerschaft

Am 01.08.2001 trat das „Gesetz zur Beendigung der Diskriminierung gleichgeschlechtlicher Gemeinschaften: Lebenspartnerschaften" in Kraft, womit die Eingetragene Lebenspartnerschaft geschaffen wurde. Damit wurde gleichgeschlechtlichen Paaren (Frauen oder Männern) die gesetzliche Möglichkeit eröffnet, sich ähnlich wie in einer Ehe zusammenzuschließen. Die Eingetragene Lebenspartnerschaft wird abgekürzt häufig auch nur „Lebenspartnerschaft" genannt. Der Begriff der Ehe ist juristisch reserviert für den entsprechenden Zusammenschluss von Mann und Frau.

Begründet wird die Lebenspartnerschaft, indem die beiden Partner gegenüber der „zuständigen Behörde" eine entsprechende Erklärung gleichzeitig und persönlich abgeben. Die zuständige Behörde ist zumeist das Standesamt, in einigen Bundesländern wurde von der Möglichkeit Gebrauch gemacht, dies abweichend zu regeln. So wird die Erklärung in Bayern vor einem Notar abgegeben.

Der Vermögensstand

Die Partner müssen zusätzlich eine Erklärung über ihren künftigen Vermögensstand abgeben (der Begriff entspricht dem des Güterstandes in der Ehe). Hier ist ein Unterschied zur Situation bei der Eheschließung. Wenn eine Ehe geschlossen wird ohne eine ausdrückliche Erklärung über den Güterstand, dann bedeutet dies, dass der gesetzliche Güterstand der Zugewinngemeinschaft für diese Ehe gelten soll.

Einen entsprechenden Automatismus gibt es bei der Lebenspartnerschaft nicht. Daher müssen die Partner eine Erklärung über ihren künftigen Vermögensstand abgeben.

Was bei der Ehe Zugewinngemeinschaft genannt wird, ist im Falle der Lebenspartnerschaft die Ausgleichsgemeinschaft. Die Definition lautet wie folgt (§ 6 Abs. 2 Lebenspartnerschaftsgesetz):

> Beim Vermögensstand der Ausgleichsgemeinschaft wird Vermögen, das die Lebenspartner zu Beginn der Lebenspartnerschaft erworben haben oder während der Lebenspartnerschaft erwerben, nicht gemeinschaftliches Vermögen. Jeder Lebenspartner verwaltet sein Vermögen selbst. Bei Beendigung des Vermögensstandes wird der Überschuss, den die Lebenspartner während der Dauer des Vermögensstandes erzielt haben, ausgeglichen.

Dabei verweist dieses Gesetz auf die Paragraphen 1371 bis 1390 des Bürgerlichen Gesetzbuches. Dies bedeutet: Es finden für den Ausgleich nach der Beendigung der Lebenspartnerschaft die selben Grundsätze Anwendung wie im Falle der Scheidung oder des Todes eines Ehepartners zum Ausgleich in der Zugewinngemeinschaft.

Wollen die Lebenspartner diese Form des Vermögensstandes modifizieren oder einen anderen Vermögensstand vereinbaren, etwa Vermögenstrennung, dann müssen sie dies vor einem Notar erklären.

Die Folgen der Begründung einer Lebenspartnerschaft

Mit der Eintragung der Lebenspartnerschaft ist ein Verwandtschaftsverhältnis zwischen den Partnern begründet, ganz ähnlich wie zwischen Ehegatten nach der Eheschließung. Der Lebenspartner ist nun Verwandter seines Partners. Die Familien gelten als verschwägert. Das hat zum Beispiel diese Folgen vor Gericht:

- Ein Richter ist von der Ausübung seines Amtes ausgeschlossen, wenn der Fall, über den er urteilt, seinen Lebenspartner betrifft, auch, wenn die Lebenspartnerschaft nicht mehr besteht (betrifft den Straf- und den Zivilprozess).
- Dem Lebenspartner steht ein Zeugnisverweigerungsrecht bezogen auf Fragen zu, die den Lebenspartner betreffen.
- Im Strafverfahren kann der Lebenspartner als Beistand seines Partners zugelassen werden und an der Hauptverhandlung teilnehmen.
- Für die Zwangsvollstreckung gegen einen Lebenspartner gelten die gleichen Grundsätze wie für Ehegatten, das gilt auch für den Pfändungsschutz und die Pfändungsgrenzen bei Unterhaltsansprüchen des Lebenspartners.
- Weil die Lebenspartner nun verwand sind, stehen ihnen dieselben Rechte zu wie Ehegatten, wenn es um das Besuchsrecht im Krankenhaus geht oder um das damit verbundene Informationsrecht.
- Wie bei der Ehe bestehen während und nach der Beendigung der Lebenspartnerschaft gegenseitige Unterhaltsansprüche, nämlich
  - Unterhalt während des Zusammenlebens
  - Unterhalt während des Getrenntlebens
  - Unterhalt nach Aufhebung der Lebenspartnerschaft

  Dies alles kann allerdings ähnlich wie bei der Ehe durch Verträge zumindest abgemildert werden.
- Ähnlich wie bei der Eheschließung können die Partner einen gemeinsamen Nachnamen führen oder verschiedene Varianten der Namenszusammensetzung wählen.

Das Erbrecht in der Lebenspartnerschaft

Sofern ein Testament nichts anderes besagt, ist im Falle des Todes eines Lebenspartners der andere Partner dessen gesetzlicher Erbe – es sei denn, dass der Erblasser vor seinem Tod schon einen Antrag auf Aufhebung der Lebenspartnerschaft gestellt hatte und dieser Antrag begründet war. Ferner, wenn beim Tod des Erblassers die Voraussetzungen für die Aufhebung der Lebenspartnerschaft vorlagen und der Erblasser die Aufhebung entweder selbst beantragt oder ihr zugestimmt hatte.

Außerdem endet das Erbrecht des Lebenspartners mit der Aufhebung der Lebenspartnerschaft (der Begriff „Scheidung“ ist juristisch der Ehe vorbehalten). Ein früherer Lebenspartner kann also nicht gesetzlicher Erbe seines früheren Lebenspartners sein – genauso wenig wie geschiedene Ehegatten einander gesetzliche Erben sein können. Aber es ist natürlich auch bei ehemaligen Lebenspartnern möglich, dass diese sich gleichwohl testamentarisch zu Erben einsetzen.

Was erbt der Lebenspartner?

Der überlebende Lebenspartner erbt wie ein Ehegatte. Er erhält auch die Gegenstände des lebenspartnerschaftlichen Haushaltes, die nicht Zubehör eines Grundstücks sind, und die Geschenke, die beide erhalten haben vor der Begründung der Lebenspartnerschaft. Er kann diese Geschenke jedoch gegenüber Kindern des Erblassers nur herausverlangen, wenn er sie zur Führung eines angemessenen Haushalts benötigt.

Hatte der Lebenspartner Verwandte erster Ordnung (das sind also Kinder oder – sollten diese nicht mehr leben – Enkelkinder), dann erbt der Lebenspartner ein Viertel des Nachlasses und die Kinder des Erblassers zusammen drei Viertel.

Beispiel: Adelheid und Dorothee leben in einer Lebenspartnerschaft, als Adelheid stirbt. Adelheid hinterlässt ihre Tochter Clementine. Dorothee erbt von Adelheid ein Viertel des Nachlasses, Clementine erhält drei Viertel.

Anders ist die Situation, wenn es nur noch Erben zweiter Ordnung gibt, wenn der Verstorbene also weder Kinder noch Enkel hinterlässt. Verwandte zweiter Ordnung sind Eltern und deren Abkömmlinge, also die Geschwister des Verstorbenen.

Leben beide Eltern bei dem Todesfall noch, dann versperren sie den Geschwistern des Verstorbenen das Erbrecht. Lebt aber noch ein Elternteil, dann erbt dieser den halben Erbteil, den anderen erhalten die Geschwister gemeinsam. Der Lebenspartner aber erhält die Hälfte des Erbes.

> **Beispiel:** Anton und David leben in einer Lebenspartnerschaft, als Anton stirbt. Anton hatte keine Kinder, also auch keine Enkel. Es leben aber noch seine Mutter (der Vater ist schon früher verstorben) und seine Schwester. David erhält die Hälfte des Nachlasses. Die andere Hälfte geht zu einem Viertel an die Mutter von Anton und an seine Schwester.

Die Großeltern leben noch

Die Großeltern des Verstorbenen erben nur dann, wenn es keine Erben zweiter Ordnung gibt – wenn also Eltern des Verstorbenen nicht mehr leben, aber auch keine Geschwister vorhanden sind.

Die (anderen) Abkömmlinge der Großeltern, also Onkel und Tanten des Erblassers, sind nicht erbberechtigt – dies ist ein Unterschied zum Erbrecht der Ehegatten. Bei der Lebenspartnerschaft gibt es also kein Erbrecht der Onkel und Tanten. Existieren beim Tod eines Lebenspartners noch Großeltern, dann erben diese zusammen die Hälfte des Nachlasses, die andere Hälfte erbt der Lebenspartner.

> **Beispiel:** Die Lebenspartnerschaft zwischen Adelheid und Dorothee existierte noch, als Adelheid stirbt. Sie hatte keine Kinder, ihre Eltern sowie ihr einziger Bruder waren bereits verstorben. Es lebte allerdings noch die Großmutter mütterlicherseits. Hier erbt Dorothee die Hälfte des Nachlasses, während Adelheids Großmutter die andere Hälfte bekommt.

Hat der Lebenspartner überhaupt keine Verwandten der ersten und der zweiten Ordnung und gibt es keine Großeltern mehr, dann erhält der überlebende Lebenspartner die ganze Erbschaft.

Der Ausgleichsanspruch

Beim Tod eines Lebenspartners (das Gleiche gilt für den Fall der Aufhebung der Eingetragenen Lebenspartnerschaft) wird im Falle der Ausgleichsgemeinschaft genau so vorgegangen wie bei Ehepaaren, wenn diese im gesetzlichen Güterstand der Zugewinngemeinschaft gelebt haben: Der Zugewinn muss errechnet werden (allerdings wird dieser Begriff juristisch nicht verwendet, man spricht vom Ausgleichsanspruch).

Der Ausgleich des Überschusses wird beim Tod eines Lebenspartners dadurch (pauschaliert) hergestellt, dass sich der gesetzliche Erbteil des überlebenden Lebenspartners um ein Viertel der Erbschaft erhöht. Es ist gleichgültig, ob der Lebenspartner tatsächlich zum Überschuss beigetragen hat.

Wird aber der überlebende Lebenspartner nicht Erbe (weil dies der Verstorbene so bestimmt hat) und steht ihm auch kein Vermächtnis zu, dann wird der Überschussausgleich wieder entsprechend der Regelung für Ehegatten ermittelt: Der Pflichtteil des überlebenden Lebenspartners bestimmt sich nach dem nicht erhöhten gesetzlichen Erbteil des Lebenspartners (lesen Sie dazu die Erläuterungen für Ehegatten weiter vorne).

Wie der überlebende Ehegatte hat der überlebende Lebenspartner jedoch die Wahl: Wenn er die Erbschaft ausschlägt, dann kann er neben dem Ausgleich des Überschusses den Pflichtteil auch dann verlangen, wenn dieser ihm nach Erbrecht nicht zustünde. Das gilt allerdings dann nicht, wenn er in einem Vertrag mit dem Lebenspartner auf sein gesetzliches Erbrecht oder sein Pflichtteilsrecht verzichtet hat.

Gemeinsames Testament der Lebenspartner?

So wie Ehegatten können auch die Partner einer Eingetragenen Lebenspartnerschaft gemeinschaftlich ein Testament errichten. Sie können alles, was in diesem Ratgeber über das gemeinschaftliche Testament von Ehegatten gesagt ist, entsprechend für die Eingetragene Lebenspartnerschaft anwenden. Es kann auch ein „Berliner Testament“ errichtet werden (mehr dazu weiter hinten), und es können Vermächtnisse verfügt werden (mehr dazu weiter hinten).

Beispiel eines Berliner Testaments zwischen zwei Lebenspartnern: Anton und David errichten ein gemeinsames Testament. Sie setzen sich gegenseitig als Erben ein, bestimmen aber für den Fall, wenn beide verstorben sind, dass das Hospiz „Rosa Winkel e.V.“ alles erben soll. Anton stirbt. Anton und David haben sich gegenseitig als Erben eingesetzt. Dies hat zur Folge, dass das Hospiz erst nach dem Ableben von David Erbe wird. So lange hat der Verein kein Recht in dieser Sache.

WISO-Tipp: Partner, die von der Möglichkeit eines gemeinschaftlichen Testaments Gebrauch machen, sollten bedenken, dass die Aufhebung der Lebenspartnerschaft („Scheidung“) dieses gemeinschaftliche Testament nicht aufhebt. Es sollte also in diesem gemeinschaftlichen Testament der Fall eines Scheiterns der Lebenspartnerschaft bedacht und ein Widerruf ermöglicht werden.

Wenn Sie eine Lebensversicherung abgeschlossen haben, die eine Bezugsberechtigung Ihres Partners/Ihrer Partnerin für den Todesfall vorsieht, dann vergessen Sie nach der Aufhebung der Lebenspartnerschaft nicht, auch die Bezugsberechtigung bei der Lebensversicherung für den Todesfall zu ändern.

Erbschaftsteuer für Lebenspartner

Lebenspartner sind zwar einander gesetzliche Erben, bei der Erbschaftsteuer werden sie aber nicht wie die Ehegatten behandelt: Sie erhalten nicht die Privilegien der Ehegatten. Das Erbe wird daher nach der schlechtesten Steuerklasse, der Steuerklasse III, besteuert.

c.) Nichteheliche Lebensgemeinschaften

Partner einer nichtehelichen Lebensgemeinschaft können nicht gesetzliche Erben werden. Sie sind nicht miteinander verwandt und eben nicht verheiratet. Ihre Position kann nur gestärkt werden durch ein Testament, in dem sie als Erben oder wenigstens Vermächtnisnehmer bedacht werden.

WISO-Tipp: Es kann hier übrigens kein gemeinschaftliches Testament verfasst werden. Das können nur Ehegatten und die Partner einer eingetragenen Lebenspartnerschaft. Aber die Partner können sich gegenseitig in ihrem Einzeltestament zu Erben erklären. Möglich ist auch ein Erbvertrag (lesen Sie dazu weiter unten). Beachten Sie aber, dass man einen Erbvertrag nur zusammen wieder verändern oder gar aufheben kann. Es sollte also zumindest eine Austrittsklausel geben, damit im Falle der Trennung eine andere Lösung gefunden werden kann.

d.) Adoption

Wer Kinder hat, hat schon von Gesetzes wegen Erben. Da fragt es sich, wie das mit adoptierten Kindern aussieht. Oder andersherum: Vielleicht lässt sich eine erbrechtliche Frage – etwa die der Unternehmensnachfolge – besser regeln, wenn Sie eine Adoption erwägen. Sie können die Adoption erbrechtlich gestalterisch einsetzen, wenn auch eingeschränkt.

Unter Adoption versteht man die Annahme eines Menschen als eigenes Kind. Diese Möglichkeit gewinnt bei uns zunehmend an Bedeutung. Vielleicht ist es unser Wohlstand, der kinderlose Ehepaare zu der Überlegung bringt, ein Kind in die eigene Familie aufzunehmen, das keine Eltern mehr hat oder das seinen Eltern unerwünscht ist.

Nicht selten ist es so, dass ein Ehegatte ein Kind aus der vorherigen Ehe seines (neuen) Partners adoptiert, sodass das Kind in der neuen Familie auch rechtlich integriert ist.

Eine Adoption kann interessante Aspekte aufweisen, wenn Sie

über Ihre Vermögensnachfolge nachdenken. Sobald eine neue Person in die Familie mit aufgenommen wird, gibt es unterhaltsrechtliche Folgen für die Beteiligten und schließlich auch erbrechtliche und erbschaftsteuerrechtliche. Manch ein Unternehmer adoptiert seinen Nachfolger, weil er ihn in seine Familie einbinden will und dieselbe erbrechtliche Situation für ihn schaffen will, die ein leibliches Kind auch hätte. Das gelingt im Falle der Erwachsenenadoption nur bedingt.

WISO-Tipp: Überlegen Sie sich einen solchen Schritt ganz genau, vor allem wenn ein Erwachsener adoptiert werden soll. Bedenken Sie, dass eine Ehe, die wirklich ein bedeutender Schritt im Leben ist, trotzdem häufig in Scheidung endet. Eine Adoption ist demgegenüber so gut wie nicht wieder rückgängig zu machen.

Die Adoption eines Minderjährigen

Wenn man von Adoption redet, meint man in der Regel die Annahme eines Kindes, womöglich gar eines Säuglings. Solche Fälle hat das Gesetz als Regelfall im Auge. Je älter das anzunehmende Kind ist, um so mehr weicht der Fall von dem ab, was im Gesetz gemeint ist. Denn es soll nach vollzogener Adoption ein regelrechtes Eltern-Kind-Verhältnis entstehen können. Das angenommene minderjährige Kind scheidet nämlich vollkommen aus allen Rechtsbeziehungen seiner bisherigen Familie aus. Es wird dann so sein, als wäre das Kind seit seiner Geburt ein eheliches Kind des Annehmenden (wobei hier ein Ehepaar als Annehmende unterstellt ist).

Das bedeutet dann auch: Es werden rechtlich das Kind und der Annehmende miteinander verwandt, aber auch das Kind und die Eltern des Annehmenden. Es besteht somit eine gegenseitige Unterhaltsberechtigung, die Betroffenen werden einander erbberechtigt und pflichtteilsberechtigt.

Nach dem Recht vor 1970 war das noch nicht so, die neue Regelung gilt aber auch für die Altfälle (bei denen das gesetzliche Erbrecht ausgeschlossen war).

Und: Zwischen dem Kind und seinen leiblichen Eltern werden alle Rechtsbeziehungen gekappt, sie erlöschen. Aber die Ansprüche des Kindes, die bis zur Annahme entstanden sind (zum Beispiel auf Rente oder Waisengeld oder vergleichbare Ansprüche auf wiederkehrende Leistungen) werden durch die Adoption nicht berührt (außer Unterhaltsansprüchen).

Etwas anders läuft die Sache im Falle eines Stiefkindverhältnisses.

Beispiel: Martha Meier war mit Manfred Meier verheiratet. Sie hatte eine Tochter Gerda. Manfred stirbt, als Gerda 2 Jahre alt ist. Martha heiratet später Johannes Krause. Das neue Ehepaar Krause möchte, dass Gerda in diese neue Beziehung integriert wird. Johannes adoptiert also Gerda.
Die Folge: Die Verwandtschaftsbeziehung von Gerda zu den Verwandten ihres leiblichen Vaters Manfred bleibt bestehen, auch das wechselseitige Erbrecht. Durch die Adoption durch den Stiefvater kann Gerda Erbin erster Ordnung nach drei Großelternpaaren sein, weil die erbrechtliche Beziehung zum Stamm des verstorbenen leiblichen Vaters nicht wegfällt.
Jedoch wird das erheblich eingeschränkt (§ 1925 Abs. 4 BGB). Das Adoptivkind und seine leiblichen Geschwister können im Verhältnis zueinander nicht Erben zweiter Ordnung sein. Stirbt also Gerda kinderlos, dann erben nur ihre Eltern (nämlich Martha und Johannes). Es treten also nicht die anderen Kinder von Manfred an ihre Stelle.

Verwandtenadoption

Bei der Verwandtenadoption muss auch ein wenig differenziert werden. Ist der Annehmende mit dem Kind im zweiten Grad oder im dritten Grad verwandt (das können also Neffen und Nichten sein oder Onkel/Tanten oder Cousin/Cousine), dann erlöschen die Verwandtschaftsbeziehungen nur auf das Verhältnis zu den leiblichen Eltern, nicht auf die Großeltern.

Am wenigsten problematisch sind erfahrungsgemäß Adoptionen von Kindern, die gerade erst geboren sind. Je früher das Kind in eine neue Familie eingegliedert werden kann, um so leichter läuft die Eingewöhnung. Zur Adoption freigegebene ältere Kinder haben oft eine mangelhafte soziale Bindung, weil kein intaktes Elternhaus existierte, die Eltern nicht bekannt waren oder sich nur sporadisch um das Kind gekümmert haben. Solche Mängel können noch halbwegs durch frühe Adoption aufgefangen werden. Je älter das Kind bei der Adoption ist, um so risikoreicher der Vorgang. Für ältere Kinder ist daher eine Zeit der Eingewöhnung vorgesehen (die Adoptionspflege), in der die Eltern sich über die Chancen einer gegenseitigen Anpassung schlüssig werden können.

Der Fall, den das Gesetz sich als Normalfall vorstellt, ist die Adoption durch ein Ehepaar, die gemeinschaftliche Adoption eben, um dem Kind das Milieu einer Familie zu bieten. Der eine Ehepartner muss dabei das 25. Lebensjahr vollendet haben, der andere das 21.

Ein Ehegatte – der Vater oder die Mutter – kann sein nichteheliches Kind alleine annehmen oder das Kind seines Ehepartners. Hier geht es in erster Linie um das Wohl des Kindes; zufällige „Schieflagen“ sollen leicht behoben werden.

Unverheiratete können ein Kind nur alleine annehmen, sofern sie das 25. Lebensjahr vollendet haben. Dabei ist eine Befreiung von dieser Altersgrenze nicht möglich. Es gibt aber keine gesetzliche Grenze nach oben (etwas anderes ist die Praxis der Jugendämter).

Das Adoptivkind soll mindestens acht Wochen alt sein. Das dürfte kein Problem sein, weil die Prozedur der Adoption ohnehin Zeit braucht und allein die erwähnte Adoptionspflege dafür sorgt, dass diese Regel eingehalten wird.

Adoptionen werden durch die Jugendämter vermittelt oder durch Stellen, die dafür autorisiert sind. Für andere Personen und Organisationen ist die Vermittlung verboten, vom Kindeshandel ganz zu schweigen.

WISO-Tipp: Am zweckmäßigsten dürfte die komplette Inkognitoadoption sein: Weder die leiblichen Eltern des Kindes noch die annehmenden Eltern erfahren voneinander. Man verspricht sich davon eine ungestörte Entwicklung des Kindes und glaubt, Spannungen und Störungen zu verhindern. Das ist auch die gesetzlich vorgesehene Handhabung. In der Geburtsurkunde werden deshalb die Adoptiveltern aufgeführt.

Die Adoption eines nichtehelichen Kindes

Adoptiert ein Ehepartner das nichteheliche Kind seines Gatten, dann erlischt zwar das rechtliche Verwandtschaftsverhältnis hinsichtlich des anderen leiblichen Elternteils, aber nicht zum Ehegatten des Annehmenden.

> **Beispiel:** Franziska hat ein uneheliches Kind namens Klaus von einem Mann Namens Martin. Franziska heiratet Xaver, der Klaus adoptiert, sodass er ein eheliches Kind wird.
> Es ist nun nicht die Verwandtschaftsbeziehung zur Mutter gekappt, wohl aber die zum leiblichen Vater Martin samt dessen Familie.

Wie ist das Verfahren bei der Adoption Minderjähriger?

Der letzte Akt der Adoption ist ein entsprechender Beschluss des Vormundschaftsgerichts. Voraus geht ein Antrag des Annehmenden (oder der Annehmenden, wenn es ein Ehepaar ist) an das Vormundschaftsgericht, der notariell beurkundet werden muss. Sie benötigen die Einwilligung der Kindeseltern. Im oben aufgeführten Fall der Adoption des nichtehelichen Kindes Klaus muss also Martin zustimmen.

Sind die leiblichen Eltern miteinander verheiratet, steht aber das Sorgerecht nur dem einen Elternteil zu, dann müssen gleichwohl beide zustimmen. Adoptionen von Minderjährigen kommen häufig in zerrütteten Ehen vor. Ist es daher so, dass die Eltern des anzunehmenden Kindes getrennt leben, dann steht gewöhnlich heutzutage noch das Sorgerecht für das Kind der Mutter zu. Soll das Kind adoptiert werden, dann müssen doch beide Eltern ihre Einwilligung geben.

Die Einwilligung eines Elternteils kann durch das Vormundschaftsgericht ersetzt werden, wenn der Vater oder die Mutter ihre Pflichten gröblich verletzt oder das Kind ihm gleichgültig ist. Man braucht aber auch die Einwilligung des Kindes. Das ist Ausdruck dessen, dass die Entscheidung zur Adoption nur dann gerechtfertigt ist, wenn sie dem Wohl des Kindes dient. Das ist das entscheidende Kriterium. Es geht nicht um das Wohl der Annehmenden oder der Eltern.

Bei einem Kind unter 14 Jahren oder einem geschäftsunfähigen Kind (etwa wegen Geistesschwäche) kann nur sein gesetzlicher Vertreter seine Einwilligung erteilen.

Sonst aber kann das Kind selbst seine Einwilligung erklären und es benötigt die Zustimmung des gesetzlichen Vertreters. Alle diese Einwilligungen müssen notariell beurkundet sein.

Welche Urkunden müssen Sie vorlegen?

Das Vormundschaftsgericht benötigt folgende Urkunden:

- Geburtsurkunde der annehmenden Personen, gegebenenfalls auch des Ehegatten,
- Heiratsurkunde des oder der Annehmenden,
- Staatsangehörigkeitsnachweis der/des Annehmenden und des Kindes,
- polizeiliches Führungszeugnis der/des Annehmenden,
- amtsärztliches Zeugnis der/des Annehmenden und des Kindes.

Der Name des Kindes

Als Geburtsnamen erhält das Adoptivkind den Familiennamen des Annehmenden. Es kann auf Antrag des Annehmenden mit Einwilligung des Kindes auch dessen Vornamen geändert werden oder aber ihm ein oder mehrere Vornamen beigegeben werden. In Ausnahmefällen kann auch der vorherige Familienname vorangestellt werden. Es gibt hierzu komplizierte Regelungen, die vor allem mit der Neufassung unseres Namensrechts zusammenhängen. Bitte lesen Sie nach in § 1757 BGB.

Die Adoption Erwachsener

Es gibt auch Gründe, einen Erwachsenen zu adoptieren. Dabei muss vor allem gegeben sein, dass zwischen dem Anzunehmenden und den Adoptiveltern schon ein Eltern-Kind-Verhältnis entstanden ist oder die Entstehung einer solchen Beziehung zu erwarten ist. Als Begründung ist eher schädlich, wenn betont wird, es gehe um die Vorteile des Erbschaftsteuerrechts, die eine solche Adoption mit sich bringt. Auch darf nicht der Grund sein, einen Adelstitel zu erhalten oder (für Ausländer) eine Aufenthaltsgenehmigung. Das Vormundschaftsgericht hat zu berücksichtigen, ob durch die Adoption wichtige Interessen von Kindern des Annehmenden berührt werden, und zwar auch erbrechtlicher Art. Kinder des Annehmenden müssen das Erbe ja einmal mit dem Adoptivkind teilen.

Häufig ist aber gerade die Kinderlosigkeit für manchen Annehmenden ein Anreiz, jemanden zu adoptieren.

Was ist der Unterschied zur Minderjährigenadoption?

Alles über die Minderjährigenadoption Gesagte gilt auch bei der Annahme eines Volljährigen als Kind – nur gibt es Einschränkungen. Sie beziehen sich im Wesentlichen auf das Verwandtschaftsverhältnis und haben daher auch hier interessierende erbrechtliche Konsequenzen.

Zunächst gibt es Einschränkungen der Wirkung der Adoption auf die Verwandten beider Seiten: Denn bei der Volljährigenadoption erstreckt sich das Verwandtschaftsverhältnis nicht auch auf die Verwandten des Annehmenden. Der Adoptierte wird also mit den Eltern des Annehmenden nicht verwandt. Dafür aber bleibt das Verwandtschaftsverhältnis zwischen dem Adoptierten und seiner leiblichen Familie bestehen.

Ausnahmsweise kann das Gericht aber in Fällen eines volljährigen Adoptierten die Volladoption aussprechen (also mit einer Wirkung wie bei Minderjährigen). Das gilt dann, wenn der Adoptierte schon als Minderjähriger in die neue Familie mitaufgenommen worden ist. Ein weiterer Grund ist, wenn ein minderjähriger Bruder oder eine minderjährige Schwester gleichzeitig adoptiert werden soll (oder schon adoptiert wurde). Schließlich ist eine Volladoption möglich, wenn der Annehmende sein eigenes nichteheliches Kind adoptieren will oder das Kind seines Ehegatten (und erst recht, wenn beide Punkte zusammentreffen).

Kann eine Adoption wieder aufgehoben werden?

Die Adoption kann so gut wie nicht rückgängig gemacht werden. Auch dann nicht, wenn das Eltern-Kind-Verhältnis nur vorgeschoben war. Es gibt nur wenige Ausnahmen, etwa wenn ein Verbrechen gegen Adoptivverwandte vorliegt oder ein schwerer Verstoß gegen die Familienbindung.

Was sind die erbrechtlichen Folgen der Adoption?

Bei der Erwachsenenadoption gibt es spezielle erbrechtliche Folgen, weil der Adoptierte nur eingeschränkt die Familie wechselt und mit seinen leiblichen Verwandten auch juristisch verwandt bleibt. Der Adoptierte wird nur gesetzlicher Erbe des Annehmenden. Er erbt nicht von dessen sonstigen Verwandten. Dafür bleibt der Adoptierte mit seiner „alten“ Familie verwandt und erbt also von den leiblichen Eltern und Großeltern.

Beispiel: Max stammt aus der Verbindung Maria und Josef Huber. Er wird von dem kinderlosen Klaus Hagebeck, einem Industriellen, als Erwachsener adoptiert, der einen Nachfolger benötigt. Er heißt nun Max Hagebeck.
Als seine leibliche Mutter stirbt, erbt er von ihr eine Eigentumswohnung. Später stirbt Klaus Hagebeck. Max ist sein Alleinerbe.
Steuerlich ist Max in der glücklichen Lage, in beiden Fällen nach der günstigen Steuerklasse I veranlagt zu werden. Klaus Hagebeck hatte auch deshalb die Adoption angestrebt. Max sollte sein Nachfolger werden und er sollte nicht zu sehr unter der Erbschaftsteuer leiden.
Als Nichtverwandter wäre Max in die Steuerklasse III eingestuft worden.
Nun steht ihm der günstige Freibetrag naher Verwandter in beiden Fällen zu (und nach dem Tod von Josef Huber noch einmal) und die Begünstigung beim Erwerb von Betriebsvermögen (das stünde einem Fremden jedoch auch zu).

Man sieht: Es gibt vor allem bei der Sicherung eines großen Vermögens, dem der Erbe fehlt, gute Gründe für eine Erwachsenenadoption.

Die Familie aber, aus der der Adoptierte stammt, sollte sich noch ihre Gedanken machen. Wenn bei ihr der Erbfall eintritt, könnte ihr Nachlass in die andere Familie – in die des Annehmenden – überwechseln, vor allem wenn der Adoptierte kinderlos bleibt.

Beispiel: Wenn die oben erwähnten Maria und Josef Huber sterben und sonst kein Erbe vorhanden ist, geht alles Hab und Gut auf Max Hagebeck über. Bleibt er kinderlos, dann geht das Erbe an Klaus Hagebeck.
Das ist eine Folge, die in der Familie Huber nicht gerne gesehen wird. Deshalb versucht das Ehepaar Huber dies auszuschließen. Sie bestimmen den Max Hagebeck zum Vorerben, zu Nacherben seine Abkömmlinge, ersatzweise aber dann Angehörige der Familie Huber. So bleibt das Gut in der Familie.
Die Eheleute Huber können mit Max auch einen Erbvertrag schließen und so klarstellen, dass Max nicht Erbe der Eheleute Huber wird. Es bleibt ihm aber dann sein Pflichtteil vom Nachlass Huber.

Nichteheliche Kinder als Erben

Nichteheliche Kinder sind seit 1998 den ehelichen gleichgestellt. Es gibt also nicht mehr den Erbersatzanspruch der nichtehelichen Kinder noch einen vorzeitigen Erbausgleich.

4. Alleinerbe oder Erbengemeinschaft

Das sind die beiden Extreme in der Erbenstellung: Der Alleinerbe hier, die Erbengemeinschaft da. Falls es überhaupt angenehm ist, Erbe zu sein, dann allenfalls, wenn man Alleinerbe ist. Als Alleinerbe sind Sie nur sich selbst verantwortlich und können in Ruhe mit sich (oder einem Fachmann) zu Rate gehen und darüber nachdenken, wie Sie mit der Erbenstellung umgehen sollen und Entscheidungen treffen.

Alleinerbe ist entweder derjenige, der im Testament als solcher benannt ist oder die gesetzliche Erbfolge-Vorschrift führt zu diesem Ergebnis.

Stirbt nämlich Maria, deren Mann Josef schon vor drei Jahren verstorben ist, dann wird Alleinerbin die einzige Tochter von Maria und Josef, Magdalena. Sie ist das einzige Kind der Maria und die einzige Verwandte 1. Ordnung.

Der Erbe tritt die so genannte Gesamtrechtsnachfolge des Toten an, das heißt, er übernimmt sämtliche Rechte und Pflichten des Verstorbenen. Alles, was überhaupt an einen Erben übergehen kann, ruht nun beim Erben, alles Vermögen, alle Forderungen, die der Verstorbene noch hatte, sei es die Forderung gegenüber einem Vermieter, die Nebenkosten abzurechnen und den Rest zu erstatten, sei es die Forderung auf Lieferung des neuen Mercedes, sei es die Forderung gegen die Lotteriegesellschaft, wenn der Verstorbene noch einen Gewinn gemacht hat, seien es die Rückzahlungsforderungen aus einem Darlehen, das der Verstorbene seinem besten Freund gewährt hat.

Auf der anderen Seite übernimmt der Erbe auch alle Schulden des Toten: Er muss den Staubsauger bezahlen, den dieser noch vom Versandhaus bekommen hat, die Hypotheken bedienen und die Anwaltskosten aus dem verlorenen Prozess erstatten.

Auch Steuerschulden muss der Erbe begleichen. Hier erlebt mancher sein blaues Wunder, denn häufig bemerkt das Finanzamt erst wegen des Todesfalles, dass der Erblasser Steuern nicht bezahlt oder gar hinterzogen hat. Tritt nämlich ein Erbfall ein, dann melden etwa die Banken, was sie für den Verstorbenen verwaltet haben. So manches Grundstück wird erst mit dem Todesfall dem Finanzamt bekannt, manches Aktiendepot entpuppt sich als „Steuersparmodell“. Das Finanzamt recherchiert, woher die Gelder kommen, wie das Grundstück einstmals bezahlt wurde und wie die Aktien gekauft werden konnten. Das kann teuer werden.

Andere Rechte und Pflichten übernimmt der Erbe aber nicht. Ein Arbeitsvertrag des Verstorbenen ist mit dem Tod beendet, auch die meisten Versicherungsverträge sind es. Eine eventuelle Haftstrafe des Erblassers muss auch dieser nur persönlich absitzen und kein anderer. Der Wohnungsmietvertrag kann gekündigt werden.

Dies ist also der Umfang dessen, was der Erbe vorfindet. Das kann dennoch viel sein. Er wird sich bei einem beträchtlichen Vermögen sputen müssen, die Umstände alle zu verstehen und einen Überblick zu gewinnen.

Die andere Seite ist die Erbengemeinschaft: Hier gibt es nicht nur **einen** Erben (was eher die Ausnahme ist) sondern **viele**. Diese

Versammlung von Menschen, die sich teils nicht kennen, teils sehr wohl, die sich lieben oder auch nicht, ist nun so lange gezwungen, miteinander den Nachlass mit den Rechten und Pflichten zu verwalten, bis das Erbe verteilt ist.

Jeder weiß, dass solch ein Vorhaben, bei dem viele Menschen, Wünsche und Begehrlichkeiten unter einen Hut zu bringen sind, wie das Leben in einer Schlangengrube sein kann. Streitlustige Erbengemeinschaften sind keine Seltenheit. Und selbst wenn sich die Miterben gut verstehen: Es gibt einfach eine Menge zu regeln. Kaum jemand hat Erfahrung darin. Man hat gewissermaßen einen zweiten Beruf erhalten.

Das Hauptproblem in solchen Situationen kann das Versagen des Erblassers sein. Entweder er lässt seine Erben völlig frei schweben, weil er nichts geregelt und kein Testament hinterlassen hat. Oder die von ihm getroffenen Regelungen sind so kompliziert, dass sie nicht praktikabel sind. Das Recht gibt dem Testierenden eine Fülle von Möglichkeiten, die Dinge zu leiten. Leider wird nicht immer mit der erforderlichen Umsicht davon Gebrauch gemacht. Das muss die Erbengemeinschaft dann ausbaden.

Bei einer Erbschaft, zumal wenn sie auf eine große Familie fällt, treffen die Interessen sehr verschiedener Lebenspläne aufeinander, drei Generationen und mehr, unterschiedliche Familientraditionen und soziale Voraussetzungen. Es ist schwer, da einen Ausgleich zu finden, der als gerecht empfunden wird.

Die Rechtslage, in die sich die Erben in dem Augenblick des Erbfalls gesetzt sehen, ist diese: Das Vermögen, der Nachlass, steht allen gemeinsam zu. Es geht, wie das Gesetz sagt, „als Ganzes" an die Erben über. Die einzelnen Miterben erhalten nicht etwa bestimmte Teile des Vermögens, sondern (zunächst) alle alles gemeinsam. Weil das so ist, hat auch ein einzelner Miterbe keine Rechte aus dem Nachlass, es können nur alle gemeinsam handeln. Man spricht nicht zufällig von Erben**gemeinschaft**.

Die Erben bilden, so schreibt es das Gesetz vor, die Erbengemeinschaft als Gesamthandelsgemeinschaft. Alle Erben haben gemeinsam alle Rechte und Pflichten aus dem Nachlass. Sie befinden sich in einer Zwangsgemeinschaft.

Ähnlich wie dies hinsichtlich des Vorerben und Nacherben schon erläutert wurde, bildet der Nachlass ein Sondervermögen, das nicht mit dem bisherigen Privatvermögen eines jeden Erben vermischt wird.

Beispiel: Wenn der Erblasser Ernst ein Mietshaus und 120.000 € Sparguthaben an seine Erben Alfred, Berta und Caesar vererbt, dann erbt jeder zu $^1/_3$. Berta könnte aber (zumindest zunächst) nicht einfach auf die Bank gehen und 40.000 € abheben, weil ihr $^1/_3$ des Geldes gehört. Die Bank erfüllt nur Aufträge von allen dreien zusammen. Und nur alle drei können rechtswirksam das Haus verwalten.

Hier geht es dann eventuell schnell ans Eingemachte. Solch ein Mietshaus will verwaltet werden. Ein Unwetter, das die Keller unter Wasser setzt, nimmt keine Rücksicht auf den Erbfall.

Vielleicht wollen Gläubiger in den Nachlass vollstrecken. Sie müssen ihre Titel, die Urteile, die auf den Verstorbenen lauteten, umschreiben lassen auf alle Erben, sonst kann nicht vollstreckt werden.

Entsprechend wird der Fall behandelt, dass eine Forderung des Erblassers geerbt wurde.

Beispiel: Erblasser Ernst hatte gegen einen Mieter eine Forderung in Höhe von 10.000 € aus rückständiger Miete. Von den beiden Erben Franz und Franziska kann jetzt nicht zum Beispiel die Franziska von dem Mieter ihre 5.000 € allein verlangen, auch dann nicht, wenn sie zur Hälfte Erbin ist. Es ist die Erbengemeinschaft Franz und Franziska, die den Gesamtbetrag (oder auch nur Teile) herausverlangen kann.

Genauso erwirbt die Erbengemeinschaft ein Grundstück ungeteilt – und so steht es dann auch im Grundbuch. Das wird berichtigt und weist „die Erbengemeinschaft Franz und Franziska“ als Eigentümer aus.

Diese strenge Regel ist ziemlich unpraktisch. Deshalb erlaubt das Gesetz doch, dass jeder Miterbe im eigenen Namen eine Nachlassforderung durchsetzen kann, aber als Leistung an die Erbengemeinschaft.

So ist es nur folgerichtig, dass die Ansprüche auf Schadenersatz, die etwa entstehen, weil ein Nachlassgegenstand beschädigt wird, zum Nachlass gehören.

Beispiel: Der kleine Thorsten spielt allein Fußball. Der Ball zertrümmert das Schaufenster eines Porzellanladens. Ein Service im Wert von 4.000 € wird zerstört. Der Gesamtschaden liegt bei 15.000 €.
Der Laden gehört der Erbengemeinschaft K. und K. Der Schadenersatzanspruch gegen das Kind und seine Versicherung geht in den Nachlass.

Der Zweck der Erbengemeinschaft ist von Anfang an auf Liquidation oder Teilung ausgerichtet – falls der Erblasser dies nicht durch eigene Verfügung verhindert. Davon aber abgesehen ist Ziel der Erbengemeinschaft die Zusammenfassung des Nachlasses, seine Erhaltung, Abwicklung und dann die Verteilung. Jeder Miterbe ist verpflichtet, an der Verwaltung des Nachlasses mitzuarbeiten.

Der Nachlass muss verwaltet werden

Es ist klar: An sich soll die Erbengemeinschaft ihre Arbeit tun und dann bald die Gesellschaft liquidieren. Jeder hat dann seinen Teil am Erbe erhalten, jeder geht wieder seiner Wege. Das ist die Theorie. In der Praxis kann es sein, dass eine Erbengemeinschaft über Jahre existiert. Das kann daran liegen, dass sich die Erben nicht einigen über den Weg zur Liquidation oder daran, dass das Testament dies nicht erlaubt. Da ist es wichtig, dass das Vermögen verwaltet wird. Manchmal handelt es sich in diesen Fällen um ein veritables Wirtschaftsunternehmen, das professioneller Führung bedarf.

Häufig findet man solch lang dauernde Erbengemeinschaften auch, wenn Liegenschaften geerbt werden – ganze Wohnanlagen oder Gewerbeimmobilien, eine Fabrik oder ein Einzelhandelsgeschäft. Hier ist es dann wichtig, dass das Gut erhalten, vermehrt und gesichert wird, um schließlich verwertet zu werden.

Es ist sofort einsichtig, dass hier enorme gruppendynamische Probleme entstehen können. Es gibt daher für diese Fälle der Verwaltung des Nachlasses einige Regeln, die weiter helfen können. Sie geben Auskunft darüber, wie Mehrheiten in der Gemeinschaft gefunden werden können, um überhaupt handeln zu können und zu dürfen.

- Es müssen Maßnahmen der normalen, ordnungsgemäßen Verwaltung getroffen werden. Hierfür reicht die einfache Mehrheit der Mitglieder. Zwar scheiden sich sicher schnell die Geister am praktischen Fall, ob gerade eine Maßnahme der ordnungsgemäßen Verwaltung zur Entscheidung ansteht. Man sagt, dies seien all jene Maßnahmen, die bei laufender Verwaltung ohne wesentliche Verminderung des Nachlasses getroffen werden.

Beispiel: Zum Nachlass gehört eine Autovermietung. Erben sind Karl, Kordula und Klaus. Die tägliche Vermietung dieser Autos können Karl und Klaus auch gegen den Willen von Kordula vornehmen.

- Es müssen außerordentliche Maßnahmen getroffen werden: Hier sind gravierende, einschneidende Entscheidungen gemeint, die den Nachlass wesentlich verändern können. Dafür ist Einstimmigkeit nötig.

Das Stimmrecht richtet sich nach der Größe des Erbteils. Die Minderheiten, die dabei leicht untergebügelt werden können, genießen aber einen Schutz: Jeder Miterbe kann jederzeit die Auseinandersetzung der Erbengemeinschaft verlangen. Diese Drohung hilft ihm oft weiter.

Andererseits kann der einzelne Miterbe nicht einfach durch Verweigerung der Mitwirkung den Fortgang der Dinge sabotieren. Wenn eine Entscheidung ansteht, zu der seine Stimme nötig ist, und er verweigert sich aus sachfremden Erwägungen, dann kann er über eine Klage zur Mitwirkung gezwungen werden.

Beispiel: Der Mieter einer Schreibwarenhandlung verwandelt den Laden in einen Fischmarkt. Die Erbengemeinschaft als Vermieterin will ihm kündigen. Wenn sich hier ein Mitglied verweigert (es wäre Einstimmigkeit nötig), dann wird man es zwingen können, seine Zustimmung zu erteilen.

Es gibt Notfälle, in denen ein Mitglied einer Erbengemeinschaft rasch handeln muss, ohne sich bei den anderen rückversichern zu müssen. Wenn etwa ein Sturm droht und ein Haus eingerüstet ist, dann kann ein Miterbe aus eigener Vollkommenheit anordnen, dass das Gerüst abgebaut wird.

Die Kosten für die Verwaltung des Nachlasses, aber auch die für die Erhaltung und die Lasten, müssen die Miterben gemeinsam im Verhältnis zu ihrem Erbteil tragen.

Wenn Gewinne aus dem Erbe gezogen werden, dann können diese auch anteilsmäßig ausgeschüttet werden. Allerdings muss hier eventuell bis zur Verteilung bei der Auseinandersetzung gewartet werden. Wenn es um die Außenbeziehung der Erbengemeinschaft geht, dann kann man wegen der Behandlung solcher Fragen wieder zwischen den laufenden Geschäften und den außerordentlichen Ereignissen unterscheiden.

Die Auseinandersetzung des Erbes

Die Mitglieder einer Erbengemeinschaft haben es sich zumeist nicht ausgesucht, in diese Zwangsgemeinschaft hineinzugeraten – besonders dann nicht, wenn die Erbengemeinschaft deshalb entstand, weil der Erblasser es versäumt hat, ein Testament zu machen.

So problematisch eine Erbengemeinschaft auch sein mag, die bewusst vom Erblasser zusammengesetzt wurde: der Erblasser wusste hier hoffentlich, was er tat. Der häufige Fall aber, dass kein Testament vorliegt, kann zu tragischen Ergebnissen führen. Besonders dann, wenn das Erbe erheblichen Wert hat und in einem Wirtschaftsunternehmen besteht, ist das Ende des Betriebes fast schon programmiert. Bei ungünstiger Konstellation können sich in solch einer Erbengemeinschaft entfernte Neffen und Nichten, manchmal in hoher Zahl wiederfinden, die womöglich weit verstreut auf der

Welt leben. Diese Gemeinschaft ist fast nicht zu bändigen und das Ende des Betriebes durch Versteigerung ist abzusehen. Aber: Jede Erbengemeinschaft ist auf ihre Auflösung hin konzipiert. Die Frage ist nur, wie viel vom Nachlass zusammengehalten werden kann.

Wie beendet man eine Erbengemeinschaft?

Die Erbengemeinschaft endet, wenn alle Nachlassverbindlichkeiten abgewickelt sind und der Nachlass verteilt ist. Die Erbengemeinschaft ist eine Liquidationsgemeinschaft.

Ein besonderer Druck lastet auf ihr deshalb, weil jeder Miterbe jederzeit, ohne auch nur einen Grund anzugeben, die Auseinandersetzung durchsetzen kann. Auseinandersetzung heißt: Es wird „Kasse gemacht", die Werte werden festgestellt, damit dieser Miterbe seinen Anteil erhalten kann. Es ist klar, dass besonders die Erben, die weniger zu erwarten haben oder dem Verstorbenen und seiner Familie nicht so nahe stehen, mit dem Erbauseinandersetzungsanspruch ein Erpressungsinstrument in der Hand haben, das sehr wirksam ist. Diejenigen nämlich, denen am Zusammenhalt des Erbes gelegen ist, meist nahe Verwandte des Erblassers, werden viele Konzessionen an den Minderheitenerben machen, um nur nicht das geerbte Unternehmen zu zerschlagen.

Wer aber will, der kann auf der Auseinandersetzung bestehen, auch gegen den Willen aller anderen. Da kann es dann passieren, dass etwa die Witwe gezwungen wird, aus dem ehelichen Haus auszuziehen, weil es versteigert werden muss, damit die Miterben ausgezahlt werden können.

Freilich kann der Erblasser sogar in seinem Testament die Auseinandersetzung verbieten oder von einer Kündigung abhängig machen. Ob eine solche Bestimmung Frieden schafft und das Vermögen zusammenhält, darf bezweifelt werden.

Die Erben können sich in einem solchen Fall sogar über die Bestimmung des Testaments hinwegsetzen und den Nachlass trotzdem auseinandersetzen. Das geht aber nur einstimmig und nicht etwa durch Mehrheitsbeschluss. Und: 30 Jahre nach dem Erbfall kann dann doch wieder – wie ohne diese Anordnung – auf Antrag eines Mitglieds auseinandergesetzt werden.

Möglich ist auch, dass die Miterben einen Vertrag miteinander machen, mit dem Inhalt, auf die Auseinandersetzung zu verzichten, damit das geerbte Unternehmen erhalten bleibt. Aber auch solch ein Vertrag wird Kündigungsklauseln enthalten. Und aus wichtigem Grund kann er allemal gekündigt werden.

Kurz zusammengefasst geht die Auseinandersetzung so vor sich: Die Miterben müssen die Nachlassgläubiger befriedigen, also etwa die noch offenen Rechnungen bezahlen, die an den Erblasser gingen oder später noch kamen, die laufenden Verbindlichkeiten bedienen, wie Miet- und Pachtzahlungen, es müssen die Rechtsgeschäfte mit anderen erledigt werden, die noch nicht beendet waren, es müssen die so genannten Vorempfänge ausgeglichen werden. Damit sind Zuwendungen gemeint, die der Verstorbene noch zu Lebzeiten einem Erben hat zukommen lassen. Wer als Erbe etwa schon vorher mehr erhalten hat, als ihm zustünde, der muss eventuell sogar den Überschuss ausgleichen. Dann wird der Rest des Vermögens entsprechend den Erbenquoten verteilt.

Ausgeschlossen ist die Auseinandersetzung, wenn Nachlassverwaltung beantragt wurde, ein Nachlassverwaltungsverfahren schwebt oder wenn die Erbteile noch unklar sind. Und: Es muss klar sein, welche Gegenstände überhaupt zum Nachlass gehören.

Die Auseinandersetzung in der Praxis

Häufig ist es so, dass die Mitglieder der Erbengemeinschaft einen Vertrag schließen, und man sich auf diesem Wege darüber einigt, wie das Erbe aufgeteilt werden soll. Das kann kompliziert sein. So ist es oft schwierig, ein Grundstück so zu teilen, dass es der Quote entspricht. Dann muss ein Ausgleich in Geld oder in einer Zuwendung von Rechten oder anderen Werten gefunden werden. Elegant ist die Lösung, dass einer der Miterben, vielleicht auch ein Außenstehender, den Nachlass erwirbt und die (anderen) Erben auszahlt.

Beispiel: Eine Erbengemeinschaft besteht aus der Witwe, den Kindern und zwei Neffen. Der größte Teil des Erbes ist eine gut vermietete Gewerbeimmobilie. Der Neffe Frank, der das Anwesen immer schon verwaltet hat, erwirbt es vollständig und zahlt den anderen Erben ihren Teil in Geld aus.

Wenn keine Einigung erzielt wird

Können sich die Miterben nicht einvernehmlich einigen, dann kann jeder vor Gericht ziehen. Ein Miterbe verklagt dann die anderen auf Einwilligung in den von ihm vorgelegten Auseinandersetzungsplan. In dem Plan muss er die Anordnung des Testaments schon berücksichtigen.

Solch eine Klage nennt man Teilungsklage. Das Gericht ersetzt im Urteil die Zustimmung der anderen Miterben. Schwierigkeiten machen immer Stücke des Nachlasses, die viel wert sind, aber schlecht zu teilen, wie etwa Immobilien. Hier besteht die Möglichkeit, eine Teilungsversteigerung gerichtlich durchzusetzen: Das Grundstück wird versteigert, damit man Geld erhält, das dann nach Quoten dividiert an die Erben gehen kann.

Solch ein Antrag wird seltener gestellt, als dass mit ihm gedroht wird. Tatsächlich ist der Erlös einer Versteigerung oft sehr viel niedriger als der Verkehrswert des Grundstücks. Das fördert die Bereitschaft der Beteiligten, einem Verkauf des Grundstücks auf dem freien Markt zuzustimmen.

WISO-Tipp: Ein Nachteil der Klage vor Gericht ist, dass den Richtern wenig Spielraum bleibt und so häufig wenig praxisgerechte Urteile erzielt werden. Es empfiehlt sich daher, dass sich die Miterben wenigstens darüber einigen, ein Schiedsgericht anzurufen, dessen Spruch sie sich unterwerfen. Es gibt auch die Möglichkeit der Vermittlung durch das Nachlassgericht.

Ein Blick ins Testament hilft bei der Auseinandersetzung

Ein ironischer Satz von Juristen, wenn man mit einem komplizierten Fall einmal nicht weiterkommt, ist dieser: Ein Blick ins Gesetz erleichtert die Rechtsfindung. So ist es auch bei Erbauseinandersetzungen: Ein Blick ins Testament klärt manches. Wenn der Erblasser etwa einen Testamentsvollstrecker eingesetzt hat, dann hat dieser eben seine Arbeit aufzunehmen. Er steht hoffentlich als neutraler Dritter über den Dingen und löst das Problem.

Darüber hinaus kann im Testament bestimmt sein, wie denn die Auseinandersetzung vonstatten gehen soll. So kann es lapidar bestimmen, dass ein Dritter – vielleicht der Anwalt des Erblassers – die Auseinandersetzung nach billigem Ermessen durchführen soll. Allerdings: Wenn die Erben sich dem nicht beugen, sondern einvernehmlich eine andere Lösung finden, dann gilt diese.

Und wirklich: Tückisch kann eine solche Anweisung zur Auseinandersetzung im Testament schon sein, vor allem, wenn sie von einem Laien formuliert ist. Sie ist ihrerseits wieder ein Quell von Missverständnissen und gut für manchen Streit.

Beispiel: Was soll etwa mit einer Anordnung folgenden Inhalts geschehen:

„Meine Frau Erika und meine Tochter Anna sollen Erben zu je $^1/_2$ sein. Anna soll aber in jedem Fall das Haus in Südtirol bekommen. Das hat Erika sowieso nie gemocht.“

Nun beträgt der Wert des Nachlasses in diesem Fall 250.000 €, das Ferienhaus ist 150.000 € wert. Wollte der Verstorbene der Anna das Haus als Vorausvermächtnis zukommen lassen und den Rest als Erbe verteilen? Dann erhält Anna das Haus und von den verbleibenden 100.000 € die Hälfte; Erika auch die Hälfte, also 50.000 €. Oder wird der Wert des Nachlasses geteilt (125.000 €) mit der Folge, dass Anna an Erika noch 25.000 € zu zahlen hat, weil sie mit dem Haus 25.000 € zuviel erhält?

Was gewollt ist, muss im Wege der Auslegung gefunden werden. Und das kann schwierig sein.

Der Ausgleich von Vorempfängen bei der gesetzlichen Erbfolge

Wer kennt das nicht: Häufig schenken Eltern ihren Kindern schon zu Lebzeiten größere Geldbeträge oder Immobilien nach dem Motto: „Besser mit warmer Hand gegeben." Das kann auch steuerlich günstig sein. Was aber, wenn dabei ein Kind bevorzugt wurde und die Eltern dann sterben?

Nur für den Fall, dass es kein Testament gibt und also gesetzliche Erbfolge stattfindet, mischt sich hier das Gesetz ein. Der Gedanke dabei ist dieser: Eltern wollen wohl normalerweise, dass ihre Kinder zu gleichen Teilen bedacht sind. Ist das anders, dann hat der Erblasser ja das Mittel des Testaments, um vom Grundsatz abzuweichen.

Gibt es kein Testament, dann sollen Zuwendungen zu Lebzeiten an die Kinder auf das Erbe so angerechnet werden, dass sie unter den Kindern ausgeglichen werden. Das gilt übrigens nicht nur für die Kinder, sondern ganz allgemein für die Abkömmlinge, also auch für die Enkelkinder.

Gedacht ist demnach auch an den häufigen Fall, dass der Großvater oder die Großmutter zu Lebzeiten großzügig, aber ein wenig ungleich die Enkel mit Geldbeträgen bedenken.

Gibt es doch ein Testament und werden die Kinder und Enkel darin aber nach dem Recht der gesetzlichen Erbfolge bedacht, dann muss ein solcher Ausgleich auch vorgenommen werden.

Was muss ausgeglichen werden?

Ausgeglichen werden müssen **Ausstattungen**, die ein Kind oder Enkel zur Hochzeit bekommen hat oder auch nur, um einen eigenen Haushalt zu gründen (sofern vom Erblasser nichts anderes verfügt ist). Dazu zählen auch die Kosten zur Ausstattung einer Praxis oder einer Werkstatt oder zur Gründung einer Existenz.

Zuschüsse müssen ausgeglichen werden, wenn sie die Vermögensverhältnisse des Erblassers überschritten haben. Dazu zählt kein einmaliger Zuschuss (etwa zum Autokauf), wenn er auch besonders hoch ausfiel, wohl aber Zuschüsse zu einem Hochschulstudium, dagegen nicht die Kosten für eine normale Schulausbildung.

Wie bewertet man die Zuwendung?

Bei Geld kann der Wert leicht ermittelt werden, bei Gegenständen ist es schon schwieriger. Im Falle der Zuwendung von Geld ist zu berücksichtigen, dass der Wert auf den Tag des Erbfalls hochzurechnen ist. Es gibt daher eine Berechnungsformel:

Die zugewendete Summe wird multipliziert mit der Indexzahl zum Zeitpunkt des Erbfalls; das Ergebnis wird dividiert durch die Indexzahl zum Zeitpunkt der Zuwendung.

Aber es geht auch umgekehrt: Die Enkelin Edeltraud pflegte über lange Jahre ihre Großmutter hingebungsvoll. Nach ihrem Tod erbt sie mit ihren Geschwistern. Sie hat aber gegen den Nachlass einen Anspruch auf Ausgleich für die Pflege. Das Gleiche würde gelten für einen gesetzlichen Erben, der durch seine Mitarbeit oder Geldleistungen zur Erhaltung oder zur Vermehrung des Vermögens des Erblassers beigetragen hat.

Bei Leistungen gibt es den Ausgleich nur, wenn unentgeltlich zugewendet wurde und wenn es auf die Leistung nicht einen Anspruch aus irgendeinem Rechtsgrund gegeben hat. Vom Nachlass wird dann der Wert des Ausgleichs abgezogen. Aus dem Rest erst werden die Quoten berechnet. Nun also kann der Nachlass verteilt werden.

WISO-Tipp: Um sicher zu gehen, dass damit der Schlusspunkt unter das leidige Thema gesetzt wird und nicht noch einmal Kämpfe aufflackern, sollten Sie in einem Papier, das alle Erben unterzeichnen, festhalten, dass mit der Verteilung des Nachlasses, wie dies (am besten) ein Auseinandersetzungsvertrag vorsieht, keine Ansprüche mehr aus der Erbengemeinschaft bestehen und dass keine weiteren Ausgleichszahlungen von einem der Miterben an einen der Miterben zu zahlen sind.

Muss das alles sein?

Wenn Sie alles über die Erbauseinandersetzung gelesen haben, dann fragen Sie sich zu Recht, ob es wirklich sein muss, dass erwachsene Menschen derart in Gefahr geraten, in möglicherweise sehr unguter Weise miteinander umzugehen. Dieses Szenario ist indessen nicht zwangsläufig. Abgesehen davon, dass es auch Erbengemeinschaften gibt, die sehr gut funktionieren, sollte ein verantwortlicher Erblasser die ungute Situation nicht heraufbeschwören. Dies tut er in besonders nachteiliger Weise dann, wenn er es völlig unterlässt, ein Testament zu verfassen. Da es in aller Regel nach dem Gesetz mehr als einen Erben gibt, zwingt er diese Personen, wenn auch ungewollt, in die Erbengemeinschaft hinein.

Er schafft dann einen Konfliktherd, der noch schlimmer ist als bei einem Ehepaar in Scheidung – einfach weil mehr Personen beteiligt sind. Und es geht dabei um Eigentum, einem Wert, bei dem bekanntlich bei den meisten der Spaß aufhört. Denn hier gehört alles allen und alle haben Mitspracherecht, jeder kann damit drohen, die Gemeinschaft sofort zu zerschlagen zu dem Preis, dass die Werte unter den Hammer kommen.

Aber: Grundsätzlich ist jederzeit eine gütliche Einigung möglich, nach unserem Recht ist das sogar sehr erwünscht. Die Praxis zeigt aber, dass dieser Fall der seltenere ist.

WISO-Tipp: Soll also der Erblasser eingreifen und selbst bestimmen, wer zur Erbengemeinschaft gehört? Antwort: Ja. Und am schönsten, zumindest am leichtesten ist es, wenn das Testament nur einen Erben benennt. Er hat aber noch andere Gestaltungsmöglichkeiten, die überlegenswert sind:

- die Teilungsanordnung
- das Vorausvermächtnis
- das Vermächtnis
- das Nießbrauchvermächtnis.

Die Teilungsanordnung

Bei der Teilungsanordnung verteilt der Erblasser sein Vermögen nicht nach Quoten, sondern nach Gegenständen.

Beispiel: „Ich bestimme meine Tochter Franziska, meinen Sohn Franz und meine Enkelin Traudl zu meinen Erben. Franziska erhält die Eigentumswohnung in Bad Wildungen, mein Sohn Franz den Schrebergartenanteil in Sulzbach am Bahndamm und meine Enkelin Traudl die Briefmarkensammlung."

Jetzt bilden die drei Personen zwar auch eine Erbengemeinschaft, aber es gibt bestimmte Dinge, die jeder sicher erhält. Jeder hat gegen die Gemeinschaft einen Anspruch auf Herausgabe des Zugewendeten. So wird das Vermögen getrennt und niemand kann den jeweiligen Erben insoweit noch etwas bestreiten. Jeder kann mit dem Zugewendeten nach Belieben verfahren. Denn sonst würde zunächst einmal allen alles gehören.

Damit hat der Erblasser schon etwas für Ruhe gesorgt. Besser wäre es gewesen, wenn er auch gleich die Quotelung bestimmt hätte, also etwa, dass jeder zu einem Drittel Erbe ist. Damit hätte der Vater fürs Erste geklärt, wie sein restliches Vermögen zu verteilen ist. Denn natürlich gibt es noch weitere Gegenstände im Nachlass neben der Wohnung, dem Schrebergarten und der Briefmarkensammlung, mögen diese anderen Werte vielleicht auch nicht so kostbar sein.

Mit der Quotelung deutet der Vater an, dass allen dreien gleich viel zufallen soll, keiner soll an Wert mehr als der andere erhalten. Nun sind die drei Dinge – Wohnung, Garten, Briefmarkensammlung – aber kaum gleich viel wert. Damit jeder aber gleich viel erhält wie der andere, muss der Ausgleich in Geld erfolgen. Am besten ist es, diesen Gedanken hält der Erblasser auch noch im Testament fest:

Beispiel: „Die unterschiedlichen Verkehrswerte der zugewendeten Gegenstände müssen die Erben untereinander in Geld ausgleichen. Im Zweifel ist ein Sachverständiger der IHK Hamburg hinzuzuziehen. Dessen Votum ist verbindlich."

Dies ist eine kluge Lösung, die jedem das zukommen lässt, was nach Meinung des Vaters zu ihm am besten passt. Wollen die Erben dann doch einen anderen Weg gehen, dann können sie das einvernehmlich tun – es sei denn, der Vater hätte dies in seinem Testament ausgeschlossen.

Das Vorausvermächtnis

Im Vorausvermächtnis wendet der Erblasser einem Erben zusätzlich zum Erbe etwas zu, ohne dass hier ein Ausgleich vorgenommen werden muss.

Beispiel: „Ich setze zu Erben je zur Hälfte ein meinen Ehemann Karl-Ludwig und meine Tochter Christa. Karl-Ludwig soll daneben als Vorausvermächtnis mein Aktiendepot erhalten."

Auch hier wird wieder eine Erbengemeinschaft gegründet. Karl-Ludwig kann aber von der Erbengemeinschaft verlangen, die Aktien herauszugeben. Der Unterschied zwischen Teilungsanordnung und Vorausvermächtnis: In beiden Fällen sind die Bedachten Erben. Bei der Teilungsanordnung muss der Wertausgleich erfolgen, beim Vorausvermächtnis nicht. Hier erhält der Erbe also mehr, als seine Quote ausmacht. Was Sie wollen, sollten Sie im Testament klar zum Ausdruck bringen.

Das Vermächtnis

Wer ein Vermächtnis erhält, ist dadurch nicht Erbe, sondern eben Vermächtnisnehmer (er ist allenfalls aus anderen Gründen Erbe). Er hat einen Anspruch an die Erbengemeinschaft oder an den Erben auf Herausgabe dessen, was ihm vermacht wurde, ist aber kein Miterbe. So kann einer dritten Person (oder einer Institution) etwas Gutes getan werden, ohne dass sie in die Erbengemeinschaft aufgenommen wird. Auf diese Art kann man die Zahl der Mitglieder beschränken.

Beispiel: „Meine Erben sollen sein meine Kinder Vinzenz und Verona je zur Hälfte. Mein Festgeldkonto über 50.000 € geht an den Tierschutz Hammelburg GmbH als Vermächtnis."

So bleiben die Kinder in der Erbengemeinschaft allein und der Tierschutz erhält zwar eine Zuwendung, kann aber in der Erbengemeinschaft nicht mitreden.

Das Nießbrauchvermächtnis

Die Einräumung eines Nießbrauchsrechts ist ein sehr gutes Mittel, um insbesondere dem Ehegatten eine gesicherte Position zu verschaffen. Beispielsweise könnte der Erblasser Xaver seiner Ehefrau Katrin ein lebenslanges Wohnrecht in seinem Haus zusprechen. Wenn Teile vermietet sind, könnte die Frau auch die Mieteinnahmen erhalten:

Beispiel: „Meine Kinder Helene und Horst sollen Erben je zur Hälfte sein. Meiner Ehefrau Katrin wende ich als Vermächtnis ein lebenslängliches, unentgeltliches, im Grundbuch abzusicherndes Nießbrauchsrecht an meinem Wohnhaus Münchner Straße 31 in Erding zu. Der Nießbrauch schließt auch die zwei Mietwohnungen ein."

Vorteilhaft ist diese Lösung zum einen, weil die Immobilie aus der Erbengemeinschaft herausgehalten wird (Katrin ist keine Erbin!), was Ärger erspart. Steuerlich vorteilhaft ist, dass das Eigentum an dem Haus nicht zweimal vererbt wird, erst an die Mutter, dann an die Kinder. Es fällt sofort an die Kinder.

Ohne diese Regelung könnte die Mutter als Erbe des Hauses dieses später an andere weitergeben. Das geht nun nicht. Trotzdem hat die Mutter mit dem Nießbrauch einen bedeutenden Wert erhalten. Die Kinder können sie nicht aus dem Haus drängen, auch nicht durch Verkauf (der bekanntlich schwer ist, wenn ein Nießbrauch existiert).

WISO-Tipp: Im Beispiel wurde nicht erwähnt, wer die Kosten für den Unterhalt des Hauses zu tragen hat. Diese Frage sollte aber geklärt sein. Wird sie im Testament nicht aufgegriffen, dann ist der Nießbraucher der Verpflichtete für die Lasten.

Dieser Vorschlag scheint elegant. Viele Eltern scheuen aber davor zurück, das Vermögen sozusagen unter Umgehung des Ehegatten sofort auf die Kinder zu übertragen. Das ist durchaus zu verstehen. Welche Lösung die beste ist, lässt sich nur am konkreten Fall und nur nach eingehender Beratung feststellen.

Ersatzerbschaft

Testamente liegen oft jahrzehntelang verwahrt, bis der Erbfall eintritt, für den sie verfasst werden. Da kommt es häufig vor, dass eine in der Urkunde erwähnte Person gar nicht mehr lebt. Der Erblasser kann diesen Fall mitberücksichtigen und Ersatzerben für die Personen einsetzen, die er bedacht hat.

Beispiel: Witwe Bolte verfügt: „Ich setze meine Tochter Berta zur Alleinerbin ein. Stirbt Berta vor mir oder schlägt sie das Erbe aus, dann soll meine Freundin Bella Ersatzerbin sein."
Die kinderlose Berta stirbt vor der Witwe Bolte. Freundin Bella wird nach ihrem Tod Erbe.

Bei Kindern oder Enkeln ist dieser Fall bereits gesetzlich geregelt. Ist der weggefallene Erbe ein Abkömmling des Erblassers, dann gilt, dass im Zweifel dessen Abkömmlinge Ersatzerben sind.

WISO-Tipp: Verwechseln Sie nicht den Nacherben mit dem Ersatzerben. Der Ersatzerbe wird nur dann Erbe, wenn der eigentlich Bedachte nicht Erbe wird (im Beispiel die Berta). Erlebt der eigentliche Erbe den Erbfall, dann wird der Ersatzerbe über dieses Testament nie Erbe. Der Nacherbe wird erst Erbe, nachdem eine andere Person vor ihm Erbe gewesen ist und dann verstorben ist (oder eine andere Bedingung erfüllt ist, die das Testament nennt).

5. Der Pflichtteil

Keine Regel ohne Ausnahme: An sich gilt in unserem Erbrecht der Grundsatz der Testierfreiheit, das heißt, jeder Erblasser hat das Recht, die Vererbung seines Vermögens selbst zu bestimmen. Eine Grenze setzt der Gesetzgeber aber zum Schutz naher Familienangehöriger: Zwar wird dem Erblasser nicht verboten, diese auch zu enterben. Diese Personengruppe hat aber immerhin einen schuldrechtlichen Anspruch gegen den berufenen Erben, sodass zumindest ein gewisser wirtschaftlicher Ausgleich für den engsten Familienkreis gewährleistet ist.

Das Gesetz garantiert also dem engeren familiäreren Umfeld eine Mindestbeteiligung am Nachlass, die der Erblasser nur dann auch noch verweigern kann, wenn ein besonders schweres Vergehen vorliegt – in der Praxis also nicht.

Es gilt daher: Der Erblasser kann jeden seiner Erben enterben, also verhindern, dass eine Person, die nach dem Gesetz Erbe wäre, tatsächlich in die Erbenstellung gelangt.

Die besonders nahen Angehörigen, die als gesetzliche Erben in Frage kommen, erhalten dann aber als Ersatz den Status als Pflichtteilsberechtigte, also nicht etwa alle als gesetzlich in Frage kommenden erbberechtigten Personen. Pflichtteilsberechtigte sind nach § 2303 BGB nur der Ehegatte, die Abkömmlinge und die Eltern des Erblassers. Hinzu kommen jetzt auch die eingetragenen Lebenspartner. Jedoch sind die Eltern des Erblassers und entferntere Verwandte, etwa Enkel oder Urenkel, so lange nicht pflichtteilsberechtigt, wie ein Abkömmling existiert, der sie im Falle der gesetzlichen Erbfolge ausschließen würde (beziehungsweise eine Zuwendung annimmt, die dem Pflichtteil entspricht) – § 2309 BGB. Vergleichen Sie die Grafiken im Kapitel „Gesetzliche Erbfolge“: So lange es Verwandte 1. Ordnung gibt, blockieren diese die Erbschaft derjenigen 2. Ordnung.

Beispiel: Erblasser Ernst ist verheiratet mit Ernestine. Sie haben drei Kinder – Karl, Konrad und Klaus. Es gibt auch zwei Enkel, jeweils eine Tochter von Konrad und Klaus, nämlich Elisabeth und Edith. Im Übrigen leben im Augenblick des Todes des Erblassers Ernst noch seine Eltern. Hier sind pflichtteilsberechtigt seine Eltern, die Ehefrau, alle Kinder und Enkel. Die Enkel sind es aber nicht, solange deren Eltern (Konrad und Klaus) noch leben.

Etwas anders ist die Regelung im Fall einer Eingetragenen Lebenpartnerschaft (siehe weiter vorne). Wichtig auch: Geschwister und andere weitere Verwandte, die durchaus bei entsprechender Konstellation gesetzliche Erben sein könnten, haben keinen Pflichtteilsanspruch. Und: zu den pflichtteilsberechtigten Kindern zählen auch nichteheliche Kinder, legitimierte Kinder und adoptierte Kinder. Der Vater eines nichtehelichen Kindes zählt zu den pflichtteilsberechtigten Eltern.

Ein Ehegatte ist dann nicht pflichtteilsberechtigt, wenn bei ihm die Voraussetzungen für den Ausschluss des Ehegattenerbrechts vorgelegen haben, nämlich wenn im Zeitpunkt des Todes die Voraussetzungen für die Scheidung der Ehe gegeben waren und der Erblasser die Scheidung beantragt oder ihr zugestimmt hat (§ 1933 BGB).

Eine pflichtteilsberechtigte Person hat dann einen Anspruch auf den Pflichtteil, wenn sie durch Testament von der Erbfolge ausgeschlossen worden ist. Das kann ausdrücklich geschehen, aber auch durch Nichterwähnung.

Beispiel: Martha ist verheiratet mit Ehemann Egon. Es gibt zwei Kinder, nämlich Karla und Klaus. Wenn Martha lediglich verfügt: „Egon soll mein Erbe sein“ (oder noch deutlicher: „Egon soll mein Alleinerbe sein“), dann sind die Kinder auf den Pflichtteil gesetzt, ohne dass dies ausdrücklich so gesagt worden wäre.

Eine Enterbung liegt auch darin, wenn einem Pflichtteilsberechtigten ein Vermächtnis zugewandt oder er einfach auf den Pflichtteil verwiesen wird. Nicht zu vergessen ist dabei aber: Es kommt auf den Willen des Erblassers an, also darauf, wie das Testament auszulegen ist.

Eine Person, die als Pflichtteilsberechtigter in Frage kommt, kann selbst dafür sorgen, dass der Pflichtteilsanspruch nicht entsteht. Das kann geschehen, indem ein Vertrag mit dem Erblasser abgeschlossen wird, in dem er auf sein gesetzliches Erbrecht verzichtet oder auf sein Pflichtteilsrecht (§ 2346 BGB). Eine andere, freilich seltene Variante ist diejenige, in der der Pflichtteilsberechtigte für erbunwürdig erklärt wurde (§§ 2344 ff. BGB).

Wer die Erbschaft ausschlägt, ist auch nicht mehr pflichtteilsberechtigt. Allerdings gibt es hier eine Ausnahme für Ehegatten, wenn sie im üblichen Güterstand der Zugewinngemeinschaft leben: Schlägt ein solcher überlebender Ehegatte die Erbschaft aus, dann hat er Anspruch auf den Zugewinnausgleich und auf den Pflichtteil.

Es gab und gibt immer wieder Versuche, einen missliebigen Erben durch Tricks so zu belasten, dass der am Ende entweder faktisch auf den Pflichtteil gesetzt ist oder sogar darunter. Das darf nicht geschehen. § 2306 BGB schützt den Pflichtteilsberechtigten vor solchen Machenschaften. Diese liegen vor, wenn er durch den Erblasser zwar nicht enterbt wird, aber die anderen Anordnungen, Beschränkungen und Beschwerungen ihn so belasten, dass ihm am Ende weniger als der Pflichtteil bleibt.

§ 2306 gibt dem Pflichtteilsberechtigten, wenn er durch ein belastetes Erbteil weniger als den Pflichtteil erhielte, die Möglichkeit, entweder das Erbe anzunehmen oder es auszuschlagen und den Pflichtteil zu verlangen. Wurde ein belastendes Erbteil zugewandt, das der Hälfte des gesetzlichen Erbteils des Pflichtteilsberechtigten entspricht (oder gar kleiner ist), dann gelten die darauf lastenden Beschränkungen und Beschwerungen als nicht angeordnet.

An wen muss sich der Pflichtteilsberechtigte wenden?

Der auf den Pflichtteil Gesetzte hat keinen Anspruch auf bestimmte Gegenstände, sondern einen Zahlungsanspruch in Höhe des errechneten Wertes seines Pflichtteils. Diesen Anspruch hat er gegenüber dem Erben beziehungsweise der Erbengemeinschaft, die ihm gegenüber als Gesamtschuldner haftet. Solange der Nachlass noch nicht geteilt ist, haften die Miterben lediglich in Höhe ihres Anteils. Besteht die Erbengemeinschaft also etwa aus dem Onkel Oskar und den Enkeln Emil und Elisabeth im Verhältnis $1/2$ zu $1/4$ zu $1/4$, dann haftet Oskar bezüglich der Forderungssumme des Pflichtteilsberechtigten zu $1/2$ und die Enkel jeweils zu $1/4$.

Im Innenverhältnis verteilt sich die Pflichtteilslast unter den Erben, Vermächtnisnehmern und Auflagenbegünstigten anteilig entsprechend ihrer Beteiligung am Nachlass.

Ist es allerdings so, dass jemand an Stelle eines Pflichtteilsberechtigten gesetzlicher Erbe wird, dann hat der allein die Pflichtteilslast zu tragen (§ 2320 BGB). Dies gilt jedoch nur im Innenverhältnis.

Berechnung der Pflichtteilsquote

Der Pflichtteilsanspruch besteht in der Hälfte des Werts des gesetzlichen Erbes oder, anders ausgedrückt, die Pflichtteilsquote beträgt $1/2$ des gesetzlichen Erbes. Daher muss zunächst festgestellt werden, welchen Erbteil der Pflichtteilsberechtigte hätte, wenn gesetzliche Erbfolge eingetreten wäre.

Beispiel: Erblasser Ernst ist nicht verheiratet, hinterlässt aber vier Kinder: Anton, Berta, Caesar und Daniel. Daniel wird enterbt. Bei gesetzlicher Erbfolge hätten alle vier Geschwister je zu $^1/_4$ geerbt. Die Pflichtteilsquote beträgt daher die Hälfte von $^1/_4$, also 1/8.

Frage: Würde sich etwas am Ergebnis ändern, wenn außer den Kindern auch noch die Mutter des Erblassers zu den Hinterbliebenen gehören würde?

Nein. Die Mutter zählt zwar zum Kreis der Pflichtteilsberechtigten. Die Eltern des Erblassers und andere entfernte Verwandte (gemeint sind etwa Onkel und Neffen) haben aber nur dann einen Anspruch, wenn keine Abkömmlinge vorhanden sind (§ 2309 BGB).

Gibt es unter den Pflichtteilsberechtigten solche, die für erbunwürdig erklärt wurden, ausgeschlossen wurden oder die Erbschaft ausgeschlagen haben, dann zählen diese zur Ermittlung der Quote gleichwohl mit. Gab es hingegen einen Erbverzicht, dann wirkt dieser pflichtteilserhöhend (§ 2310 Satz 2 BGB).

Auskunftsanspruch des Pflichtteilsberechtigten

Verständlicherweise ist der Pflichtteilsberechtigte oft gar nicht in der Lage, die Höhe seines Anspruchs gegenüber den Erben zu beziffern, weil ihm dafür die Informationen fehlen. Er hat daher zunächst einen Anspruch auf Erstellung des Inventars samt der Möglichkeit, eine eidesstattliche Versicherung durchzusetzen.

Daneben hat er einen Auskunftsanspruch gegen die Erben auf Vorlage eines Verzeichnisses aller Nachlassgegenstände. Er kann sogar verlangen, bei der Aufnahme des Bestandsverzeichnisses zugegen zu sein (§ 2314 BGB) und dass diese Aufnahme durch einen Richter oder einen Notar geschieht.

Die Kosten für die Inventarisierung und die Bewertung des Nachlasses sind aus dem Nachlass zu bestreiten. Sie schmälern also den Wert des Pflichtteils. Gemeint sind damit die Gebühren für einen Sachverständigen, die Reise- und Unterkunftskosten des Pflichtteilsberechtigten, wenn er bei der Bestandsaufnahme dabei sein will. Auch der Notar ist aus dem Nachlass zu bezahlen. Sein Honorar beträgt bei einem Zeitaufwand von bis zu zwei Stunden eine halbe Gebühr nach der Kostenordnung. Lediglich die eidesstattliche Versicherung muss der Antragsteller selbst bezahlen.

Der Pflichtteilsergänzungsanspruch

Es kann sein, dass der Verstorbene durch Schenkungen zu Lebzeiten sein Vermögen vermindert hat, was auf die Höhe des Pflichtteils Auswirkungen hat. Der Erblasser könnte über den Weg der Schenkungen zu Lebzeiten seine Angehörigen um ihren Anteil bringen. Um dies auszugleichen, gibt es daher den Pflichtteilsergänzungsanspruch. Er erhöht den Nachlass um den Wert von Schenkungen des Erblassers.

Allerdings gibt es diesen Anspruch nur, wenn der Erblasser sein Vermögen innerhalb der letzten zehn Jahre vor dem Erbfall durch Schenkungen vermindert hat. Schenkungen, die davor liegen, wirken sich hier nicht mehr aus.

Gleichgültig ist es hierbei, an wen die Schenkungen geleistet wurden, ob an einen fremden Dritten (Freund), einen Miterben oder einen Pflichtteilsberechtigten. Allerdings sind Schenkungen dann noch zu berücksichtigen, wenn es sich um solche von Eltern an Kinder handelt und das Familiengrundstück betroffen ist. In solchen Fällen sind solche Schenkungen selbst nach zehn Jahren noch zu berücksichtigen, sofern die Eltern sich den Nießbrauch der Immobilie vorbehalten haben.

Zu unterscheiden vom Pflichtteilsergänzungsanspruch ist der **Pflichtteilsrestanspruch**. Dieser Anspruch kommt in Frage, wenn der Erblasser einem Pflichtteilsberechtigen weniger zuweist, als die Hälfte seines gesetzlichen Erbteils (also sein Pflichtteilsanspruch) ausmacht oder ihn mit einem entsprechend geringfügigen Vermächtnis bedenkt. Hier hat der Betroffene das Recht auf Auffüllung bis zum Wert des Pflichtteils.

Enterbter Ehegatte

Wird ein Ehegatte enterbt, ist für die Ermittlung der Pflichtteilsquote wieder festzustellen, wie die Situation bei gesetzlicher Erbfolge wäre. Sie hängt ab vom Güterstand, in dem das Ehepaar gelebt hat.

Lebten die Ehegatten in **Gütertrennung** oder in **Gütergemeinschaft**, dann erbt der überlebende Ehegatte neben den Kindern zu 1/4. Wenn der Erblasser nur ein Kind oder zwei Kinder und seinen Ehegatten hinterlässt, erben Gatte und Kinder zu gleichen Teilen (§ 1932 Absatz 4 BGB).

Die Pflichtteilsquote eines enterbten Ehegatten ist also verhältnismäßig leicht zu ermitteln, wenn Gütertrennung oder Gütergemeinschaft vorliegen.

Beispiel: Erblasser Egon hinterlässt neben seiner Ehefrau Freia die beiden Kinder Karl und Klara. Man hat in Gütertrennung gelebt. Die Ehefrau Freia wird aber durch ihren Ehegatten enterbt. Gesetzlich hätte die Ehefrau $^1/_3$ als Erbe erhalten. Das Pflichtteil beträgt also $^1/_6$ des Werts des Erbes.

Bestand der gesetzliche Güterstand der **Zugewinngemeinschaft**, dann erhält der überlebende Ehegatte nach dem Gesetz neben seinem gesetzlichen Erbteil ein weiteres Viertel als pauschalen Ersatz für den güterrechtlichen Ausgleich. Abgesehen von den Kindern erbt also der Ehegatte $^1/_4 + {}^1/_4 = {}^1/_2$, während sich die andere Hälfte auf die Kinder zu gleichen Teilen verteilt. Gibt es nur die Eltern des Erblassers und den Ehegatten als Pflichtteilsberechtigte, dann erbt der Ehegatte neben den Eltern $^1/_2 + {}^1/_4 = {}^3/_4$.

Gab es ein Testament des verstorbenen Ehegatten, dann kommt es darauf an, ob der überlebende Gatte zum Erben eingesetzt, Vermächtnisnehmer oder von der Erbfolge ausgeschlossen wurde.

Ist der Ehegatte eingesetzter Erbe oder Miterbe, kann er die Erbschaft annehmen. Wenn sein Erbteil geringer ist als die Hälfte des gesetzlichen Erbteils, dann kann er den Pflichtteilsrestanspruch geltend machen, unter Umständen auch den Pflichtteilsergänzungsanspruch. Hat er die Erbschaft ausgeschlagen, dann hat er einen Anspruch auf den Zugewinnausgleich und auf den Pflichtteil in Höhe der Hälfte des nicht erhöhten gesetzlichen Erbteils.

Wurde dem Gatten ein Vermächtnis zugewandt unter dem Wert des Pflichtteils, dann steht ihm die Differenz dazu als Pflichtteilsrestanspruch zu. Es ist ihm auch möglich, das Vermächtnis auszuschlagen und den Zugewinnausgleich plus der Hälfte des nicht erhöhten gesetzlichen Erbteils zu verlangen.

Wurde der Ehegatte dagegen ohne Vermächtnis ganz enterbt, dann steht ihm der Zugewinnausgleich sowie die Hälfte des nicht erhöhten gesetzlichen Erbteils zu. Entsprechend wird bei eingetragenen Lebenspartnern verfahren (siehe S. 43).

Pflichtteilsberechtigung und Vermächtnis

Wurde einem Pflichtteilsberechtigten ein Vermächtnis zugesprochen, dann hat er die Wahl, ob er das Vermächtnis ausschlägt und den Pflichtteilsanspruch geltend macht. Dies kann er auch tun, wenn das Vermächtnis geringer ist als der Pflichtteilsanspruch. In diesem Fall steht ihm bis zur Höhe des Pflichtteils ein Pflichtteilrestanspruch zu.

6. Vorweggenommene Erbfolge

Besonders in vermögenden Familien kann es sinnvoll sein, dass sich ein Erblasser überlegt, schon zu Lebzeiten Teile seines Vermögens weiterzugeben. Die Beweggründe dafür sind vielfältig. Es kann sein, dass der zukünftige Erblasser sich seine Versorgung im Alter sichern will und im Gegenzug jemanden, den er gern als Nachfolger im Betrieb sieht, schon in die neue Position einführt. Weitblickende denken an Substanzerhaltung. Sie wissen: Je früher der Wechsel im Betrieb organisiert wird, umso professioneller kann er vonstatten gehen und also auch das Unternehmen erhalten bleiben.

Wie immer gibt es auch Steueraspekte, die mit Berücksichtigung finden. Alle zehn Jahre kann im Rahmen der erhöhten Freibeträge Vermögen gewissermaßen zum Nulltarif auf Kinder übertragen werden. Zugleich wird kräftig Einkommensteuer gespart, wenn das Vermögen gegen die Gewährung so genannter Versorgungsleistungen übertragen wird.

Die Eltern sind dann meistens schon im Pensionärsstatus mit geringen Einkünften und versteuern nur noch die Versorgungsleistungen zu einem niedrigen Steuersatz. Die Kinder können wegen der von ihnen bezahlten Versorgungsleistungen ihren Einkommensteuersatz senken. Aus dem Progressionsunterschied ergibt sich der Steuerspareffekt.

Einige grundsätzliche Bemerkungen

Zur Definition der vorweggenommenen Erbfolge: Man versteht darunter Vermögensübertragungen zu Lebzeiten an erbberechtigte Personen, um die künftige Erbfolge vorzeitig zu realisieren. Meist handelt es sich nicht um eine reine Schenkung, denn der Empfänger übernimmt Belastungen, beispielsweise die Versorgung dessen, der den Betrieb übergeben hat oder die Auszahlung anderer Erbberechtigter.

Beispiel: Die Eltern Martin und Martha übertragen dem Sohn Kunibert ihr Geschäft samt dem Grund und Boden, auf dem dieses ausgeübt wird. Der Sohn verpflichtet sich im Gegenzug, seinen Eltern auf beider Lebenszeit eine monatliche Rente in Höhe von 3.000 € zu zahlen.

Zur Abgrenzung: Keine vorweggenommene Erbfolge liegt vor, wenn der Vermögensübernehmer eine Gegenleistung erbringen muss, die sich am Wert des übergegangenen Vermögens orientiert, wo also Leistung und Gegenleistung nach kaufmännischen Gesichtspunkten gegeneinander abgewogen sind. Es handelt sich hier schlichtweg um eine Anschaffung oder Veräußerung.

Beispiel: Die Tochter hat von ihrer Mutter ein Wertpapierdepot zum Kaufpreis von 250.000 € übernommen. Der Kaufpreis wurde anhand der aktuellen Kurse ermittelt.

WISO-Tipp: Bedenken Sie aber: Bei einer Vermögensübertragung zwischen Familienangehörigen besteht grundsätzlich eine – widerlegbare – Vermutung dafür, dass die Übertragung aus familiären Gründen vorgenommen wird. Es wird also vermutet, dass die beiderseitigen Leistungen nicht kaufmännisch gegeneinander abgewogen sind. Wenn Sie ein solches Geschäft nach solchen Gesichtspunkten unter Familienangehörigen abwickeln, dann sorgen Sie für den Nachweis, dass von objektiv gleichwertigen Leistungen ausgegangen wurde und legen Sie die entsprechenden eindeutigen Vereinbarungen vor.

Entscheidend ist bei Vermögensübertragung auf künftige Erben also, was die Handelnden eigentlich wollen: Soll ein Geschäft „wie unter Fremden" abgewickelt werden oder ein Vermögensübergang „in der Familie" stattfinden.

WISO-Tipp: Beachten Sie: Die steuerlichen Aspekte müssen bei der vorweggenommenen Erbfolge sorgfältig durchdacht werden. Dennoch dürfen sie alleine niemals Anlass für eine vorzeitige Vermögensübertragung auf den Erben sein. Stellen Sie für sich klar, dass immer eine Interessenabwägung zwischen Vermögensgeber und Vermögensübernehmer besteht. Und: Sorgen Sie für klare, eindeutige Vereinbarungen. Lassen Sie sich nicht dadurch einschüchtern, dass das Tabu-Thema Regelung eines Erbfalles dabei durchdacht werden muss. Tatsächlich geht es bestenfalls um Fragen der Absicherung des Alters.

Wichtig ist also die Existenzsicherung des Vermögensübergebers. Die vereinbarten Versorgungsleistungen müssen so gestaltet sein, dass sie wertgesichert sind.

Schließlich sorgen Sie dafür, dass der Übernehmer soweit abgesichert ist, dass das von ihm übernommene Vermögen nicht durch Ansprüche gefährdet wird, die etwa übergangene Pflichtteilsberechtigte oder künftige Miterben haben könnten. Wenn er für Ihre Altersversorgung gerade stehen soll, dann muss er auch dazu in der Lage sein.

Die Arten der Vermögensübertragung

Es gibt folgende Varianten der Vermögensübertragung zur vorweggenommenen Erbfolge: **Die unentgeltliche Übertragung.** Sie liegt vor, wenn der Vermögensübernehmer keine Gegenleistung erbringen muss.

Sie liegt steuerlich auch dann vor, soweit Versorgungsleistungen (z.B. Versorgungsrenten und dauernde Lasten) bei der Übertragung von Vermögen vom Übernehmer dem Übergeber oder Dritten (das kann der Ehegatte des Übergebers sein, Geschwister des Übernehmers) zugesagt werden.

Unentgeltlich ist der Vermögensübergang auch dann, wenn sich der Vermögensübergeber ein Nutzungsrecht vorbehält (etwa einen Nießbrauch oder ein Wohnrecht) an den übertragenen Wirtschaftsgütern oder wenn der Übernehmer verpflichtet ist, dem Übergeber oder auch Dritten ein solches Nutzungsrecht einzuräumen.

Teilweise unentgeltliche Übertragung: Sie ist gegeben, wenn sich der Übernehmer zur Zahlung eines bestimmten Geldbetrages an andere Angehörige des Übernehmers oder an Dritte verpflichtet oder zu Abstandszahlungen an den Übergeber. Dies ist also bereits ein Veräußerungs- oder Anschaffungsgeschäft.

Gleiches gilt, wenn der Übernehmer im Zusammenhang mit der Vermögensübertragung Verbindlichkeiten des Vermögensübergebers übernimmt. Auch darin liegt eine Entgeltlichkeit.

Die Praxis der unentgeltlichen Betriebsübertragung innerhalb der Familie

Es kommt in Familien nicht selten vor, dass Vermögen oder ein ganzes Unternehmen an einen Nachfolger innerhalb der Verwandtschaft verschenkt wird. Wer schenkt, verliert das Eigentum an dem Gegenstand. Der entsprechende Vertrag kann – von seltenen Ausnahmen abgesehen – auch nicht mehr widerrufen werden. Der Schenkende sollte sich also vorher sehr genau überlegen, was er tut.

In all diesen Fällen muss der Schenkende dafür sorgen, dass seine Altersversorgung trotzdem gesichert ist und es keine (weiteren) Kinder gibt, die durch die Schenkung etwa um ihr Erbe gebracht werden.

WISO-Tipp: Für den Fall, dass es bedeutende stille Reserven gibt, die auch nicht aufgelöst werden sollen, achten Sie darauf, dass der Nachfolger alle wesentlichen Betriebsgrundlagen erhält. In diesem Fall kann er die Buchwerte seines Vermögens fortführen und die stillen Reserven werden erst dann aufgelöst und auch versteuert, wenn der Betrieb eines Tages veräußert oder aufgegeben wird.

Die Übertragung gegen Versorgung

Die Übertragung im Wege der Schenkung ist selbst in Familienkreisen so häufig nicht und ist auch selten wirklich zu begründen. Typischer ist es also, dass der Betrieb an den Nachfolger übergeben wird und dem Altunternehmer Versorgungsleistungen versprochen werden. Ist es dann aber so, dass diese Versorgungsleistungen nicht dem Zuschnitt des übergebenen Betriebes entsprechen, dann wird man diesen Vorgang mit Blick auf die Einkommensteuer trotz allem wie eine unentgeltliche Betriebsübertragung behandeln. Denn Leistungen und Gegenleistungen sind in einer Weise zueinander unausgewogen, wie dies unter Fremden nie der Fall wäre. Bei solch einer Gestaltung muss der Nachfolger die Buchwerte des Vorgängers unverändert fortführen.

Als Gestaltungen für solche Fälle kommen in Frage: Die Rente für die Eltern wird nicht nach dem Wert des Betriebes berechnet, sondern nach dem Versorgungsbedürfnis der Eltern. Das bedeutet: Die Eltern haben bereits eine Altersversorgung, es muss aber eine Lücke geschlossen werden. Andere Variante: Die Versorgung richtet sich nach der Ertragskraft des Betriebes – ein Gesichtspunkt, der in Verträge unter Fremden seltener einfließt.

Diese privaten Versorgungsleistungen stellen weder ein Veräußerungsentgelt noch Anschaffungskosten dar. Sie werden daher steuerlich beim weichenden Unternehmer den wiederkehrenden Bezügen zugerechnet. Beim Nachfolger sind es Sonderausgaben.

Sie müssen hier abgrenzen zwischen der dauernden Last und der Leibrente. Eine dauernde Last ist eine nicht gleich bleibende Leistung, die Leibrente hingegen ist gleich bleibend. Bei der dauernden Last ist eine Änderungsklausel vereinbart oder es ergibt sich sonst eine Möglichkeit der Variierung des zu zahlenden Betrages. Die Rechtsprechung sagt, dass normalerweise bei einer Übertragung des Betriebs von den Eltern auf die Kinder im Wege der vorweggenommenen Erbfolge von einer dauernden Last zu reden ist, wenn eine lebenslängliche Versorgungsleistung vereinbart ist. Eine Leibrente hingegen liegt nur dann vor, wenn die Unabänderbarkeit der Leistung ausdrücklich vereinbart ist.

Ist aber die Versorgungsleistung eine Leibrente, dann kann der Nachfolger diesen Betrag in seinem Ertragsanteil als Sonderausgaben abziehen. Der Senior hingegen versteuert sie als sonstige Einkünfte.

Liegt eine dauernde Last vor, dann versteuert sie der Empfänger im Augenblick der Zahlung sofort in voller Höhe als sonstige Einkünfte, während sie beim Zahlenden Sonderausgaben sind. Das alles wird nur dann so gesehen, wenn der Verkehrswert des Betriebes überschlägig und auch großzügig berechnet mindestens die Hälfte des Rentenbarwerts der privaten Versorgungsleibrente ausmacht. Ist das nicht der Fall, dann stellen die Leistungen des Übernehmers an die Eltern nicht abziehbare Unterhaltsleistungen dar, die (wenn er Glück hat) wenigstens als außergewöhnliche Belastung anerkannt werden. Für eine solche Unterhaltsrente zahlt der weichende Unternehmer keine Einkommensteuer, wenn er unbeschränkt steuerpflichtig ist.

Die teilentgeltliche Übertragung

Wenn es mehrere Kinder gibt, die erbberechtigt sind, und der Betrieb nur an eines der Geschwister übertragen werden soll, dann werden die anderen normalerweise ausbezahlt. Steuerlich sind diese Gleichstellungsgelder an die Geschwister wie eine teilentgeltliche Betriebsübergabe zu bewerten. Beim Senior liegt ein Veräußerungsvorgang vor und bei seinem Nachfolger ein Anschaffungsgeschäft.

7. Stiftungen

Eine elegante Methode, über den Tod hinaus den eigenen Willen über lange Zeit durchzusetzen, ist die Gründung einer Stiftung.

Nehmen Sie Nürnberg zum Beispiel oder Frankfurt am Main: Dort gab es keinen Fürsten, der Museen gegründet hätte oder eine Parkanlage oder ein Hospiz finanziert hätte. Das waren freie Reichsstädte. Da sorgten sich die Bürger selbst um bedürftige Mitmenschen. Und man begründete Stiftungen. Das Städel (also das Kunstmuseum) in Frankfurt ist solch eine Stiftung oder der Palmengarten oder die Universität. So etwas wirkt fort und wird zur Tradition. In Deutschland ist das Stiftungswesen noch immer unterentwickelt – aber es blüht langsam auf.

Andere Staaten haben da eine reiche Tradition, zum Beispiel die USA, ein Land, in dem nicht alles vom Staat erwartet wird, wo es vielmehr vornehme Pflicht reicher Leute ist, wohltätig zu sein und von seinem Reichtum etwas abzugeben.

Inzwischen tut sich auf diesem Gebiet auch bei uns einiges, vielleicht auch deshalb, weil der Staat seit langem darauf verweist, dass er sich nicht mehr um alles und jedes kümmern kann, was nur im Entferntesten an Wohlfahrtspflege erinnert.

Die Bundesregierung hat im Jahr 2002 eine Novellierung des Stiftungsrechts auf den Weg gebracht. Sie hat dadurch die steuerliche Förderung von Stiftungen verbessert und ihre Attraktivität erhöht. Zuwendungen an öffentlich-rechtliche Stiftungen und solche an steuerbefreite Stiftungen des privaten Rechts, die einem steuerbegünstigten Zweck dienen, sind wie Sonderausgaben absetzbar. Es handelt sich dabei um die üblichen Förderungen, die allgemein etwa für den Spendenabzug genannt werden, wie solche mildtätiger, kirchlicher, religiöser, wissenschaftlicher oder sonst als förderungswürdig anerkannter Zwecke, und zwar bis zur Höhe von insgesamt 5 % des Gesamtbetrages der Einkünfte oder 2 % der Summe der gesamten Umsätze und der im Kalenderjahr aufgewendeten Löhne und Gehälter. Speziell für wissenschaftliche, mildtätige und als besonders förderungswürdig anerkannte kulturelle Zwecke erhöht sich der Prozentsatz von 5 um weitere 5 % (also auf 10 %). Darüber hinaus – dies ist nun die Neuerung – sind Zuwendungen bis zur Höhe von 20.450,00 € wie Sonderausgaben abziehbar (bis zum 31.12.2001 galt ein Satz von 40.000,00 DM).

Das Vermögen der Stiftung unterliegt der Erbschaftsteuer, wenn es sich um eine Familienstiftung handelt. Das ist dann der Fall, wenn sie wesentlich im Interesse einer Familie (oder bestimmter Familien) errichtet wurde und Vermögen binden soll. Das Gleiche gilt für Vereine, die aus denselben Gründen mit Vermögen ausgestattet wurden. Diese Familienstiftungen (oder Vereine) müssen alle 30 Jahre Erbschaftsteuer zahlen (§ 1 Abs. 1 Nr. 4 ErbStG)

Vor 100 Jahren gab es in Deutschland über 100.000 Stiftungen, heute sind es gerade einmal noch (oder wieder) an die 10.000. Der Bundesverband Deutscher Stiftungen sammelt Daten und Informationen über Stiftungen. Er veröffentlichte eine Liste der größten Stiftungen. Dazu zählen die Volkswagen-Stiftung mit einem Vermögen von rund 1.250 Millionen €, die Robert-Bosch-Stiftung mit etwa 2.700 Millionen, die Deutsche Bundesstiftung für Umwelt mit rund 1.500 Millionen oder die Bayerische Landesstiftung mit circa 1.250 Millionen € an Vermögen.

Stiftung via Testament

Sie können eine Stiftung im Rahmen einer Verfügung von Todes wegen gründen (also im Testament, auch im gemeinschaftlichen oder im Erbvertrag). Hier genügt sogar ein privatschriftliches Testament.

Folgende Punkte müssen Sie dabei erledigen:

- Es muss das Stiftungsgeschäft stattfinden von Todes wegen (eventuell auch unter Lebenden).
- Es muss eine staatliche Genehmigung eingeholt werden.

Das Stiftungsgeschäft

Unter Stiftungsgeschäft versteht man ein einseitiges Rechtsgeschäft unter Lebenden, das nicht empfangsbedürftig ist, aber in Schriftform erfolgen muss. Bis zur staatlichen Genehmigung können Sie noch widerrufen. Die Folge ist, dass mit dieser Einrichtung der Stiftung eine Vermögensmasse durch den Willen des Stifters einem bestimmten Zweck gewidmet wird.

Die Rechtsnatur der Stiftung

Es gibt die selbstständige (rechtsfähige) Stiftung und die unselbstständige (und damit nicht rechtsfähige) Stiftung. Nur dann, wenn Sie eine selbstständige Stiftung gründen mit eigenem Zweck, mit eigener Vermögensmasse und einer eigenen Organisation, liegt eine Stiftung im Rechtssinne vor. Sie ist dann eine juristische Person und kann selbstständig Rechte und Pflichten haben.

Anders als bei den juristischen Personen im Handelsrecht (GmbH und Aktiengesellschaft) ist es bei ihr so, dass sie nicht irgendwelchen Eigentümern gehört. Und anders als für den rechtsfähigen Verein gilt für die Stiftung, dass es keinen Mitgliederverband gibt mit wechselnden Mitgliedern. Denn Träger der rechtsfähigen Stiftung ist die Organisation der Stiftung selbst. Die Stiftung gehört sich gewissermaßen selbst.

WISO-Tipp: Man unterscheidet die Stiftungen des Privatrechts und die des öffentlichen Rechts. Die letzten interessieren in unserem Zusammenhang nicht. Die Vorschriften für die Stiftung finden Sie in den §§ 80 ff BGB. Wegen der verfahrensrechtlichen Seite müssen Sie in den jeweiligen Stiftungsgesetzen der Länder nachsehen. Prüfen Sie diese Normen eingehend, denn sie unterscheiden sich von Bundesland zu Bundesland erheblich.

Das Stiftungsgeschäft ist die Errichtung der Stiftung. Sie müssen damit Vermögenswerte einem bestimmten Zweck widmen und Ihrer Stiftung eine Satzung geben mit folgenden Bestandteilen:

- Die Stiftung benötigt einen Namen. Hier sind Sie weitgehend frei. Häufig wird der Name des Stifters verwendet, gelegentlich auch der Stiftungszweck genannt oder beides.
- Sie müssen den Sitz der Stiftung benennen. Damit haben Sie auch die Zuständigkeit des Bundeslandes verfügt und also die entsprechende Genehmigungs- und Aufsichtsbehörde.
- Sie benennen den Stiftungszweck.

- Es wird das Stiftungsvermögen festgelegt.
- Sie benennen die Stiftungsorgane: Es handelt sich bei der Stiftung um eine juristische Person. Sie braucht einen Vorstand, der normalerweise aus mehreren Personen besteht. Sie können Beratungsorgane vorsehen (Kuratorium, Verwaltungsrat, vielleicht eine Jury für Preisverleihungen).
- Sie können bestimmen, wie das Vermögen verwendet wird.
- Sie sollten bestimmen, wie zu verfahren ist bei einer Änderung des Zweckes oder der Organisation.
- Es muss geregelt werden, was mit dem Vermögen bei einer Auflösung der Stiftung geschieht.

Die Errichtung der Stiftung

Sie können die Stiftung unter Lebenden errichten. Wenn Sie das tun, werden Sie bis zu Ihrem Tod genau beobachten können, wie die Stiftung funktioniert. Sie können eventuell noch eingreifen und Korrekturen vornehmen. Sie müssen dazu das Stiftungsgeschäft in Schriftform niederlegen. Besser ist es hier, wie auch sonst, das Stiftungsgeschäft durch Erklärung in einer notariellen Urkunde vorzunehmen. Wenn die Verpflichtung enthalten ist, Grundbesitz auf die Stiftung zu übertragen, so ist dafür zumindest nach vorherrschender Meinung die notarielle Beurkundung erforderlich.

Anders bei der Stiftung von Todes wegen: Sie können sie durch Testament oder Erbvertrag errichten. Das geschieht, indem Sie entweder die Stiftung als Erbe, Miterbe, Vorerbe oder Nacherbe einsetzen.

Sie können einer von Ihnen bereits errichteten Stiftung durch Rechtsgeschäft unter Lebenden oder durch Rechtsgeschäft von Todes wegen einen bestimmten Vermögenswert im Wege eines Vermächtnisses zukommen lassen.

Schließlich ist es möglich, dass Sie Erben oder Vermächtnisnehmer verpflichten, nach dem Erbfall eine Stiftung zu errichten und ihr bestimmte Vermögenswerte zuzuwenden. Wenn die Stiftung in öffentlichem Interesse liegt, dann können Sie verfügen, dass nach dem Erbfall die zuständige Behörde den Vollzug durchsetzt.

Die Genehmigung der Stiftung

Der nächste Akt neben dem Stiftungsgeschäft ist der der staatlichen Genehmigung. Dafür ist das Bundesland zuständig, in dem die Stiftung ihren Sitz hat. Der Rest wird im jeweiligen Landesrecht geregelt. Sie müssen bei der Beantragung vorlegen: Die Errichtungsurkunde mit der Satzung und ein Vermögensverzeichnis.

Die staatliche Genehmigung wird es nur geben, wenn eine nachhaltige Verwirklichung des Stiftungszwecks über das Vermögen gesichert erscheint. Es wird dabei im Allgemeinen eine Mindestzuwendung von 50.000 € unterstellt. Mit der Genehmigung, nämlich der Aushändigung der Bestätigungsurkunde, entsteht die Stiftung als selbstständiger Rechtsträger.

Wenn Sie eine Stiftung durch Verfügung von Todes wegen errichten möchten, dann können Sie die Genehmigung bereits zu Lebzeiten erhalten. Dieser Weg ist zu empfehlen, damit Sie die Gewissheit haben, dass Ihr Stiftungszweck nach Ihrem Ableben auch umgesetzt wird. Sollten die Behörden Bedenken oder Anregungen äußern, dann können Sie dem selbst Rechung tragen.

Soll die Stiftung aber erst nach Ihrem Tode ins Leben gerufen werden, dann muss die Genehmigung durch den Erben, durch einen Testamentsvollstrecker oder das Nachlassgericht beantragt werden.

Die Stiftungsaufsicht

Stiftungen unterliegen einer behördlichen Aufsicht, und zwar in dem Maße, wie dies in dem jeweiligen Recht des Bundeslandes geregelt ist, in dem die Stiftung ihren Sitz hat. Die Aufsicht ist eine bloße Rechtsaufsicht. Sie muss darüber wachen, dass die Bestimmungen der Satzung eingehalten und Gesetze nicht verletzt werden. Geht es allerdings um Fragen der Vermögensverwaltung oder der Verwendung der Erträge, dann darf die Aufsicht nicht in das Ermessen des Stiftungsvorstandes eingreifen. Aber die Stiftung muss Jahresabschlüsse an die Aufsicht einreichen, sodass diese ihrer Pflicht nachkommen kann.

Änderung des Zwecks der Stiftung und ihr Erlöschen

Stiftungen sind häufig auf unbestimmte Zeit, nicht selten gewissermaßen auf die Ewigkeit hin angelegt. Trotzdem sollte bereits der Stifter im Auge behalten, dass sich die Verhältnisse ändern können, dass die Stiftung nicht mehr existieren kann und also erlöschen wird. Hier ist es wichtig, die Organe der Stiftung mit einer entsprechenden Kompetenz auszustatten. In einzelnen Fällen kann aber sogar die Aufsichtsbehörde der Stiftung einen anderen Zweck geben oder aber sie auflösen, wenn die Erfüllung des Stiftungszwecks unmöglich geworden ist. Für den Fall der Auflösung aber sollte geklärt sein, an wen das Vermögen dann fallen soll.

Die Stiftung erbrechtlich gesehen

Wenn es so ist, dass die Stiftung im Rahmen eines Testaments errichtet und auch zum alleinigen Erben eingesetzt wird, dann bedeutet das, dass die gesetzlichen Erben auf den Pflichtteil gesetzt sind. Wurde die Stiftung aber in der Form eines Vermächtnisses oder einer Auflage gegründet, dann gelten die vom Stifter getroffenen Verfügungen mit der Grenze, dass für die Erben jedenfalls der Pflichtteil nicht unterschritten wird.

Zwar ist es so, dass bei einer Stiftung, die unter Lebenden errichtet wird, nicht von einem Schenkungsvertrag geredet wird, vielmehr handelt es sich um eine freigebige einseitige Transferleistung. Trotzdem wird der Vorgang wie eine Schenkung insofern betrachtet, als Pflichtteilergänzungsansprüche in Erwägung gezogen werden können.

Die Familienstiftung

Bei der Familienstiftung handelt es sich um eine spezielle Variante der Stiftung. In ihr soll ein bestimmtes Familienvermögen rechtlich verselbstständigt sein. Es soll verhindert werden, dass die Substanz des Vermögens den Zugriffen einzelner Familienmitglieder und ihrer Gläubiger ausgesetzt ist. Aber es sollen dabei die gesetzlichen Erben und ihre Abkömmlinge an den Erträgen der Stiftung beteiligt werden. Die Vermögenssubstanz soll dabei zumeist erhalten werden.

8. Der Staat als Erbe

Gibt es weder gesetzliche Erben noch einen Ehegatten noch testamentarische Erben, dann erbt der Staat. Der kann zwar ein Erbe nicht ausschlagen, er haftet aber für Verbindlichkeiten des Erblassers nur soweit, wie der Nachlass das erlaubt. Danach gehen die Gläubiger leer aus.

Das bedeutet: Wenn Sie sich in einer Situation ohne Erben befinden, aber verhindern wollen, dass der Staat erbt, dann verfassen Sie rechtzeitig ein Testament und setzen Sie notfalls eine Institution als Erbe ein, die ein Ziel verfolgt, das Ihnen als förderungswürdig erscheint. Erwägen Sie auch, einen Erbvertrag abzuschließen (siehe weiter hinten).

II.

DIE GESTALTUNG DES TESTAMENTS

Mit der Möglichkeit, ein Testament zu verfassen, haben wir alle eine große Gestaltungschance. Deshalb ist dieses Kapitel in diesem Buch über Erben und Vererben vielleicht das wichtigste. Im Testament kann jeder vielfältig in die Zeit nach seinem Tod hineinwirken, er kann loben, bestrafen, prämieren, sein Lebenswerk absichern oder auch zerstören – je nachdem, wie gut er die Regeln beherrscht.

Freilich gibt es auch Grenzen dieser Testierfähigkeit, wie man die Möglichkeit nennt, ein Testament zu verfassen. Der Erblasser hat freie Hand, solange er nicht gegen ein gesetzliches Verbot verstößt oder gegen die guten Sitten. Wann das der Fall ist? Darüber gehen die Meinungen allerdings stark auseinander.

Das Testament wird „Verfügung von Todes wegen" genannt. Zu diesen Verfügungen von Todes wegen zählen auch das Gemeinschaftliche Testament und der Erbvertrag. Über diese beiden Formen können Sie sich weiter hinten informieren.

Das Gesetz – hier das Bürgerliche Gesetzbuch – gibt wie häufig nur einen Rahmen vor, innerhalb dessen wir Bürger unser Leben gestalten können. Hier sagt das Gesetz, welche Mindestanforderungen ein Testament erfüllen muss, damit es gültig ist. Die zweite Funktion des Gesetzes ist es, zu sagen, was denn gelten soll, wenn der Bürger einfach nichts tut. Wenn Sie also kein Testament hinterlassen, dann soll Ihr Vermögen nicht einfach nur herumliegen. Vielmehr sagt das Gesetz dann, wer der Erbe ist oder wer die Erben sind.

Das Gesetz regelt also die Situation, die entsteht, wenn Sie nichts unternommen haben (vielleicht auch nichts unternehmen konnten), um Ihre letzten Dinge zu regeln. Dabei wird im Gesetz versucht, eine Lösung zu finden, die einigermaßen dem Wunsch und den Vorstellungen eines abendländisch geprägten Durchschnittsbürgers entspricht. Deshalb sollen der überlebende Ehegatte oder der eingetragene Lebenspartner besonders bedacht werden, deshalb finden sich auch Regelungen darüber, was die Kinder erhalten sollen. Über alle weiteren Bestimmungen kann man sicher unterschiedlicher Meinung sein. Sie sollen jedoch nur Klarheit schaffen. Wer will, dass eine andere Folge eintritt, kann ja eingreifen und selbst einen Stift in die Hand nehmen und sein Vermögen nach den eigenen Vorstellungen verteilen. Das ist die Testierfreiheit.

1. Welche Form Sie einhalten müssen

Am schnellsten ist die Frage beantwortet, welche Form ein Testament haben muss: Die Vorschriften sind einfach. Aber: Sie sind auch streng. Wer hier Fehler macht, riskiert, dass das ganze Testament ungültig ist. Dann greift wieder die Vorschrift des Gesetzes.

Zunächst: Es gibt zwei Arten von Testamenten

- das eigenhändige Testament,
- das öffentliche, nämlich notarielle Testament;

  und daneben noch das Nottestament.

Voraussetzung für jedes Testament ist die Testierfähigkeit des Erblassers. Die liegt vor mit der Vollendung des 16. Lebensjahrs im Falle des notariellen Testaments, mit Vollendung des 18. Lebensjahres beim eigenhändigen Testament. Die Testierfähigkeit ist ausgeschlossen bei Personen, die nicht in der Lage sind, die Bedeutung einer von ihnen abgegebenen Willenserklärung zu begreifen und einzusehen und nach dieser Einsicht zu handeln. Es muss dabei eine krankhafte Störung der Geistestätigkeit vorliegen oder eine Bewusstseinsstörung (Alkoholrausch, Drogeneinfluss oder Altersdemenz).

Trat die Bewusstseinsstörung erst nach der Testierung ein, dann beeinträchtigt das nicht die Wirksamkeit des Testaments. Andererseits bleibt ein im Zustand der Testierunfähigkeit errichtetes Testament unwirksam, selbst wenn der Verfasser später wieder gesund wird. Wechseln die Zustände, dann kommt es darauf an, ob in einem lichten Moment (lucidum intervallum) verfügt wurde. Die Frage wird häufiger akut als man glaubt, zumal viele Testamente von Leuten in hohem Alter verfasst werden. Entscheidend sind dann oft die Stellungnahmen der behandelnden Ärzte.

a.) Das eigenhändige Testament

Wie das eigenhändige Testament auszusehen hat, sagt das Gesetz in verständlicher Sprache. Dort steht (§ 2247 BGB):

- Absatz 1: „Der Erblasser kann ein Testament durch eine eigenhändig geschriebene und unterschriebene Erklärung errichten.“
- Absatz 2: „Der Erblasser soll in der Erklärung angeben, zu welcher Zeit (Tag, Monat, Jahr) und an welchem Ort er sie niedergeschrieben hat.“
- Absatz 3: „Die Unterschrift soll den Vornamen und den Familiennamen des Erblassers enthalten. Unterschreibt der Erblasser in anderer Weise und reicht diese Unterzeichnung der Feststellung der Urheberschaft des Erblassers und dcr Ernstlichkeit der Erklärung aus, so steht einer solchen Unterzeichnung der Gültigkeit des Testaments nicht entgegen.“
- Absatz 4: „Wer minderjährig ist oder Geschriebenes nicht zu lesen vermag, kann ein Testament nicht nach obigen Vorschriften errichten.“
- Absatz 5: „Enthält ein nach Absatz 1 errichtetes Testament keine Angaben über die Zeit der Errichtung und ergeben sich hieraus Zweifel über seine Gültigkeit, so ist das Testament nur dann als gültig anzusehen, wenn sich die notwendigen Feststellungen über die Zeit der Errichtung anderweitig treffen lassen. Dasselbe gilt entsprechend für ein Testament, das keine Angaben über den Ort der Errichtung enthält.“

Reduziert man diese Angaben auf die Mindestmerkmale, die ein eigenhändiges Testament aufweisen muss, dann bleiben nur:

- Es muss eigenhändig geschrieben sein und
- es muss unterschrieben sein.

Alle anderen Punkte, wie sie im Gesetz erwähnt sind, sollten lediglich erfüllt sein, sie müssen es aber nicht.

Selbst bei diesen geringen Vorgaben werden immer wieder Fehler gemacht mit der Folge, dass das Testament dann nichtig ist. Beachten Sie also bitte:

- „Eigenhändig geschrieben" bedeutet: Der gesamte Testamentstext muss von Anfang bis Ende handschriftlich abgefasst sein, also nicht mit der Schreibmaschine, nicht mit dem Computer, keine Kopie des handschriftlichen Textes. Maschinenschriftliche Testamente sind null und nichtig.
- „Unterschrieben" bedeutet: Sie müssen eigenhändig Ihre Unterschrift unter den Text setzen. Es gilt kein Stempel, schon gar nicht die Unterschrift eines anderen.

Das sind die Mindestvoraussetzungen für ein gültiges eigenhändiges Testament. Lesen Sie aber noch einmal den Gesetzestext. Er erwähnt weitere Punkte, die Sie möglichst auch erfüllen sollen. Sie dienen vor allem der Klarheit und der Identifikation des Verfassers:

- Geben Sie also an, wann (Tag, Monat, Jahr) Sie diesen Text verfasst haben.
- Geben Sie den Ort der Abfassung an.
- Unterschreiben Sie mit vollem Vor- und Familiennamen.

Ein einfaches, klares und gültiges Testament ist daher beispielsweise dieses:

Testament

Hiermit erkläre ich, Frieda Fux, geborene Hansen, meinen Ehemann Klaus Fux zu meinem Alleinerben.

Hamburg, den 17. Mai 2000   Frieda Fux

Der häufigste Fehler, der gemacht wird, ist der, dass der eigentliche Testamentstext mit einer Schreibmaschine geschrieben und dann unterschrieben wird. Dieses Testament ist nichtig. Es muss vom Anfang bis zum Schluss handschriftlich verfasst sein – also auch kein Computerausdruck, erst recht kein Diktat auf Band, auch kein Telegramm. All das wäre null und nichtig.

Unbeachtlich ist dagegen, in welcher Sprache das Testament verfasst ist, auch die Art der Schreibunterlage – Papier, Karton, Tafel – ist gleichgültig, ebenso wie die Schriftart (Druckbuchstaben, gotisch, kyrillisch, hebräisch, griechisch). Auch das Schreibgerät spielt keine Rolle, solange die Handschriftlichkeit gegeben ist.

WISO-Tipp: Versuchen Sie aber darüber hinaus auch die anderen Punkte, die im Gesetz genannt sind, zu erfüllen, denn sie haben ihre Bedeutung. Das Datum ist deshalb wichtig, weil ein späteres Testament ein früheres aufhebt. Die Ortsangabe oder die Nennung des Vornamens dient der genauen Zuordnung des Dokuments zum Verfasser. Es ist deshalb nicht unklug, wenn Sie auch Ihren Geburtsnamen aufführen, vielleicht Ihre derzeitige Adresse und Ihr Geburtsdatum.

Bedenken Sie für das handschriftliche Testament weiter: Da Sie völlig eigener Herr über Ihre Formulierung sind, da Sie also gewissermaßen wie ein Gesetzgeber formulieren können, achten Sie darauf, den Text in ganz klarer Sprache abzufassen, so eindeutig, dass jeder versteht, was Sie meinen, vor allem auch Leute, die Sie nicht kennen.

Wenn Sie also zum Beispiel schreiben „Muckele bekommt den Küchentisch“, dann kann es später schwierig sein, die Person zu finden, die gemeint ist. Schreiben Sie also lieber: „Meine Tochter

Manuela Müller, geboren am 27.10.1960, genannt Muckele, soll den Küchentisch bekommen." Im Folgetext können Sie Manuela ruhig Muckele nennen. Man wird Sie nun verstehen.

Benennen Sie Gegenstände so eindeutig, dass sie später zugeordnet werden können. Schreiben Sie also nicht einfach: „Das Bild im Schlafzimmer soll mein Vetter Franz Müller erhalten." Beschreiben Sie das Bild, damit später wegen anderer Bilder keine Zweifel entstehen: „Mein Vetter Franz Müller soll das Stillleben im Schlafzimmer (Obstschale mit Fasan) erhalten."

Vermeiden Sie logische Probleme. Bestimmen Sie beispielsweise, dass ein Sohn die Kücheneinrichtung erhalten soll, dann provozieren Sie Schwierigkeiten, wenn Sie sagen, dass die Tochter die Wohnungseinrichtung bekommt. Hier ist es nämlich unklar, ob der Begriff Wohnungseinrichtung ein Oberbegriff für alle Möblierung im Haus darstellt oder ob er alle Möbel umfasst bis auf die in der Küche. Wenn das Letztere gemeint ist, dann formulieren Sie beispielsweise: „Mein Sohn Franz soll die Kücheneinrichtung erhalten, meine Tochter Manuela die gesamte übrige Wohnungseinrichtung."

b.) Das notarielle Testament

Das öffentliche Testament (notarielles Testament) wird zur Niederschrift eines Notars errichtet. Der Erblasser kann das tun, indem er entweder seinen letzten Willen mündlich erklärt oder er übergibt ein Schriftstück, offen oder geschlossen. In der Praxis, wenn nämlich der Notar den Testierer auch berät, ist eine Mischung aus beidem häufig.

WISO-Tipp: Der Vorteil des notariellen Testaments gegenüber dem handschriftlichen ist leicht einsichtig: Der Notar sorgt dafür, dass keine Formfehler entstehen und die Gültigkeit des Dokuments nicht gefährdet wird. Das Erbrecht ist eine so schwierige Materie, dass es dringend zu empfehlen ist, den Rat eines Fachmanns einzuholen. Der Notar ist dafür die geeignete Person. Und ein Testament, das hinterlegt ist, kann nach dem Tod des Erblassers nicht vernichtet werden. Kaum jemand wird die Echtheit eines öffentlichen Testaments in Zweifel ziehen.

Wer dem Notar nur das Testament in einem geschlossenen Umschlag übergibt, der erhält nur eine Beurkundung der Tatsache der Übergabe eines Umschlages, der seinen letzten Willen enthält. Hier kann naturgemäß keine Beratung erfolgen. Dieses Testament aber muss nicht eigenhändig geschrieben sein. Hier ist jede Form möglich.

Das öffentliche Testament kann nur vor einem deutschen Notar errichtet werden. Der Notar erhält für die Beurkundung des Testaments eine Gebühr, deren Höhe vom Wert des Nachlasses abhängt.

Zu Ihrer Orientierung: Es fallen beim Notar beispielsweise folgende Gebühren an (angegeben in Euro, ohne Mehrwertsteuer):

bei einem Vermögen von Euro	für die Beurkundung	für die Verwahrung
5.000	42,00	20,00
20.000	72,00	25,00
50.000	132,00	40,00
60.000	147,00	65,00
100.000	207,00	102,50
130.000	252,00	140,00
180.000	327,00	177,50
250.000	432,00	215,00

c.) Die Nottestamente

Es gibt Situationen, die mit dem Tod zusammenhängen und so speziell sind, dass die Formalien für das eigenhändige Testament oder das notarielle nicht mehr eingehalten werden können – Notfälle also, wo es so aussieht, als ob derjenige, der das Testament verfassen will, das nicht mehr schafft und vorher sterben könnte. Sie kommen in der Praxis nicht häufig vor, seien hier aber erwähnt.

So gibt es das **Nottestament vor dem Bürgermeister** der Gemeinde, in der der Sterbende sich gerade aufhält. Wenn nach der Überzeugung des Bürgermeisters die Gefahr besteht, dass der Erblasser früher sterben könnte, als eine Errichtung eines Testaments vor dem Notar möglich ist, oder wenn der Ort so ungewöhnlich ist, dass kein Notar mehr herbeigeschafft werden kann (der Sterbende liegt bei Sturmflut auf einer Hallig in der Nordsee), dann kann der Bürgermeister anstelle des Notars zusammen mit zwei Zeugen das Testament beurkunden. Die Formalien sind sonst dieselben wie bei der notariellen Urkunde.

Anders die Situation bei dem so genannten **Drei-Zeugen-Testament**: Dieses Testament entsteht, indem der Sterbende mündlich vor drei Zeugen seinen letzten Willen erklärt. Der Text muss noch zu Lebzeiten des Erblassers von diesen Zeugen niedergeschrieben werden, von ihm genehmigt werden und von ihm und den Zeugen unterschrieben werden. Wenn der Erblasser von der Welt so abgeschottet ist wie im Beispiel der Hallig bei Sturmflut, dann kann der Erblasser zwischen Bürgermeistertestament und Drei-Zeugen-Testament wählen.

Für diese Nottestamente ist gleichermaßen bestimmt: Sie gelten als nicht errichtet, wenn seit ihrer Abfassung schon drei Monate verstrichen sind und der Erblasser dann noch lebt. Also: Wer solch ein Nottestament verfasst und die gefährliche Situation legt sich wieder, der sollte die Abfassung eines regulären Testaments nachholen (also entweder das privatschriftliche oder das notarielle). Das Nottestament verliert mit der Zeit seine Gültigkeit.

2. Wie ändern Sie ein Testament?

Lassen Sie sich aus der Praxis berichten: Ein junger Ehemann geht bald nach der Heirat zum Notar. Er lässt sein Testament beurkunden, in dem er seine Ehefrau zur Alleinerbin macht, bedenkt Kinder, die vielleicht noch kommen werden und Ähnliches mehr. Nach vielen Jahren geht die Ehe in die Brüche. Man scheidet sich nicht, lebt aber über zehn Jahre getrennt, jeder mit einem neuen Partner.

Der Ehemann wird kränklich. Immer wieder hatte er mit seiner neuen Partnerin besprochen, dass sie doch das Haus erben soll. Man hat sich aber nie die Zeit genommen, das offiziell zu machen. Dann passiert, was passieren muss: Der Mann stirbt. Es gibt das uralte Testament, weil es nie überarbeitet wurde. Die Ehefrau erbt, obwohl das nicht im Sinn des Erblassers war. Und die langjährige Lebenspartnerin, die ihn stets gepflegt hat, geht leer aus.

Das sind vermeidbare Tragödien (bei denen allenfalls noch die Anfechtung bleibt – mit zweifelhaften Erfolgsaussichten). Sie passieren oft aus purer Faulheit und weil man sich nicht um ein so gefühlsbeladenes Thema wie den eigenen Tod kümmern will. Dabei ist das Abfassen eines privatschriftlichen Testaments doch kinderleicht. Will man eine kompliziertere Regelung – dann sollte man allerdings zum Notar gehen.

Wir haben zu Beginn dieses Ratgebers geschrieben, dass bei uns in Deutschland der Grundsatz der Testierfreiheit besteht: Jeder kann seine eigene Verfügung von Todes wegen treffen. Das heißt aber auch: Jeder kann es auch lassen; und daraus folgt: Jedes Testament ist widerrufbar. Und: Eine Einschränkung dieser Regel ist unzulässig und ein Verzicht auf das Widerrufsrecht ausgeschlossen.

WISO-Tipp: Überprüfen Sie regelmäßig den Inhalt Ihres Testaments. Wenn die Zeit dahinfließt, ändern sich die Verhältnisse. Eine Beziehung ist in die Brüche gegangen oder es sind neue Menschen in Ihr Leben getreten, die Sie (auch) bedenken wollen. Das können Kinder sein, die geboren werden, oder vielleicht gibt es einen hoffnungsvollen Sprössling, bei dem sich abzeichnet, dass er Ihren Betrieb besonders gut leiten könnte. Dann kann das im Testament seinen Niederschlag finden. Oder der Sohn gerät aus der Art. Dann ist es vielleicht für den Betrieb besser, der Sohn wird mit Geld abgefunden.

Es gibt unzählige Gründe, sein Testament zu überarbeiten. Machen Sie davon Gebrauch, und überprüfen Sie Ihr Testament am besten einmal jährlich.

Wenn Sie erwägen, Ihr Testament zu ändern, dann haben Sie dafür verschiedene Möglichkeiten:

- Sie können das alte Testament vernichten.
- Sie können das alte Testament verändern.
- Sie können das alte Testament widerrufen und so dessen Gültigkeit beseitigen.
- Sie können ein neues Testament errichten, das dem früheren widerspricht.

Grundregel Nummer eins ist in diesem Zusammenhang: Das jüngere Testament geht jedem älteren vor. Es ist Ihnen überlassen, ob, wie und inwieweit Sie Ihr Testament widerrufen. Sie brauchen für den Widerruf, für die Rücknahme also, keinen Grund, jedenfalls müssen Sie keinen nennen.

Abgesehen von der Vernichtung folgt der Widerruf denselben Regeln wie die Errichtung des Testaments. Beides kann als privatschriftliches Dokument geschehen oder notariell. Auch ein notarielles Testament ist durch ein späteres privatschriftliches zu beseitigen. Das notarielle gilt nicht mehr.

Die eindeutigste Art des Widerrufs ist die Vernichtung. Sie können das Dokument zerreißen, zerschneiden, schreddern, einen Ungültigkeitsvermerk („ungültig“) anbringen. Sie müssen nicht das ganze Testament auf diese Weise widerrufen. Sie können das für einzelne Passagen, auch nur für einzelne Worte oder Zahlen tun: statt 100.000 € soll nun der Neffe Franz 150.000 € erhalten.

WISO-Tipp: Um es vorweg zu sagen: All solche Veränderungen in Teilen oder die Vernichtung des Dokuments sind zwar möglich. Aber das ist so nicht ratsam. Wenn Sie Unklarheiten vermeiden wollen, dann vernichten Sie nicht einfach das Testament, sondern verfassen Sie ein neues, in dem Sie festhalten, dass hiermit alle vorherigen Verfügungen von Todes wegen widerrufen werden. Damit ist klar, dass nur noch das neue Dokument – und zwar allein – gelten soll. Denn ein neues Testament kann das alte ganz ersetzen oder auch teilweise, je nach dem, wie Sie das formulieren. Heben Sie das alte nicht ausdrücklich auf, kann es passieren, dass ein Erbe behauptet, dass neue widerspreche dem alten nur teilweise, weil das seinen Interessen entspricht. Aus Gründen der Klarheit ist es also besser, den vollständigen Willen in einem, dem neuesten Dokument zu bündeln.

Das ist manchmal nicht einfach, denn auch handschriftliche Testamente sind oft sehr umfangreich, und der Erblasser hat keine Lust, wegen einer Änderung den gesamten Text noch einmal zu schreiben. Das kann aber der Klarheit dienen.

WISO-Tipp: Beachten Sie dabei auch: Nur ein vom Verfasser bewusst vernichtetes Testament ist widerrufen. Verlieren Sie das Dokument, vernichten Sie es versehentlich oder ist es nicht mehr auffindbar – dann ist es nicht unbedingt ungültig. In solchen Fällen kann die Errichtung und der Inhalt des Testaments mit allen gesetzlich zulässigen Mitteln bewiesen werden, etwa durch die Vorlage einer Kopie und Zeugenaussagen. Das sind aber Grenzsituationen, die Sie vermeiden sollten. Besser ist es in einer solchen Lage, ein neues Testament zu verfassen und das alte für ungültig zu erklären. An dem Tag, an dem der Text wirklich gebraucht, nämlich angewandt und ausgelegt wird, lebt der Verfasser nicht mehr. Er kann keine Interpretationshilfe mehr liefern. Es geht nichts über das Gebot der Klarheit. So schaffen Sie Frieden in der Familie.

Lassen Sie sich noch etwas aus der Praxis erzählen: Selbst die friedlichsten Angehörigen werden im Erbfall Charakterzüge entwickeln, die Sie nicht für möglich gehalten hätten, weil es um materielle Fragen geht. Durch klare Anweisungen ersparen Sie jahrelange Streitigkeiten vor Gericht.

Eine Art des Widerrufs ist oft die Herausnahme des öffentlichen Testaments aus der amtlichen Verwahrung. Holen Sie aber ein privatschriftliches Dokument aus der amtlichen Verwahrung, so liegt darin noch kein Widerruf. Und: Ein Widerrufstestament ist seinerseits widerrufbar. Allerdings wird der bloße Widerruf des Widerrufs dann so ausgelegt, dass gesagt wird, es habe den ersten Widerruf nie gegeben, das ursprüngliche Testament gilt also (wieder). Sie sehen: Um Zweifel erst gar nicht entstehen zu lassen, verfassen Sie besser ein ganz neues Testament, widerrufen Sie die alten und vernichten Sie sie.

3. Vor- und Nacherbschaft

Wir Menschen haben das Bedürfnis, möglichst weit in die Zeit nach unserem Tod noch Spuren zu hinterlassen. Dazu dient uns das Testament. Wenn Sie sich allerdings darauf beschränken, nur einfache Erbeinsetzungen zu verfügen, dann besteht die Gefahr, dass sich Ihr Vermögen allerspätestens nach einer Generation verflüchtigt. Stirbt nämlich Ihr Erbe, dann setzt der Mechanismus ein, den dieser initiiert hat: Es erben nun seine Erben, entweder nach den Vorschriften des Gesetzes oder nach der Maßgabe, die er in seinem Testament verfügt hat.

Wollen Sie dagegen auch über den Tod Ihres Erben hinaus das Schicksal Ihres Vermögens beeinflussen, dann denken Sie über das Instrument der Vor- und Nacherbschaft nach. So nehmen Sie Ihrem Erben die Möglichkeit, über den Nachlass oder Teile davon nach Gutdünken zu verfügen. Der nächste Erbe ist erst ein Vorerbe. Dann setzen Sie fest, was der Nacherbenfall sein soll – entweder der Tod des Erben oder aber ein anderes Ereignis, wie z.B. die Wiederverheiratung des Erben oder das Erreichen eines bestimmten Alters. Dann geht das Vermögen an den Nacherben. Der Nacherbe ist Ihr Erbe und nicht der des Vorerben. Bis zu diesem Augenblick hat er nur eine Anwartschaft – und es waren Sie, der das alles so bestimmt hat.

Damit Sie die Dimension der Nacherbenschaft verstehen, sei darauf hingewiesen, dass dies ein Instrument zur Versorgung Ihres überlebenden Ehegatten sein kann, vielleicht auch dem Zusammenhalt des Familienvermögens dienen kann oder der Bewahrung bestimmter Wertgegenstände für bestimmte Personen.

Beispiel: Die Ehe des Erblassers ist kinderlos. Er möchte, dass sein Vermögen am Ende bei seinen Blutsverwandten bleibt. Gleichwohl soll die Ehefrau gut versorgt sein. Er setzt sie deshalb als Vorerbin an, seine eigenen Verwandten aber zu Nacherben. So ist die Ehefrau versorgt und das Vermögen bleibt gleichwohl in der eigenen Familie. Die Ehefrau kann über das Schicksal des Vermögens des Erblassers nicht befinden.

Beispiel: Der Erblasser Hugo hat ein Unternehmen, das er unbedingt erhalten wissen möchte. Er sieht in seinem Enkel im Gegensatz zu seinem Sohn einen qualifizierten Nachfolger. Da der aber noch zu jung ist, setzt er seine Ehefrau zur Vorerbin ein und den Enkel zum Nacherben.

Beispiel: Der Erblasser ist, genauso wie seine Frau, bereits in zweiter Ehe verheiratet. Beide haben sie Kinder aus erster Ehe, aber keine gemeinsamen Nachkommen. Hier bietet es sich an, dass jeder der Ehegatten den anderen für den Fall, dass er selbst zuerst verstirbt, zum Vorerben einsetzt, und die eigenen Kinder jeweils zum Nacherben. Sollte der Erblasser der länger Lebende sein, dann werden die jeweils eigenen Kinder unmittelbar Erben.

Theoretisch könnte so eine Vor- und Nacherbenhierarchie entwickelt werden, die ziemlich tief gestaffelt ist. Das soll aber nach dem Willen des Gesetzgebers seine Grenzen haben: Die Einsetzung eines Nacherben wird mit dem Ablauf von 30 Jahren unwirksam, wenn nicht vorher der Nacherbenfall eingetreten ist. Setzt man die gesetzlichen Möglichkeiten aber gezielt ein, dann gibt es auch noch Möglichkeiten, über die 30 Jahre hinaus seinen Willen durchzusetzen.

Wie man den Nacherben bestimmt

Die Verfügung einer Nacherbfolge ist nichts anderes als eine Erbeinsetzung. Sie kann deshalb nur in derselben Form geschehen, wie jede andere Verfügung von Todes wegen auch, also als Testament oder Erbvertrag. Sie können ein Nacherbe auf den ganzen Nachlass beziehen, auf eine Quote des Nachlasses oder auf die Erbteile einzelner Miterben. Es handelt sich immer um eine Erbeinsetzung.

Sie haben große Gestaltungsfreiheit bei der Einsetzung von Nacherben und den Bedingungen, unter denen jemand Nacherbe werden soll. Wichtig ist, dass Sie ganz genau und für jedermann verständlich Ihren Willen formulieren. So haben Sie die Möglichkeit, Bedingungen zu setzen, unter denen eine Nacherbschaft eintreten soll.

Beispiel: „Meine Ehefrau Monika soll meine Vorerbin sein. Nacherbe ist mein Sohn Fritz, sobald und unter der Bedingung, dass er bis zum vollendeten 30. Lebensjahr sein 2. Juristisches Staatsexamen erfolgreich abgelegt hat."

Hier haben Sie dafür gesorgt, dass die beiden Personen, Ihre Frau und der Sohn, nur unter bestimmten Bedingungen die Chance haben, Vollerbe zu werden: Der Sohn kann Nacherbe werden, wenn er die Bedingung des Staatsexamens erfüllt. In dem Augenblick ist er auch gleich Vollerbe.

Die Ehefrau ist jedenfalls Vorerbin; für den Fall, dass der Sohn die Bedingung des Staatsexamens nicht erfüllt, wird sie Vollerbin. Die Anwartschaft des Sohnes erlischt, wenn er die Bedingung nicht rechtzeitig erfüllt.

Befristung der Nacherbschaft

30 Jahre sind genug. Das ist etwa die Botschaft des Gesetzes zur Nacherbschaft: Zu lange soll die Einsetzung nicht gelten, wenn die Nacherbfolge nach 30 Jahren nicht angetreten ist, ist die Einsetzung unwirksam.

Es gibt aber Ausnahmen – und bei deren Vorliegen kann die Frist beliebig und erheblich überschritten werden. Das gilt dann, wenn in der Person des Vor- oder Nacherben ein bestimmtes Ereignis eintreten soll, damit die Vor- oder Nacherbschaft angetreten werden kann, sofern der Vor- oder Nacherbe zur Zeit des Erbfalls schon/noch lebt (oder erzeugt ist).

Beispiel: Sohn Siegfried soll Vorerbe seines Vaters sein, Nacherbe der Neffe Karl, aber erst nach dem Tod von Siegfried. Siegfried aber erfreut sich guter Gesundheit, als der Vater stirbt. Er überlebt ihn um 35 Jahre.

Hier wirkt die testamentarische Bestimmung, obwohl die 30 Jahre schon vorüber sind.

Andere Bedingungen, die ähnlich wirken: Das Erreichen eines bestimmten Lebensalters oder eine Heirat oder der Abschluss einer Prüfung durch den Nacherben. Geschieht es aber doch einmal, dass die 30-Jahres-Frist greift, dann wird der Vorerbe in dem Augenblick Vollerbe.

In der Praxis wirkt sich die Ausnahmeregel aber so aus, dass fast immer die 30-Jahres-Grenze überschritten werden kann. Wenn das vom Erblasser gerade nicht gewollt ist, dann darf er nicht Ereignisse zum Stichtag werden lassen, deren Eintritt nicht in seiner Macht steht – wie etwa der Todeszeitpunkt eines Vorerben. In diesem Fall muss er eben eine zeitliche Grenze setzen oder er bestimmt ein aufschiebend bedingtes Herausgabevermächtnis.

Der Erblasser kann auch mehrere Nacherben hintereinander einsetzen: Nach dem ersten Vorerbfall soll eine weitere Person Vorerbe werden und der erst danach Bestimmte ist der (letzte) Nacherbe.

Beispiel: Großmutter Gerda bestimmt ihren Enkel Ernst zum Vorerben, dessen jüngeren Bruder Benjamin zum Nacherben und dessen Erstgeborenen (dessen Mutter bereits schwanger war) zum weiteren Nacherben. So ist der mittlere der Nachkommen, Bruder Benjamin, im Verhältnis zu seinem Kind auch Vorerbe. Sollte das Kind tot geboren werden, dann erstarkt der Vorerbe Benjamin zum Vollerben.

Ersatzerbschaft

Die Nacherbschaft darf nicht mit der Ersatzerbschaft verwechselt werden. Zunächst ist Ersatzerbe der, den der Erblasser dazu bestimmt:

> „Wenn Karl beim Erbfall nicht mehr lebt oder das Erbe nicht antritt, dann soll sein Bruder Franz Ersatzerbe werden."

Der Begriff erklärt sich selbst: Jemand wird nicht Erbe (weil er beispielsweise den Erbfall nicht erlebt), also tritt ersatzweise ein anderer an seine Stelle.

Wird ein Nacherbe eingesetzt, gibt es zwei Erbfälle: den Vorerbfall und den Nacherbfall. Wird ein Ersatzerbe benannt, dann gibt es nur einen Erbfall, es ist aber noch nicht klar, welche der beiden Personen der Erbe sein wird.

Anders die „Anwachsung" eines Erbes: Es werden mehrere Erben eingesetzt und die gesetzliche Erbfolge ausgeschlossen. Ein Erbe fällt aber aus. Dann wächst sein Teil den anderen eingesetzten Erben zu (§ 2094 BGB).

Beispiel: Erblasser Egon setzt die Kinder seines Bruders, Karl, Fridolin und Susanne, zu Erben ein. Susanne schlägt das Erbe aus. Ihr Teil geht je zur Hälfte an die Brüder – er wächst an.

Ist der weggefallene Erbe ein Kind oder ein Enkel des Erblassers, dann werden dessen Kinder Ersatzerben – falls nichts anderes bestimmt ist. Das geht so: Der Erblasser setzt seinen Enkel zum Erben ein. Der stirbt kurz vor dem Erbfall an einem Verkehrsunfall, hinterlässt aber seinerseits ein Kind. Das wird dann Ersatzerbe.

Ersatzerbschaft oder Nacherbfolge?

Was ist stärker: Ersatzerbe oder Nacherbe zu sein? Die Frage kann sich stellen, wenn das Testament nicht präzise formuliert ist.

Bei Bestimmung eines Ersatzerben gibt es tatsächlich nur einen Erbfall, nur eine Rechtsnachfolge: Entweder wird derjenige Erbe, der dazu bestimmt wurde. Realisiert sich das nicht, dann ist der Ersatzerbe der Erbe. Anders bei der Nacherbfolge: Hier gibt es eine

Reihenfolge und kein Entweder-oder. Der Vorerbe wird Erbe und der Nacherbe wird Erbe, dies nacheinander.

Beispiel: Erblasser Egon bestimmt seinen Sohn Karl zum Erben, dessen jüngeren Bruder Benjamin zum Ersatzerben. Erlebt Karl den Erbfall, dann wird er damit Erbe, Benjamin geht leer aus. Hat Egon aber gewollt, dass Benjamin nach dem Tod des Karl Erbe wird, hätte er das sagen müssen und Benjamin zum Nacherben bestimmen müssen. Wurde Benjamin zum Nacherben von Karl bestimmt und stirbt Karl vor dem Erblasser Egon, dann wird Benjamin sofort Erbe – denn der Nacherbe wird immer Erbe, es fragt sich nur, wann. Seine Stellung als Nacherbe ist stärker als die eines Ersatzerben. Hier umfasst die weitere Rechtsstellung als Nacherbe die geringere als Ersatzerbe.

Es sei erwähnt, dass Egon die Sache noch komplizierter gestalten könnte für die Variante, dass auch Benjamin den Erbfall nicht erlebt. Für diese Situation könnte er eine weitere Person zum Ersatznacherben bestimmen.

Nacherbschaft als Anwartschaft

Die Position des wartenden Nacherben (in der Zeit der Vorerbschaft) ist eine Anwartschaft auf den späteren Erwerb des Nachlasses. Dieses Recht ist vererblich. Stirbt der Nacherbe in der Zeit der Vorerbschaft, dann erben das Anwartschaftsrecht seine gesetzlichen Erben.

Beispiel: Erblasserin Edeltraud erklärt ihre Tochter Helga zur Erbin, ihre Tochter Paula zur Nacherbin. Edeltraud stirbt. Paula hat ein Anwartschaftsrecht auf die Nacherbschaft. Sie stirbt aber vor Helga und hinterlässt zwei Kinder: Sie erben das Anwartschaftsrecht auf das Nacherbe.

Eine Anwartschaft ist ein ziemlich starkes Recht. Wer es hat, kann darüber in verschiedener Weise verfügen. Es kann – ähnlich wie dies ein Miterbe dürfte – entgeltlich oder unentgeltlich übertragen werden. Das muss dann beurkundet werden.

Überträgt der Nacherbe sein Anwartschaftsrecht auf den Vorerben (etwa, damit dieser Vollerbe wird), dann erlischt das Anwartschaftsrecht. Gibt es Ersatznacherben, werden deren Rechte durch eine Übertragung nicht berührt. Denn wenn der Fall der Ersatznacherbschaft eintritt, braucht der Ersatznacherbe sich die Übertragung nicht gefallen zu lassen.

Beispiel: Der Erblasser Egon hat seine Frau Herta zur Vorerbin, seine Nichte Lisa zur Nacherbin bestimmt, zur Ersatznacherbin deren Tochter Berta.
Lisa überträgt ihr Anwartschaftsrecht als Nacherbin auf ihren Ehemann Karl und stirbt, bevor der Fall der Nacherbschaft eintritt. Herta war bereits zur Vorerbin geworden. Als dann Herta stirbt, kann das Testament insofern nicht mehr umgesetzt werden, als die Nacherbin schon gestorben ist. Die Tochter Berta, Ersatznacherbin, kann darauf bestehen, nun Nacherbin zu werden. Insofern war das Anwartschaftsrecht nicht disponibel. Der Erblasser Egon hätte aber diesen Fall berücksichtigen können und in seinem Testament zulassen können, dass die Nacherbin ihre Anwartschaft auf die Vorerbin überträgt.

Eine andere Variante ist, dass der Nacherbe die Erbschaft ausschlägt, sobald der Erbfall eingetreten ist. Schlägt er vor Eintritt der Nacherbfolge aus, verliert er sein Anwartschaftsrecht, schlägt er nach dem Eintritt Nacherbfolge aus, verliert er das Erbe. Wenn der Erblasser diesen Fall nicht im Testament berücksichtigt hat, dann wird der Vorerbe zum Vollerben.

Welche Rechte hat der Vorerbe?

Der Vorerbe ist Erbe auf Zeit, beschränkt durch die Anwartschaft des Nacherben. Man erbt nacheinander. Der Nachlass geht nicht voll in sein Vermögen über, es ist ein Sondervermögen: eine eigene Vermögensmasse mit beschränkten Verfügungsmöglichkeiten.

Nutzungen für den Vorerben, Substanz für den Nacherben

Sinn der Konstruktion Vorerbe/Nacherbe ist, dass der Nachlass eines Tages möglichst ungeschmälert auf den Nacherben übergeht.

WISO-Tipp: Es ist daher darauf zu achten, dass der Nachlass vom Eigenvermögen des Vorerben getrennt bleibt. Sie sehen das Problem: Der Vorerbe hat ein Verwaltungs- und auch Verfügungsrecht und der Nacherbe will möglichst die Substanz des Vermögens erhalten wissen. Um das zu gewährleisten, soll folgender Grundsatz eingehalten werden: Die Nutzungen am Nachlass gebühren dem Vorerben, die Substanz dem Nacherben.

Da der Vorerbe das Nutzungsrecht hat, darf er z.B. das Haus, das sich in der Erbmasse befand, bewohnen, aber auch vermieten oder verpachten. Miete und Pacht gehören ihm. Hatte er Wertpapiere, stehen ihm die Erträge daraus zu oder die Zinsen für angelegtes Geld.

Er muss auch die Güter verwalten, muss dabei aber normalerweise die Aufwendungen dafür aus den Erträgen selbst bestreiten. Das sind die Kosten der Verwaltung und kleinere Reparaturen. Größere Instandsetzungsmaßnahmen kann er aus der Vermögensmasse bezahlen. Die Vermögenssubstanz darf er auch angreifen, um die Beerdigungskosten zu bestreiten, den Pflichtteil auszuzahlen, Vermächtnisse und Auflagen zu erfüllen und die Erbschaftsteuer zu bezahlen. Hier kann es sein, dass der Erblasser im Einzelnen etwas anderes bestimmt.

Geht er aber über Gebühr an den Nachlass, dann ist er dem Nacherben zum Ersatz, bei Verschulden sogar zum Schadenersatz verpflichtet – sofern der Nacherbe den Verfügungen nicht zugestimmt hat.

Gefährlich wird es für den Vorerben, wenn Grundstücksrechte betroffen sind, denn Verfügungen über Häuser und Eigentumswohnungen, über Erbbaurechte, Schiffe oder über Hypotheken und Grundschulden werden mit dem Eintritt des Nacherben unwirksam, soweit dabei die Rechte des Nacherben vereitelt oder beeinträchtigt wurden. Die Entgeltlichkeit ist dabei unerheblich, auch, dass der

Gegenwert noch im Nachlass ist. Allerdings sind die Rechte des Nacherben aus dem Grundbuch ersichtlich, sodass etwa ein Käufer sieht, was auf ihn zukommt.

Unbenommen bleibt es dem Nacherben immer, dem Geschäft zuzustimmen und den Vermerk aus dem Grundbuch zu löschen.

Beispiel: Der Vorerbe Viktor verkauft aus dem Nachlass eine Eigentumswohnung. Der Käufer Karl wird im Grundbuch eingetragen und Eigentümer. Der Hinweis im Grundbuch warnt zwar, sperrt aber nicht. Das Grundbuchamt muss eintragen. Tritt die Nacherbfolge ein, wird der Nacherbe Norbert Eigentümer und kann die Berichtigung des Grundbuchs verlangen und Käufer Karl kann sich nicht auf Gutgläubigkeit berufen: Das Grundbuch hatte ihn gewarnt.

Genauso unwirksam werden Schenkungen aus dem Nachlass, die der Vorerbe getätigt hat, es sei denn, es handelt sich um Pflicht- und Anstandsschenkungen.

Selbst bei teilweiser Unentgeltlichkeit ist die gesamte Verfügung unwirksam. Der Beschenkte kann das auch nicht verhindern, indem er den unentgeltlichen Teil bezahlt. Aber: Wird von ihm die Herausgabe verlangt, dann kann er den bezahlten Teil zurückverlangen. Geschützt ist nur der Beschenkte, der gutgläubig unterstellt, der Schenkende sei Berechtigter (grobe Fahrlässigkeit aber ausgenommen).

Der Erbschein des Vorerben

Auf dem Erbschein des Vorerben wird vermerkt, dass es Nacherben gibt und eine Verfügungsbeschränkung besteht. Der Vorerbe kann sich im Grundbuch als Eigentümer eintragen lassen, von Amts wegen wird aber ein Nacherbenvermerk hinzugefügt unter Nennung des Nacherben und des Umfangs seiner Rechte.

Die Rechte des Nacherben

Der Nachlass muss für den Nacherben erhalten bleiben. Deshalb hat er Rechte, um notfalls einzugreifen. Zunächst soll der Nacherbe ein Verzeichnis verlangen über die Nachlassgegenstände. Das kann er zur Not gerichtlich durchsetzen.

Gehören zum Nachlass Wertpapiere, dann muss der Vorerbe diese auf Wunsch des Nacherben hinterlegen mit der Maßgabe, dass sie nur mit Zustimmung des Nacherben herausgegeben werden. Man hinterlegt die Papiere beim Amtsgericht oder bei der Deutschen Girozentrale. Nicht betroffen sind Inhaberpapiere, bei deren Vorlage an den Inhaber ausgezahlt wird – wie etwa Sparbücher. Diese werden nämlich wie Geld behandelt.

Geld muss im Rahmen einer ordnungsgemäßen Wirtschaft vom Vorerben langfristig angelegt werden. Gelegentlich gelingt es einem Nacherben, einen Sperrvermerk im Konto zu seinen Gunsten durchzusetzen. Die Erträge aus dem Geld aber fließen an den Vorerben, sie werden nicht wieder angelegt.

Schutz vor dem Gerichtsvollzieher

Auch ein Vorerbe ist nur ein Mensch, dem es auch einmal wirtschaftlich schlecht gehen darf. Da mag es sein, dass der Gerichtsvollzieher bei ihm anklopft – und schon ist ein Stück aus dem Nachlass gepfändet.

Das gilt es zu verhindern, denn zumindest der Nacherbe hätte das Nachsehen. Deshalb sind Vollstreckungsmaßnahmen eines Eigengläubigers des Vorerben in den Nachlass unwirksam, wenn sie die Rechte des Nacherben vereiteln oder auch nur beeinträchtigen. Allerdings: Die Unwirksamkeit wird erst aktuell, wenn der Nacherbe eintritt.

4. Ausschlagung der Erbschaft

Wie bereits gezeigt, wird man automatisch Erbe, einfach kraft Gesetzes. Man spricht von „Selbsterwerb“. Das gilt aber nur vorläufig. Es folgt die Zeit, in der der Erbe seine Erbschaft annehmen oder ausschlagen kann. Es hängt einzig und allein vom Erben ab, ob angenommen oder ausgeschlagen wird. Die häufigsten Gründe für die Ausschlagung sind ein überschuldeter Nachlass, die Absicht, das Erbe demjenigen zukommen zu lassen, der als Nächster sie erhalten kann oder persönliche Animositäten.

Die Annahme kann auf drei Arten erfolgen:

- Der Erbe erklärt ausdrücklich die Annahme.
- Der Erbe macht durch sein Verhalten (schlüssiges Verhalten) klar, dass er annimmt.
- Der Erbe lässt die Frist zur Ausschlagung verstreichen, absichtlich oder nicht.

Die ausdrückliche Annahme

Die Annahme ist keine empfangsbedürftige Willenserklärung. Sie kann deshalb gegenüber dem Nachlassgericht erklärt werden, gegenüber Miterben, Nachlassgläubigern oder Nachlassschuldnern. Eine Voraussetzung gibt es: Der Erbe muss voll geschäftsfähig sein. Die Annahme darf an keine Bedingung gebunden sein.

Die Annahme durch schlüssiges Verhalten

Der Erbe zeigt durch sein Verhalten, dass er das Erbe annimmt. Das kann er tun, indem er den Nachlass in Besitz nimmt. Er behält die Schlüssel des Autos oder die einer Wohnung, der Erbe verlangt einen Erbschein oder die Berichtigung des Grundbuchs auf seinen Namen.

Man muss sich die Handlung aber schon genau ansehen, um zu entscheiden, was sie bedeuten soll. Es reicht zum Beispiel nicht, wenn der Erbe die Testamentseröffnung verlangt oder sich um den Nachlass kümmert. Er kann sogar über Nachlassteile verfügen oder über Guthaben, ohne dass darin die Annahme der Erbschaft zu liegen braucht. Insbesondere die Bezahlung der Bestattungskosten bedeutet noch keine Annahme.

Die Versäumung der Ausschlagungsfrist

Versäumt der Erbe die Ausschlagungsfrist, bedeutet das: Die Erbschaft ist angenommen. Sonst hat Schweigen so gut wie nie eine rechtliche Bedeutung – hier kann es gravierend sein. Mit der Annahme der Erbschaft verhärtet sich der etwas unsichere Zustand nach dem Tod des Erblassers. Die vorläufige Stellung des Erben wird endgültig. Jetzt kann der Erbe nicht mehr die Erbschaft ausschlagen. Allenfalls kann er die Annahme anfechten.

Die Ausschlagung der Erbschaft

Erbschaften können es in sich haben – und zwar auch negativ. Die glänzende Fassade, hinter der der Erblasser Zeit seines Lebens Hof hielt, bricht oft bei genauem Studium der Konten jämmerlich in sich zusammen, und der Erbe sieht sich einem Schuldenberg gegenüber.

WISO-Tipp: Eine hübsche Ausnahme gibt es: Sie können Ihre Erbeinsetzung als gewillkürter Erbe ausschlagen, aber diejenige als gesetzlicher Erbe annehmen.

Beispiele: Erblasser Ernst ist verwitwet und hinterlässt den Sohn Sebastian und die Tochter Thea. Ernst bestimmt aber Sebastian zum Alleinerben. Das ist Sebastian peinlich. So schlägt er die Erbeinsetzung aus, nicht aber seine Erbschaft nach Gesetz. Folge: Sebastian und Thea sind Erben zu je $^1/_2$.
Oder: Erblasser Emil hinterlässt seine Witwe Waltraud und seine Kinder Karl und Konrad. Er bestimmt Waltraud als Erbin zur Hälfte, die Kinder zu je $^1/_4$. Hier kann Waltraud die gewillkürte Erbenstellung ausschlagen. Nur so hat sie auch Anspruch auf den Voraus (die zum ehelichen Haushalt gehörenden Gegenstände).

Wie schlägt man die Erbschaft aus? Die Ausschlagung muss gegenüber dem Nachlassgericht erklärt werden, und zwar am Ort des letzten Wohnsitzes des Erblassers. Die Unterschrift der Erklärung muss öffentlich beglaubigt sein oder zu Protokoll des Gerichts erfolgen. Es reicht also nicht, wenn Sie an das Nachlassgericht schreiben oder gar nur telefonieren oder eine E-Mail schicken. Wirksam wird die Ausschlagung mit Zugang beim zuständigen Nachlassgericht.

Sie können die Ausschlagung erst nach Eintritt des Erbfalles erklären – und das nur innerhalb von sechs Wochen. Die Frist verlängert sich auf sechs Monate, wenn der Erblasser nur im Ausland wohnte oder wenn der Erbe bei Beginn der Frist im Ausland ist.

Die Fristenuhr beginnt zu laufen mit dem Zeitpunkt, zu dem der Erbe von dem Erbfall und seiner Berufungsposition Kenntnis erlangt. Wenn Sie fahrlässigerweise keine Kenntnis bekommen, schadet das nichts.

Liegt gesetzliche Erbfolge vor, dann nimmt der Erbe Kenntnis, wenn ihm der Erbfall und sein Verwandtschaftsverhältnis zum Erblasser bekannt wird, und wenn er keine Anhaltspunkte dafür hat, dass ein Testament vorhanden sein könnte. Liegt aber Erbeinsetzung durch Testament oder Erbvertrag vor, dann läuft die Fristenuhr zur Ausschlagung frühestens mit der Verkündigung des Inhalts der Urkunde. Die Eröffnung des Testaments reicht nicht aus, wenn der Erbe nicht dazugeladen war. Verkündung liegt für ihn erst vor, wenn der Erbe von der Eröffnung Kenntnis erhält.

Läuft die Frist ohne Ausschlagung ab, gilt die Erbschaft als angenommen; sofern nicht nur in Teilen ausgeschlagen wurde (wie oben beschrieben), verliert der Erbe auch sein Pflichtteilsrecht.

Weitere Ausnahmen:

- § 1371 III BGB: Wenn die Ehegatten im gesetzlichen Güterstand der Zugewinngemeinschaft gelebt haben, kann der überlebende Ehegatte die Erbschaft ausschlagen und stattdessen den Zugewinnausgleich und daneben den kleinen Pflichtteil verlangen.
- § 2306 I 2 BGB: Ist der dem Pflichtteilsberechtigten hinterlas-

sene Erbteil zwar größer als der Pflichtteil, wird er aber durch die Anordnung einer Nacherbenschaft beschränkt, durch eine Testamentsvollstreckung oder eine benachteiligende Teilungsanordnung oder wird er beschwert mit einem Vermächtnis oder einer Auflage, dann kann er den Erbteil ausschlagen und den Pflichtteil verlangen.

- § 2306 II BGB: Entsprechendes gilt, wenn der Pflichtteilsberechtigte als Nacherbe eingesetzt ist.
- § 2307 I BGB: Ist der Pflichtteilsberechtigte nur mit einem Vermächtnis bedacht, kann er das Vermächtnis ausschlagen und den Pflichtteil verlangen.

Haben Sie als Erbe wirksam ausgeschlagen, dann werden Sie so behandelt, als hätten Sie den Erbfall nicht erlebt – die Ausschlagung wirkt also zurück, der schon eingetretene Erbfall wird wieder aufgehoben und der Nächstberufene wird nun Erbe, dieser auch wieder vorläufig. Der Nächstberufene ist derjenige, der Erbe geworden wäre, wenn der, der ausgeschlagen hat, nicht gelebt hätte (§ 1953 II BGB). Das kann sich aus dem Gesetz ergeben oder aus dem Testament.

In solch einem Fall dreht sich das Karussell von neuem: Das Nachlassgericht muss nun von Amts wegen Ermittlungen anstellen und den Erben suchen. Diesem muss die Situation mitgeteilt werden. Nun beginnt bei diesem die Ausschlagungsfrist zu laufen. Ist der Nachlass überschuldet, dann handelt sich das Gericht lauter Ausschlagungen ein.

Minderjährige und Ausschlagung des Erbes

Minderjährige schlagen das Erbe vertreten durch ihre Eltern aus. Das kann auch für ein bereits gezeugtes aber noch nicht geborenes Kind geschehen. Immer ist die Genehmigung des Vormundschaftsgerichts notwendig, es sei denn, das Kind steht nun als Erbe an, weil ein Elternteil sein eigenes Erbrecht ausgeschlagen hat.

Beispiel: Der völlige überschuldete Emil wird von seiner Tochter Sarah gesetzlich beerbt. Diese schlägt wegen der Schulden aus. Nun treten die Kinder von Sarah als Erben ein. Da schlagen die Eltern von ihnen das Erbe auch für sie aus. Dafür brauchen sie das Vormundschaftsgericht nicht.

Wenn aber das Vormundschaftsgericht eingeschaltet ist, kann ein Fristenproblem entstehen, weil das Gericht sich nicht so schnell äußert. Dann muss mindestens der Antrag beim Gericht innerhalb der Frist eingegangen sein. Die Fristverzögerung wird den Eltern dann – man höre – als Fall höherer Gewalt anerkannt und die Frist wird bis zur Genehmigung gehemmt.

Die Anfechtung der Annahme

Die voreilige Annahme eines Erbes hat schon manchen in den Ruin getrieben – weil der Nachlass überschuldet war oder die Erbschaftsteuer zu hoch. Da fragt sich mancher, wie er das wieder rückgängig machen kann.

Es gibt die Anfechtung der Annahme – sie ist eine Willenserklärung – wegen Irrtums, wegen arglistiger Täuschung oder widerrechtlicher Drohung.

Der wichtigste Anfechtungsgrund ist der wegen Irrtums. Und siehe da: Das Argument der Überschuldung zieht sogar. Voraussetzung ist aber, dass die Überschuldung erst nachträglich bekannt wird.

Es kann auch vorkommen, dass jemand über den Grund einer Berufung als Erbe geirrt hat, etwa darüber, ob er gesetzlicher oder testamentarischer Erbe ist. Diese Annahme muss nicht angefochten werden, sie gilt als nicht erfolgt. Anders der Irrtum über die Annahme: Nimmt jemand ein Erbe an und erklärt dann die Anfechtung, weil er nicht gewusst hat, dass man auch ausschlagen kann, dann wird er damit nicht durchkommen.

Ein Irrtum wegen Überschreitung der Frist kann erfolgreich angefochten werden, etwa dann, wenn eine Frist deshalb versäumt wurde, weil der Erbe glaubte, im Schweigen läge die Ausschlagung oder wenn ihm die Formbedürftigkeit nicht bekannt war.

Die Fristen für die Anfechtung sind wie jene für die Ausschlagung der Erbschaft sechs Wochen, bei Auslandsberührung sechs Monate. Es gilt auch das schon Gesagte zum Fristenbeginn. Liegt ein Fall der Drohung vor, beginnt die Frist in dem Augenblick, in dem die Zwangslage weggefallen ist.

Die Anfechtung erfolgt wieder durch Erklärung gegenüber dem Nachlassgericht, und zwar zur Niederschrift dort oder in öffentlich beglaubigter Form. Eine wirksam erklärte Anfechtung der Annahme gilt als Ausschlagung.

Die Anfechtung der Ausschlagung

Schließlich ist auch ein Fall denkbar, in dem die Ausschlagung angefochten werden muss. Für sie gelten dieselben Regeln wie für die Anfechtung der Annahme. Eine erfolgreiche Anfechtung der Ausschlagung ist dann eine Annahme der Erbschaft. Ein solcher Fall ist dann denkbar, wenn Sie die Erbschaft zwar ausgeschlagen haben, weil Sie mit großen Schulden gerechnet haben, die aber gar nicht existierten.

Beispiel: Der Erblasser war noch kurz vor dem Tod Opfer eines Brandes: Sein Hotel brannte ab. Der Erbe rechnete unsinnigerweise damit, dass die Versicherung nicht eintreten würde, da alles nach Brandstiftung aussah. Hier liegt eventuell ein Irrtum über die konkrete Zusammensetzung und damit über eine wesentliche Eigenschaft des Nachlasses vor, sodass eine Anfechtung der Ausschlagung berechtigt wäre. Form und Frist der Anfechtung der Ausschlagung richten sich nach den gleichen Regeln wie die Anfechtung der Annahme.

Die Anfechtung der Annahme oder der Ausschlagung kann nicht mehr widerrufen werden. Sie kann jedoch wegen Irrtums angefochten werden, sofern sie auf einen beachtlichen Irrtum zurückgeht. Diese Anfechtung muss unverzüglich geklärt werden.

5. Testamente von Eheleuten und eingetragenen Lebenspartnern

Ein Testament zu verfassen, das ist eine höchstpersönliche Angelegenheit, da haben andere nicht hineinzureden, da haben andere nichts damit zu tun. Man errichtet sein Testament alleine. Das ist der Grundsatz. Deshalb kann jeder jederzeit sein Testament aufheben, zerreißen oder sonst ungültig machen. Zur Not gibt es das Gesetz, das sagt, wie ohne Testament die Erbfolge sein soll.

Eine Ausnahme sind Ehegatten und eingetragene Lebenspartner (siehe S. 40). Sie allein können wirksam ein gemeinschaftliches Testament errichten. Zwar wird ein solches Testament behandelt wie zwei einzelne Verfügungen der Partner. Denn das gemeinschaftliche Testament ist noch kein Vertrag. Die beiden Verfügungen von Todes wegen werden nur gemeinschaftlich niedergeschrieben. Jeder der beiden Partner verfügt aber allein über seinen Nachlass. Man spricht dann vom gemeinschaftlichen Testament, wenn der Wille, gemeinschaftlich zu testieren, besteht und zum Ausdruck kommt.

Die Form des gemeinschaftlichen Testaments

Es gibt das gemeinschaftliche Testament wie das gewöhnliche in der Form des privatschriftlichen Dokuments oder in der Form, dass es vom Notar beurkundet wird.

Das privatschriftliche gemeinschaftliche Testament muss also wieder, wie dies schon für das Testament einer einzelnen Person beschrieben wurde,

- vollständig eigenhändig verfasst sein und
- mit der Unterschrift versehen sein.

Es soll im Übrigen Ort und Datum der Abfassung enthalten.

Für das gemeinschaftliche Testament der Partner gibt es eine Erleichterung, die nur praktisch ist: Hier genügt es, wenn der eine Partner das Testament eigenhändig schreibt sowie unterschreibt und der andere das Dokument ebenfalls unterzeichnet. Hier „soll“ er auch wieder angeben, wann und wo er die Unterschrift geleistet hat. Er muss nicht ausdrücklich hinzufügen, dass er sich den Text der letztwilligen Verfügung zu Eigen macht. Es ist aber sehr zu empfehlen, dass er dies ausdrücklich tut. Der Ehegatte könnte also schreiben:

„Der vorstehende Text ist auch mein Testament."

Ehegatten haben oft das Bedürfnis, im Testament hinsichtlich der Erbfolge einen Bezug zueinander herzustellen. Da bietet es sich an, dass sie ihren Willen in einer einzelnen Urkunde niederlegen, besonders wenn einzelne Verfügungen wechselseitig gelten sollen, in ihrer Wirksamkeit also von der Realisierung des Willens des Partners abhängen sollen. Diese Wechselbeziehung wird angenommen, wenn

- sich die Ehegatten gegenseitig bedenken oder
- wenn der eine Ehegatte den anderen Ehegatten bedenkt und für den Fall des Überlebens ein Dritter bedacht wird, der mit den verfügenden Ehegatten verwandt ist oder ihnen sonst nahe steht.

Im häufigsten Fall bestimmen sich die Ehegatten gegenseitig zu Erben. Die Kinder sollen Erben sein nach dem Tod des letztverstorbenen Gatten. (Vergleichen Sie dazu die Muster im Anhang des Ratgebers.)

Das Problem solch gemeinschaftlicher Testamente ist die Frage des Widerrufs. Wir haben oben gesagt, dass ein Testament jederzeit widerrufbar ist. Das gilt für das gemeinschaftliche Testament nicht so einfach. Denn ohne die Mitwirkung des anderen ist die Aufhebung eines solchen gemeinschaftlichen Testaments zunächst nicht möglich. Geben Sie das Testament gar in amtliche Verwahrung, dann kann es nur gemeinsam dort wieder herausgenommen werden. Sie können auch nicht einfach ein Einzeltestament danach verfassen, um das gemeinschaftliche damit aufzuheben.

Trotzdem ist es aber möglich, ein gemeinschaftliches Testament zu Lebzeiten beider Partner zu widerrufen. Einer Begründung bedarf es dafür im Allgemeinen nicht. Sie müssen dabei persönlich handeln und können sich nicht vertreten lassen.

WISO-Tipp: Gemeinsam können Sie übrigens immer solch ein gemeinschaftliches Testament aufheben. Nur wenn Sie allein handeln wollen, müssen Sie die vorgeschriebene Form wahren.

Solange in dem Testament keine wechselseitige Verfügung vorliegt, können Sie es widerrufen wie jedes normale Testament auch, das jemand alleine abfasst. Dieser Fall kommt aber selten vor. Meist wird es eine Verschränkung der beiden Verfügungen geben. Wenn Sie solch ein gemeinschaftliches Testament widerrufen wollen, müssen Sie das in einer notariell beurkundeten Erklärung gegenüber Ihrem Ehegatten tun – und die Erklärung muss ihm auch zu Lebzeiten noch zugehen.

Haben Sie dies eingehalten, dann werden auch die wechselbezüglichen Verfügungen des anderen Partners in dem Testament unwirksam. Verfasst er nun keine neuen Verfügungen und gab es kein Testament davor, welches wieder aufleben könnte, dann gilt die gesetzliche Erbfolge.

Sie sehen also, Sie können ein gemeinschaftliches Testament durchaus widerrufen, sofern Sie den Notar bemühen und Ihr Widerruf dem Gatten zugeht und er so davon Kenntnis nehmen kann.

Schwierig wird der Widerruf, wenn der Partner nicht mehr lebt. Das Widerrufsrecht erlischt nämlich mit seinem Tod. Sie können auch diesen Fall in den Griff bekommen, wenn Sie ihn im gemeinschaftlichen Testament schon berücksichtigen. Sie könnten zum Beispiel folgenden Passus in das Testament aufnehmen:

> „Der länger Lebende von uns beiden darf die Erbeinsetzung für den zweiten Sterbensfall aufheben oder abändern, wenn der Erste von uns gestorben ist."

Denn sobald der erste Todesfall eingetreten ist, ist der überlebende Ehegatte an das gemeinschaftliche Testament gebunden, um nicht zu sagen: gekettet. In einer harmonischen Beziehung, in der jeder Partner weiß, dass er sich auf den anderen Partner verlassen kann, sollte aber eine solche Klausel möglich sein. Jeder weiß, dass der andere das Recht nicht missbraucht, sondern den Erbfall im Sinne beider weiter verfolgt. Gibt es dieses Vertrauen nicht, dann sollten Sie die Finger von solch einem gemeinsamen Testament lassen.

Mit der Klausel aber ist der Überlebende frei und kann nun ein eigenes Testament oder eine Ergänzung formulieren.

Ausschlagung des Testaments

Ganz so stark sind die Fesseln im Ernstfall aber doch wieder nicht. Der überlebende Ehegatte kann noch frei werden, wenn er das Erbe oder das Vermächtnis ausschlägt. Dann nämlich kann er die wechselbezüglichen Verfügungen widerrufen, dazu gibt ihm das Gesetz das Recht (§ 2271 Abs. 2 Satz 1 BGB) – und er widerruft damit auch die Verfügungen des verstorbenen Partners.

Nimmt er aber an, dann muss er auch die wechselbezüglichen Teile akzeptieren.

Wiederverheiratungsklausel

Viele Testierende sehen ein Problem darin, dass nach ihrem Tod der verbliebene Ehegatte wieder heiratet oder mit einer anderen Person Kinder erzeugt werden. In diesem Fall besteht nämlich das Risiko, dass das Familienerbe ganz oder teilweise auf eine neue Familie übergeht, und zwar auf die des neuen Lebenspartners oder dessen Abkömmlinge.

Beispiel: Manfred und Freia sind verheiratet und haben einen Sohn Siegfried. Wenn Manfred und Freia gemeinsam verfügen, nach dem Tod des Erstversterbenden soll der Überlebende Erbe sein, dann würde nach dem Tod des zweiten Partners das Erbe auf Siegfried übergehen. So ist es gewollt und gedacht. Heiratet aber der überlebende Ehegatte wieder, dann erhält dessen neuer Ehepartner ein eigenes Erbrecht und Siegfried bleibt nur noch ein Teil. Das Gleiche gilt, wenn der Witwer oder die Witwe zwar nicht heiratet, aber ein weiteres Kind erzeugt.
Um solch ein Ergebnis zu verhindern, können Manfred und Freia zwischen zwei Lösungen wählen:

- die Trennungslösung
- die Einheitslösung.

Die Trennungslösung

Hier wird testamentarisch bestimmt, dass der länger lebende Ehegatte Vorerbe ist. Das bedeutet: Die Kinder erben noch nichts. Sie haben nur ein Anwartschaftsrecht. Erst wenn der länger lebende Ehegatte stirbt, erben die Kinder den Nachlass des zuletzt verstorbenen Elternteils und erhalten das Vermögen des zuerst gestorbenen Teils der Eltern. Hier liegen zwei rechtlich getrennte Vermögen vor. Daher der Ausdruck „Trennungslösung“.

Das bedeutet aber weiter: Der Witwer oder die Witwe kann mit dem Nachlass nicht beliebig verfahren. Er muss im Wesentlichen erhalten bleiben.

Und eventuell gibt es eine Klausel: Sobald er oder sie heiratet oder Nachkommen hat, werden die Kinder aus erster Ehe Erben. Bei dieser Lösung wird verhindert, dass der Überlebende das Familienerbe aufzehrt und dafür gesorgt, dass es für die Nachkommen aus erster Ehe erhalten bleibt. Hier wird der Trennungsstrich erst mit der neuen Heirat oder mit dem neuen Nachwuchs gezogen. Der Witwer oder die Witwe steht also bis dahin nicht weiter unter Kuratel.

Die Einheitslösung

Hier wird bestimmt, dass der überlebende Ehegatte mit dem Erbfall Vollerbe wird. Die Kinder werden Schlusserbe des länger Lebenden. Dieser kann also mit dem Nachlass machen was er will. Er ist Volleigentümer. Die Kinder haben nach dem Tod des Erstversterbenden noch keine Erbenstellung. Sie erben erst nach dem Tod des überlebenden Elternteils als Schlusserben das ganze Vermögen – soweit es noch existiert.

Beachten Sie, dass diese Probleme nicht allein beim gemeinschaftlichen Testament auftauchen, sondern generell bei Verheirateten. Denn ein Ehepartner kann auch alleine ein Testament errichten. Auch er hat das Problem, was sein soll, wenn sein Gatte später weitere Nachkommen hat oder wenn er noch einmal heiratet. Erst recht tritt das Problem beim Erbvertrag auf.

Das Berliner Testament

Eine standardisierte Variante der Folgeregelung für Ehepaare im gemeinschaftlichen Testament ist das so genannte Berliner Testament (§ 2269 Abs. 1 BGB). Hier setzen sich die Ehegatten gegenseitig als Erben ein, und die Kinder (oder andere Personen) sollen erst nach dem Tod des länger Lebenden Erben sein.

Das erste Problem beim Berliner Testament ist die Frage, ob die Trennungslösung gemeint ist oder die Einheitslösung. Das ist leicht zu klären, wenn das Testament vor dem Notar erstellt wurde. Er sorgt dafür, dass Klarheit herrscht. Haben die Eheleute das Testament aber selbst verfasst, hilft im Zweifel nur noch Auslegung. Und im Zweifel wird man annehmen, die Einheitsregel sei gewollt. Wie aber schon mehrmals betont, gilt auch hier: Lassen Sie Zweifel erst gar nicht aufkommen und formulieren Sie eindeutig.

Pflichtteile im Berliner Testament

Beim lupenreinen Berliner Testament ist der überlebende Ehegatte Alleinerbe. Wer noch gesetzlicher Erbe ist, ist somit enterbt – und enterbt heißt: Er ist auf den Pflichtteil gesetzt.

Die Leidtragenden sind also normalerweise die Kinder. Das ist von den Eltern aber so gewollt: Der Witwer oder die Witwe soll in Ruhe und ohne wirtschaftliche Einschränkung den Lebensabend verbringen. Die Kinder werden ja nach dem Tod des anderen Elternteils doch noch erben und das, so der Gedanke, soll reichen.

Sind die Kinder aber als Nacherben eingesetzt und ist der überlebende Elternteil nur Vorerbe (Trennungslösung), dann können die Abkömmlinge nur den Pflichtteil bekommen, wenn sie gleichzeitig das Erbe ausschlagen. Dieser Fall, dass ein Kind den Pflichtteil verlangt, ist meist gerade nicht gewollt, sonst wäre das Testament anders verfasst worden. Der Witwer oder die Witwe muss, wenn der Pflichtteil verlangt wird, stärker in das Vermögen eingreifen, vielleicht Verkäufe vornehmen, um das Pflichtteil zahlen zu können. Das Pflichtteil ist ein Anspruch in Geld, nicht auf bestimmte Gegenstände.

Hinzu kommt: Gibt es mehr als ein Kind und will nur einer den Pflichtteil, dann entsteht womöglich eine Ungerechtigkeit. Das

Pflichtteil schmälert das Erbe, wenn der verbleibende Elternteil stirbt; das Kind aber, welches das Pflichtteil erhalten hat, erbt im zweiten Erbgang wie alle anderen auch. Man hilft sich durch folgende Klausel im Berliner Testament:

> „Verlangt nach dem ersten Erbfall ein Kind den Pflichtteil, dann ist es nach dem Tod des anderen Ehegatten gleichfalls auf den Pflichtteil gesetzt."

Diese Bestimmung verhindert zuerst, dass die Witwe oder der Witwer noch zu Lebzeiten das Vermögen angreifen muss. Sie unterstellt allerdings, dass die Drohung auch wirkt und die Kinder ihren verwitweten Vater oder ihre verwitwete Mutter nicht dadurch unter Druck setzen, dass sie den Pflichtteil verlangen. Es empfiehlt sich jedoch, die Erben noch zu Lebzeiten auf diese Klausel hinzuweisen und sie zu erläutern.

WISO-Tipp: Sie sehen: Das Berliner Testament hat es in sich. Je länger es existiert, um so deutlicher wird, dass es in vielen Fällen mehr Probleme schafft als zu lösen. Bedenken Sie sehr genau die Vor- und Nachteile, bevor Sie sich entscheiden.

Steuerfalle Berliner Testament

Fragen der Erbschaftsteuer werden erst am Ende des Ratgebers erörtert. Es soll aber schon an dieser Stelle darauf hingewiesen werden, dass das Berliner Testament schwere steuerliche Risiken in sich birgt. Es passiert, dass das Vermögen des ersten Erbfalles zweimal steuerlich erfasst wird, wohingegen die Freibeträge des ersten Erbfalles verschenkt werden. Auch wird hier das Vermögen auf den zweiten Erbfall kumuliert mit der Folge, dass das Erbe mehr wert ist und also eine höhere Steuer fällig ist.

WISO-Tipp: Deshalb: Beraten lassen, und zwar auch hinsichtlich der Frage, ob der Güterstand der Zugewinngemeinschaft der geeignete ist. Überlegen Sie auch, ob der überlebende Ehegatte nicht besser dasteht, wenn ihm ein Nießbrauchvermächtnis zuteil wird.

6. Der Erbvertrag

Das Testament ist die gängigste Methode, durch eigene Verfügung das Erbrecht zu gestalten. Es wird einseitig errichtet.

Eine weitere Möglichkeit ist der Erbvertrag. Hier kann sich ein Erblasser schon zu Lebzeiten festlegen, wer einmal Erbe werden soll und was geerbt werden soll.

Im Unterschied zum Testament ist der Erbvertrag ein Rechtsgeschäft, das der Erblasser zusammen mit dem oder den zukünftigen Erben abschließt. Es müssen also mindestens zwei Personen unterschreiben, der Erblasser und der oder die bedachten Erben. Sie können als Erblasser einen solchen Vertrag so abschließen, dass Sie nur ihre Verfügung von Todes wegen treffen und der andere Teil, der Bedachte, nimmt dies an.

Beispiel: Hinsichtlich der Regelung der Unternehmensnachfolge will der Unternehmer nicht, dass der Sohn oder die Tochter den Betrieb übernimmt, weil er die nicht für geeignet hält. Anders der Neffe, der ist begabt. Also bestimmt er diesen verbindlich ab dem Todesfall zu seinem Nachfolger und der nimmt das an.

Ein solcher Erbvertrag hat also zwei Seiten: Er ist Verfügung von Todes wegen wie jedes Testament auch. Er ist aber auch Vertrag. Die Folgen einer Unterschrift unter ein solches Dokument sind daher auch zweierlei: Solange der Erblasser lebt, ändert sich nichts am gegenwärtigen Zustand – wie bei jedem Testament auch. Der Inhalt wird erst mit dem Erbfall aktuell.

Der Erblasser kann also bis zu seinem Tod mit seinem Vermögen machen, was er will. Er kann es weiter pflegen, es aber auch verludern lassen oder verkaufen. Wenn das Vermögen verbraucht ist, kann auch nichts mehr geerbt werden. Andererseits ist das Dokument ein Vertrag. Die fixierte erbrechtliche Folge tritt garantiert ein – sofern das Vermögen im Erbfall noch vorliegt.

Etwas Besonderes haftet dem Erbvertrag aber schon an: Die Beteiligten sind an ihn gebunden. Man kommt nicht mehr allein aus ihm heraus, nur mit dem anderen Mitunterzeichner zusammen. Da hilft es nicht, auf die Testierfreiheit zu pochen, es hilft auch kein neues Einzeltestament. Der Vertrag steht so wie er steht.

WISO-Tipp: Die Bindungswirkung ist es, die den Erbvertrag ausmacht. Wer die anstrebt, ist hier gut beraten, ansonsten ist es besser, sich die Freiheiten zu erhalten.

Wie schon beim wechselseitigen Testament beschrieben, ist es da so, dass dieses durchaus von einem der beiden Ehegatten widerrufen werden kann. Wer das nicht will, mag an den Erbvertrag denken. Und der Erbvertrag ist für manche nichteheliche Beziehung vielleicht ein gewisser Ersatz dafür, dass solche Lebensgemeinschaften kein gemeinschaftliches Testament errichten können. Da mag ein Erbvertrag vielleicht eine Lösung sein, die es wert ist, erwogen zu werden.

Oft wird ein Erbvertrag auch zwischen Eltern und Kindern abgeschlossen. Hier haben die Kinder die Möglichkeit, zu sichern, dass ihnen eines Tages ein immer schon versprochenes Teil auch wirklich zufällt. Das gilt vor allem dann, wenn Immobilien zur Verteilung anstehen oder ein Betrieb. Wenn der Sohn sich einer Ausbildung unterziehen möchte mit dem Ziel, einmal den Betrieb zu übernehmen, dann kann es legitim sein, wenn ihm diese Möglichkeit auch vertraglich zugesprochen wird. Der Sohn weiß dann, woran er ist.

Aber gerade die Bindungswirkung kann ein starkes Argument gegen den Erbvertrag sein. Bedenken Sie, dass wir alle nicht in die Zukunft blicken können. Häufig entwickeln sich die Dinge so, wie das niemand vorausgesehen hat. Da kann ein solcher Vertrag, aus dem niemand ohne den anderen mehr herauskommt, schon sehr lästig sein.

Zur Form ist zu sagen: Der Erbvertrag kann nur notariell abgeschlossen werden, nicht privatschriftlich. Es müssen beide Vertragsparteien gleichzeitig beim Notar erscheinen. Sind die beiden Partner Eheleute, dann wird dieser Erbvertrag wie ein Ehevertrag abgeschlossen. Sie müssen den Vertrag nicht amtlich verwahren, sollten das aber tun.

WISO-Tipp: Sie können in einem solchen Erbvertrag alles regeln, was Sie sonst in einem Testament regeln können und wollen. Zur besseren Klarheit unterscheidet man zwischen den Regelungen, die die vertragliche Bindungswirkung entfalten und denjenigen, die einseitig widerrufbar sind. Das Dokument ist nämlich nur dann ein Erbvertrag, wenn mindestens eine vertragsmäßige Verfügung darin enthalten ist. Findet sich solch ein Passus nicht, dann haben Sie wahrscheinlich nur ein gemeinschaftliches Testament verfasst, aber keinen Erbvertrag.

Eine einseitige Verfügung, die später auch wieder aufhebbar ist, ist etwa die Anordnung einer Testamentsvollstreckung. Sie können aber folgende wichtige Verfügungen vertragsmäßig treffen, müssen das aber nicht: Erbeinsetzungen, Vermächtnisse, die Begünstigung mit Auflagen. Ob die Bindungswirkung vorliegt, entscheidet sich daran, ob sie hinreichend deutlich in dem Dokument zum Ausdruck kommt. Man wird den Text also auslegen und fragen, ob und inwieweit die Unterzeichner sich gegenseitig binden wollten oder nur gemeinsam ein Testament errichten wollten. Schaffen Sie also Klarheit, und zwar nicht einfach dadurch, dass Sie über den Text das Wort „Erbvertrag" schreiben. Heben Sie bei den einzelnen Passagen hervor, wie ernst Sie es jeweils mit der Bindungswirkung meinen.

Selten sind Fälle **einseitiger Erbverträge,** aber sie kommen vor. Da erklärt der eine Unterzeichner, der Vertragserblasser, vertragsmäßig, welche Verfügung er testamentarisch trifft. Der andere nimmt vielleicht lediglich die Erklärung an. Vielleicht verpflichtet er sich gegenüber dem Vertragserblasser zu einer Leistung, etwa ihn weiter zu pflegen. Erbrechtlich bleibt er aber ungebunden.

Häufiger sind da schon die **zweiseitigen Erbverträge.** Beide Seiten regeln ihre letzten Dinge, beide sind Vertragserblasser.

Ehegatten bedienen sich gelegentlich des Erbvertrages und bedenken sich dann gegenseitig und wünschen, dass eine wechselseitige Verfügung zustande kommt.

Regelmäßig wird sich die Wechselseitigkeit dadurch zeigen, dass ein gegenseitiges Geben und Verpflichten festgeschrieben wird. Wenn Sie einen Erbvertrag schließen, dann stellen Sie sicherheitshalber klar, ob und welche früheren Testamente aufgehoben werden. Spätere Testamente sind ab nun unwirksam, sofern in ihnen die Rechte der Vertragspartner berührt werden.

Oft ist es so, dass sich im Erbvertrag der Bedachte verpflichtet, dem Erblasser bis zu seinem Tod Leistungen zukommen zu lassen, etwa Naturalleistungen, besonders wenn der Hintergrund ein landwirtschaftlicher Betrieb ist. Der Austragsbauer zieht sich zurück, erhält aber ein freies Wohnrecht und ein Deputat an Lebensmitteln. Oder es wird Rentenzahlung oder eine Ausgleichszahlung an Dritte vereinbart. Das Vertragswerk kann auch mit anderen Elementen versehen werden, etwa einem Erbverzicht oder einem Erbschaftskauf.

Der Erblasser, der Partner eines Erbvertrages ist, muss voll geschäftsfähig sein, also volljährig. Der andere Teil kann zwar minderjährig sein, muss sich aber dann vertreten lassen.

Die Aufhebung des Erbvertrages

Wie immer im Vertragswesen entstehen bei Auflösung eines Vertrages dann keine Probleme, wenn die Partner sich über die Auflösung einig sind. Gemeinsam ist immer alles möglich. Sie können den Vertrag selbst aufheben oder einen neuen Erbvertrag schließen, der die Aufhebung des alten verfügt. Möglich ist auch ein neuer Vertrag, der den alten dadurch aufhebt, dass die neue Regelung der alten widerspricht. Die sauberste Lösung aber ist, die Aufhebung in dem ursprünglichen Vertragsdokument selbst zu erklären. Dann ist die Sache eindeutig und man muss die beiden Urkunden nicht erst zusammenführen, um ihren Sinn zu verstehen. Es entstehen keine Missverständnisse und Verdächtigungen.

Formal versteht es sich, dass der Aufhebungsvertrag am besten wie der Urvertrag geschlossen wird, also notariell. Zumindest aber die Zustimmung des Partners muss notariell erfolgen. Eine Ausnahme gilt für Ehegatten: Sie können ihren notariellen Erbvertrag durch ein handschriftliches gemeinschaftliches Testament aufheben.

Der Rücktritt vom Erbvertrag

Ein Rücktritt vom Erbvertrag durch den Erblasser ist möglich, aber nur, wenn dieses Rücktrittsrecht im Erbvertrag vorgesehen und geregelt ist. Dabei muss dort genau gesagt werden, in welchem Umfang der Rücktritt erlaubt sein soll. Möchte der Erblasser davon Gebrauch machen, dann muss er dem Partner diesen Entschluss zukommen lassen, und zwar in notariell beurkundeter Form. Die Zustimmung des anderen ist dann dabei nicht mehr notwendig.

Kein Rücktritt ist möglich, wenn die andere Seite (ein zweiseitiger Vertrag unterstellt) schon tot ist. Wenn sich der Erblasser den Rücktritt vorbehalten hat und der andere schon tot ist, dann kann er die Aufhebung immerhin erreichen, indem er dies in einem einseitigen Testament verfügt.

Sie können in den Erbvertrag einbauen, dass ein Rücktrittsrecht besteht, wenn eine Begründung dafür vorliegt, die auch bezeichnet werden kann. Zurücktreten kann der Erblasser jedenfalls dann, wenn sich der Bedachte einer so groben Verfehlung schuldig machte, dass die Entziehung des Pflichtteils bei einem Pflichtteilsberechtigten möglich wäre. Und wenn Sie im Vertrag vereinbart haben, dass bestimmte Leistungen zu Lebzeiten erbracht werden müssen (etwa Rentenzahlungen), dann kann der Erblasser zurücktreten, wenn der Bedachte seinen Pflichten nicht nachkommt – und diese Rücktrittsmöglichkeit im Vertrag verankert wurde.

Die Anfechtung des Erbvertrages

Wir bewegen uns im Allgemeinen Vertragsrecht, das heißt, unter bestimmten Voraussetzungen kann ein Erbvertrag angefochten werden mit der Folge, dass seine Wirkung beseitigt wird. Das ist ein folgenschwerer Akt, denn der Erbvertrag wurde einstmals vermutlich nicht einfach aus einer Laune heraus geschlossen. Also muss der Anfechtende auch gute Gründe ins Feld führen. Gründe können sein: grobe Verfehlungen des Bedachten, mit denen der Erblasser bei Vertragsabschluss nicht rechnen konnte. Das kann etwa gegeben sein, wenn ein Unterhalt vereinbart wurde, der dann nicht gezahlt wird (oder nur sporadisch). Oder oft wird ein Wohnrecht eingeräumt. Die Beteiligten leben dann vielleicht eng beieinander. Das kann böses Blut entstehen lassen. Wenn der Friede empfindlich gestört ist, kann an eine Vertragsanfechtung gedacht werden.

Sie sehen: Die Entwicklung der Dinge läuft oft anders, als sich das die Beteiligten denken. Oft hat sich ein Bedachter keine Vorstellung gemacht, wie lange er die Leistungen noch erbringen muss. Da können die besten Beziehungen zur Hölle werden. Bauen Sie hier lieber vor und sorgen Sie für ein geregeltes Rücktrittsrecht schon im Vertrag selbst. Die Anfechtung ist ein schwieriges Unterfangen, das oft nicht von Erfolg gekrönt ist und lange Prozesse erwarten lässt – wo der Erblasser sich doch einen ruhigen Lebensabend erkaufen wollte.

Anfechtungsfrist

Sie haben ein Jahr Zeit für die Anfechtung – gerechnet ab dem Zeitpunkt, als Sie von dem Anfechtungsgrund, der Verfehlung Ihres Bedachten, erfahren haben. Sie müssen die Anfechtung in notarieller Urkunde gegenüber dem Vertragspartner erklären.

Lebt der Erblasser nicht mehr, dann kann derjenige anfechten, dem es zugute kommt, wenn der Bedachte wegfällt, und dieser Mensch kann nur solche Gründe ins Feld führen, die auch dem Erblasser zugestanden hätten. Dabei spielt die Anfechtungsfrist eine Rolle: Wenn der Erblasser den Anfechtungsgrund schon kannte, dann berechnet sich die Frist bereits ab dem Moment des Kennens. Wer zurücktritt, muss erklären, ob er vom ganzen Vertrag zurücktritt oder nur von einzelnen Vereinbarungselementen.

WISO-Tipp: Insgesamt ist es wichtig, die verschiedenen Varianten der Entwicklung des realen Lebens möglichst im Vertrag schon zu bedenken und entsprechende Rücktrittsmöglichkeiten einzubauen. Zu denken ist etwa daran, dass der Erblasser sich vorbehält, in bestimmten Teilen Änderungen vorzunehmen. Wenn Sie da aber zu weit gehen, kann es sein, dass nun die erbvertragliche Bindung fehlt.

Es wurde bereits die Merkwürdigkeit erwähnt, dass der Erblasser trotz des Vertrages bis zu seinem Tod mit seinem Vermögen tun kann, was er mag. Gibt es das Vermögen nicht mehr nach dem Erbfall, dann kann das Vereinbarte nicht umgesetzt werden. Ganz so lapidar ist die Lage des Bedachten jedoch nicht. Denn die Bedachten, der Vertragserbe, der Vermächtnisnehmer, sie können sich in solch einer Lage nach dem Tod des Erblassers an diejenigen halten, die die Leistungen erhalten haben. Jedoch sind solche Versuche, Werte wieder zurückzuerhalten, nur unter sehr engen Voraussetzungen möglich. Zu denken ist an Schenkungen, die der Erblasser vor seinem Tod noch getätigt hat, um die Bedachten zu schädigen. Bei der Schenkung erhält der Beschenkte einen Wert ohne Gegenleistung. Dann wird der Gegenstand vielleicht zurückgefordert werden können. Anders liegt die Sache, wenn es doch eine Gegenleistung gab. Dann kann das Hingegebene nicht zurückgefordert werden. Denn im Nachlass findet sich ja der Gegenwert.

In juristischer Hinsicht wichtig ist bei der Schenkung, dass sie stattgefunden hat, um den Bedachten zu schädigen. War es so, hat der Bedachte Chancen. War es nicht der Fall, sondern lagen achtenswerte Eigeninteressen des Erblassers vor, dann hat er keine Chancen. Zu denken ist etwa daran, dass der Erblasser seine materielle Situation mit der Zuwendung verbessern wollte (und hoffentlich auch konnte), oder an den Fall, dass eine wohltätige Stiftung unterstützt würde.

Dies alles gilt für den Bedachten, der Vertragserbe ist. Ist er dagegen Vertragsvermächtnisnehmer, dann kann dieser wie der Erbe gegen missbräuchliche Schenkungen vorgehen, aber sogar auch gegen eine sonstige Vereitelung seines Vertragszwecks, wenn der Erblasser also das in Frage stehende Vermögen verkauft, belastet, zerstört oder beschädigt. Der Vertragsvermächtnisnehmer ist gegen solche Handlungen geschützt.

WISO-Tipp: Sie sollten die Dinge aber nicht so im Ungewissen lassen: Besser, Sie bauen vor und erwähnen die Missbräuche, die denkbar sind und sagen klar, welche Folgen dann möglich sind. Es geht dabei nicht darum, allerhand Unvorhersehbares zu regeln. Regeln Sie vielmehr einen Sachverhalt umfassend. Wenn Sie Ihren Neffen über den Erbvertrag zum Erben machen, dann wird er Ihnen dafür für den Rest Ihres Lebens eine Rente zahlen oder sich verpflichten, dass Sie in einem würdigen Seniorenheim wohnen können mit ausreichend Geld für den täglichen Bedarf. Oder Sie haben ein Wohnrecht in dem Haus, das der Neffe einmal erhalten soll. Es bedarf keiner großen Fantasie, sich auszumalen, dass diese Lage dem Neffen einmal zuviel werden könnte, je länger Sie leben. Sie müssen also die Qualität des Altersheims genau bestimmen oder die Höhe der monatlichen Zahlungen. Oder Sie müssen festlegen, was geschehen soll, wenn die Leistungen des Neffen nachlassen. Anders herum hat der Neffe ein Interesse daran, dass Ihr Vermögen sich nicht verflüchtigt. Es sollte ihm also in dieser Hinsicht Sicherheit gegeben werden.

Verträge sind nur so gut, wie sie den Partnern ausgewogen erscheinen. Keiner darf sich übervorteilt fühlen. Das aber ist bei langfristigen Verträgen eher einmal gegeben als bei Kurzläufern. Das sollte beim Erbvertrag bedacht werden, sonst werden Sie und Ihr Vertragspartner nicht viel Freude an den Papieren haben.

7. Was geschieht mit Lebensversicherungen?

Maria schließt einen Lebensversicherungsvertrag über 150.000 € ab. Bei ihrem Tod soll ihr Ehemann Josef die Summe erhalten. Maria hat kein Testament hinterlassen. Als sie stirbt, sind Josef und die Kinder Hans und Johanna gesetzliche Erben. Maria vererbt ein kleines Wochenendhaus.

Hier könnte man meinen, die Erbschaft bestünde aus den 150.000 € und dem Haus mit der Maßgabe, dass das Geld jedenfalls an Josef fällt. Dem ist nicht so. Bei einer Lebensversicherung handelt es sich um einen Vertrag zugunsten Dritter – auf den Todesfall. Der Begünstigte ist hier der Ehemann Josef. Er erhält die 150.000 € aufgrund dieses Versicherungsvertrages zu seinen Gunsten. Weil Josef in dem Vertrag als Bezugsberechtigter genannt ist, hat er aus diesem Vertrag einen eigenen Anspruch gegen die Versicherungsgesellschaft. Das Geld fällt nicht in den Nachlass.

Das ist der entscheidende Punkt: Der Nachlass wird durch solch einen Versicherungsvertrag indirekt geschmälert. Er besteht im Beispiel Maria und Josef nur noch in dem Häuschen, das nun der Erbengemeinschaft Josef, Hans und Johanna gehört. Die Kinder haben keinen Anspruch auf das Geld, auch nicht auf Ausgleich.

Es gibt viele verschiedene Arten von Lebensversicherungen, etwa Kapitallebensversicherungen, Rentenversicherungen, solche auf den Todesfall (wie im Beispiel Marias), solche auf den Erlebensfall oder eine Mischung daraus. Man versichert so das Leben einer Person. Kapitallebensversicherungen werden für eine bestimmte Vertragslaufzeit abgeschlossen, wofür derjenige, der den Vertrag schließt, monatlich eine Summe einzahlt (die Prämie). Bei Versicherungsabschluss wird festgesetzt, dass die bestimmte Versicherungssumme ausgezahlt wird, wenn der Vertragsschließende den Ablauf der Vertragslaufzeit erlebt oder schon dann, wenn er (vorher) stirbt. Stirbt er, fällt die Versicherungssumme in den Nachlass – es sei denn, ein Bezugsberechtigter wäre genannt.

Bei einer Risikolebensversicherung gibt es nur einen Anspruch auf Auszahlung der Versicherungssumme im Falle des Todes. Auch hier steht die Summe unmittelbar dem Bezugsberechtigten zu, der im Vertrag genannt ist. Gibt es keine solche Einsetzung, gehört die Versicherungssumme dem Nachlass und fällt an die Erben.

Im Fall Maria/Josef können etwa existierende Nachlassgläubiger nicht in die Versicherungssumme vollstrecken. Gab es also Schulden auf dem Haus, dann bleibt dem Gläubiger nur, das Haus versteigern zu lassen. Er kann nicht an die 150.000 € heran.

Es gibt noch eine andere Möglichkeit, dass die Versicherungssumme in den Nachlass fällt, nämlich, wenn der Bezugsberechtigte den Erwerb ablehnt (oder wenn er vor dem Erwerber oder gleichzeitig mit ihm stirbt).

Man sieht: Hier hat der Erblasser erhebliche Gestaltungsmöglichkeiten. Oberflächlich gesehen könnte man im Fall Maria/Josef sagen, dass das Ergebnis doch zumindest steuerlich gleichgültig ist. Das ist wahr, weil der Erwerb durch den Bezugsberechtigten eine Schenkung darstellt – und beide Erwerbe (Erbe oder Schenkung) sind steuerlich die Gleichen. Auf anderem Gebiet gleichen sich die Erwerbe durchaus nicht.

So könnte Maria die Lebensversicherungssumme auch jemand anderem zukommen lassen, etwa einem Freund oder einer Person, die sie gepflegt hat oder einer Institution, der sie wohlgesonnen ist (ihre Kirche, dem Karnevalsverein, ihrem Krankenhaus). Diese Bestimmung sorgt dafür, dass diese Bezugsberechtigten mit der Erbauseinandersetzung überhaupt nichts zu tun haben. Das sind zwei total unterschiedliche Vorgänge. Die Familie hätte bei einer Zuwendung an eine Religionsgemeinschaft keine Möglichkeit, sich dagegen zu wehren. Das könnte der Erblasser ja auch so gewollt haben. Die Versicherungssumme wird folgerichtig auch bei der Berechnung der Pflichtteilsansprüche nicht berücksichtigt.

Ein Fall ist denkbar, bei dem doch keine Steuer anfällt: Wenn der Bezugsberechtigte selbst den Vertrag schließt, also Versicherungsnehmer ist.

Beispiel: Franziska Müller, die Frau von Franz Müller, schließt eine Lebensversicherung auf den Tod ihres Mannes ab, um für diesen Fall abgesichert zu sein. Dann muss sie aber auch selbst die Prämien zahlen, sonst könnte wiederum eine Schenkung des Mannes vorliegen.

Nicht erbschaftsteuerpflichtig sind Renten und Provisionsansprüche auf gesetzlicher Grundlage nach dem Sozialversicherungsrecht oder nach Beamtenrecht oder solche einer berufsständischen Pflichtversicherung. Das Gleiche gilt für Versorgungsbezüge aus einem Arbeitsverhältnis des Erblassers, also für Betriebsrenten.

Die Benennung des Bezugsberechtigten kann bis zum Schluss widerrufen werden und es kann immer eine neue Person benannt werden. Man kann es aber auch so machen, dass man die Benennung für unwiderruflich erklärt und die Versicherungsgesellschaft dies bestätigt.

Wenn die Versicherung nicht zahlen will

Es gibt aber Fälle, in denen die Versicherungssumme nicht ausgezahlt werden muss, in denen der Versicherer also frei von der Zahlungspflicht wird, obgleich der Versicherungsfall, nämlich der Tod des Versicherten, eingetreten ist. Das kann dann der Fall sein, wenn der Versicherte unrichtige Angaben über seinen Gesundheitszustand gemacht hat. Sie müssen, wenn Sie eine Lebensversicherung abschließen, häufig Angaben machen über körperliche Leiden, bisherige Krankheiten, Operationen und die behandelnden Ärzte.

Im Todesfall verlangt der Versicherer dann eine ärztliche Äußerung über die Todesursache, den Beginn und Verlauf der Krankheit, die zum Tode geführt hat. Hier kann die Versicherung eine eigene Recherche anstellen. Kommt sie nach all dem dann zum Schluss, dass die Angaben über den Gesundheitszustand des Versicherten falsch waren und dass sie den Versicherungsvertrag so nicht abgeschlossen hätte, wäre sie richtig informiert worden, dann stehen ihr zwei Möglichkeiten offen:

Sie kann vom Versicherungsvertrag zurücktreten. Das ist allerdings nicht mehr möglich, wenn seit Versicherungsabschluss schon zehn Jahre vergangen sind, in anderen Fällen nur während der ersten beiden Jahre ab dem Todeszeitpunkt.

Die Versicherung kann auch den Vertrag wegen arglistiger Täuschung anfechten, und zwar innerhalb von einem Jahr ab der Entdeckung der Täuschung, spätestens aber nach 30 Jahren seit Vertragsschluss.

Der Versicherungsvertrag ist dann aufgehoben oder nichtig. Die Versicherungssumme muss nicht bezahlt werden, eventuell muss ein Teil der bezahlten Prämien zurückgegeben werden. Wer sich das nicht gefallen lassen will, muss die Versicherungsgesellschaft auf Zahlung der Versicherungssumme verklagen.

Beispiel: Klaus erfährt von seinem Arzt, dass er HIV-infiziert ist. Er will seine Familie noch absichern und schließt einen Lebensversicherungsvertrag auf den Todesfall ab über 150.000 €, erwähnt aber den ärztlichen Befund nicht. Als er nach vier Jahren stirbt, recherchiert der Versicherer und findet heraus, dass Klaus bereits bei Vertragsschluss über seine Infektion informiert, dass seine Angabe im Antragsformular also falsch war. Die Versicherungssumme wird nicht ausbezahlt. Denn der Versicherer hätte in Kenntnis der Infektion den Vertrag so nicht abgeschlossen.

Selbstmord

Wenn der Versicherte Selbstmord begangen hat, ist die Versicherungsgesellschaft gleichfalls von der Zahlungspflicht frei – es sei denn, die Tat wurde „in einem die freie Willensbestimmung ausschließenden Zustand krankhafter Störung der Geistestätigkeit begangen“ (§ 169 Versicherungsvertragsgesetz). Es muss keine echte Geisteskrankheit vorliegen, sondern nur eine Bewusstseinsstörung bei Tatzeit. Das kann bei Betrunkenen gegeben sein, wobei zwei Promille Blutalkoholkonzentration wohl noch nicht ausreichen.

Immerhin hat die Versicherungsgesellschaft die Bewusstseinsstörung und den Selbstmord nachzuweisen. So reicht es nicht, wenn der Tote neben der benutzten Pistole gefunden wird. Das kann außer Selbstmord auch ein Unfall gewesen sein, ja sogar Mord. Beweispflichtig ist die Versicherungsgesellschaft.

Andere Verträge zugunsten Dritter

Die Lebensversicherung auf den Todesfall ist nur eine Untergruppe der Verträge zugunsten Dritter. Neben der Lebensversicherung auf den Todesfall gibt es in der Praxis noch folgende Typen von Verträgen zugunsten Dritter:

- den Bausparvertrag auf den Todesfall,
- Vereinbarungen mit einer Bank, dass diese mit dem Tod des Erblassers (Kontoinhaber) das Guthaben oder einen Teil davon an einen Dritten auszahlen soll,
- die Zuwendung des Anspruchs der Bank auf Überweisung des Wertpapierdepots,
- die Anlegung eines Sparkontos auf den Namen eines Dritten, wobei sich der Erblasser vorbehält, bis zum Tod selbst darüber verfügen zu können. Das macht man gelegentlich, um ein Enkelkind oder sonst eine nahe stehende Person gesondert zu bedenken.

Noch einmal ein Fazit solcher Verträge zugunsten Dritter: Wenn der Erblasser solch einen Vertrag abschließt, dann entzieht er den betreffenden Wert dem Nachlass, er mindert ihn. Je nach Gestaltung fällt der Wert möglicherweise doch in den Nachlass, der Bedachte hat aber einen Herausgabeanspruch. Der Zweck bei dieser Art von Verträgen ist sehr ähnlich dem eines Vermächtnisses. Der Vorteil liegt darin, dass hier nicht der strenge Formalismus eingehalten werden muss wie beim Testament und dass Nachlassgläubiger keinen Zugriff auf den Wert haben.

8. Zum Erbe gehört eine Beteiligung an einer Gesellschaft

Der Erbe kannte sich gut aus, als er erfuhr, dass er eine Immobilie geerbt hat. Er wusste, dass er nun mit dem Erbschein zum Registergericht gehen muss, damit er ins Grundbuch eingetragen wird. Ratlos war er, als sich herausstellte, dass der Verstorbene Gesellschafter einer Personengesellschaft war – einer Offenen Handelsgesellschaft nämlich. Und zusätzlich war er Gesellschafter einer GmbH.

Zu den Personengesellschaften gehören vor allem die Gesellschaft des Bürgerlichen Rechts, die Offene Handelsgesellschaft (OHG) und die Kommanditgesellschaft (KG). Sie sind zu unterscheiden von den Kapitalgesellschaften, die juristische Personen sind. Zu ihnen zählen insbesondere die Gesellschaft mit beschränkter Haftung (GmbH) und die Aktiengesellschaft (AG).

Der Erblasser war Gesellschafter einer Personengesellschaft

Wenn der Gesellschaftsvertrag der Personengesellschaft nichts zum Thema Tod des Gesellschafters sagt, dann wird die Gesellschaft mit dem Tod des einen Beteiligten aufgelöst. Dies gilt für die Gesellschaft bürgerlichen Rechts und für die Offene Handelsgesellschaft. Bei der Kommanditgesellschaft tritt diese Folge ein, wenn der persönlich haftende Gesellschafter stirbt, der Komplementär nämlich.

Gerade aber wegen dieser Rechtslage ist es häufig so, dass es im Gesellschaftsvertrag abweichende Regeln gibt, damit die Gesellschaft nicht untergeht, weil der Gesellschafter stirbt. Immer aber fällt der Gesellschaftsanteil in den Nachlass wie alle anderen Vermögensrechte des Verstorbenen auch. Aber: Der Gesellschaftsanteil geht unmittelbar als Sondererbfolge auf die Erben über in der Höhe ihrer Quote – also anders als sonst, wo die Erben zur gesamten Hand den Nachlass übernehmen. Der Tod des Kommanditisten jedoch (des beschränkt Haftenden in der Kommanditgesellschaft) führt nicht zur Auflösung der Gesellschaft.

Wichtig zu wissen ist, dass der Erblasser nicht über das Testament die Lage verändern kann, wie sie der Gesellschaftsvertrag vorsieht. Er kann also nicht einfach im Testament bestimmen, dass die Gesellschaft weiter fortbestehen soll. Wenn Sie also Ihr Testament entwerfen und Sie halten eine Beteiligung an einer Personengesellschaft als persönlich Haftender, dann klären Sie erst einmal die Situation, wie sie sich aus dem Gesellschaftsvertrag ergibt. Notfalls sollten Sie prüfen, ob der Gesellschaftsvertrag ergänzt wird, damit im Falle Ihres Todes die Folge eintritt, die für Sie die richtige ist.

Folgende Klauseln bieten sich für den Gesellschaftsvertrag an:

- eine Fortsetzungsklausel,
- eine Nachfolgeklausel oder
- eine Eintrittsklausel.

Denn dies ist klar: In den meisten Fällen ist es nicht gewünscht, dass die Gesellschaft aufgelöst wird. Man hat bei der Gründung zumeist nur nicht gewusst, dass der Tod eines Gesellschafters das Ende der Gesellschaft bedeutet. Oder man hat den Fall einfach vergessen.

Die Fortsetzungsklausel

Bei dieser Lösung wird geregelt, dass beim Tod eines Gesellschafters die Gesellschaft von den verbleibenden Gesellschaftern weiter fortgeführt wird. Die Erben werden als Gesellschafter ausgeschlossen. Der Anteil des verstorbenen Gesellschafters wächst den übrigen Gesellschaftern zu. Die Erben haben nur einen Anspruch gegen die Gesellschaft auf das den Verstorbenen betreffende Abfindungsguthaben. Es ist sogar zulässig, die Abfindung auszuschließen oder sie zu beschränken.

Die Eintrittsklausel

Bei dieser Variante erhalten die Erben einen Anspruch auf Aufnahme in die Gesellschaft. Dabei handelt es sich um einen Vertrag zwischen dem Erblasser und seinen Mitgesellschaftern zugunsten der Eintrittsberechtigten (in der Regel ist es nur eine Person, vielleicht die Ehefrau oder ein Kind). Der berechtigte Erbe wird mit der Ausübung seines Eintrittsrechts Gesellschafter. Macht der Berechtigte aber von seinem Eintrittsrecht nicht Gebrauch, dann wird die Gesellschaft mit den verbleibenden Gesellschaftern fortgesetzt.

Es ist Aufgabe des Erblassers dafür zu sorgen, dass der Nachfolger seinen Kapitalanteil an der Gesellschaft auch erhält. Der Nachfolger kann daher das Kapitalkonto (unter der Bedingung der Wahrnehmung des Eintrittsrechts) durch Erbeinsetzung, Teilungsanordnung oder Vermächtnis dem Berechtigten zuwenden. Das kann auch schon zu Lebzeiten als Rechtsgeschäft unter Lebenden erfolgen. Diese Konstruktion kann nicht nur in Bezug auf Erben oder Vermächtnisnehmer so gehandhabt werden, sondern es kann auf diesem Wege auch Dritten die Nachfolge in den Gesellschaftsanteil ermöglicht werden. Das kann der besondere Charme dieser Variante sein.

Die Nachfolgeklausel

Es gibt von der Nachfolgeklausel zwei Varianten. Bei der einfachen Nachfolgeklausel wird im Gesellschaftsvertrag festgelegt, dass die Gesellschaft mit allen Erben des verstorbenen Gesellschafters fortgesetzt wird. Dabei ist es nicht so, dass die ganze Erbengemeinschaft in die Stellung des Gesellschafters einrückt, sondern jeder Erbe wird Gesellschafter unmittelbar in der Höhe seiner Erbquote. Dies liegt an der bereits erwähnten Sondererbfolge bei Gesellschaftsanteilen. Jeder Erbe kann sein Verbleiben in der Gesellschaft davon abhängig machen, dass ihm die Stellung eines Kommanditisten eingeräumt wird (also eines nicht persönlich Haftenden). Zwar ist es nicht möglich, dieses Recht im Gesellschaftsvertrag auszuschließen. Man sollte dies jedoch durch Vermächtnis oder Auflage tun, damit nicht eines Tages eine Gesellschaft ohne persönlich haftenden Gesellschafter existiert.

Die qualifizierte Nachfolgeklausel sieht dagegen vor, dass der Anteil des verstorbenen Gesellschafters nicht mit allen Miterben fortgesetzt wird, sondern nur mit einzelnen oder gar mit einem einzigen. Wer das ist, wird entweder im Gesellschaftsvertrag festgelegt oder im Testament. Der neue Gesellschafter erwirbt den Gesellschaftsanteil unmittelbar in voller Höhe, nicht abhängig von seiner Quote. Dabei fällt der Gesellschaftsanteil selbst unmittelbar an den Nachfolger, der Wert der Beteiligung aber in den Nachlass. Man muss dann wegen der Ausgleichsansprüche der Miterben im Testament festlegen, ob der Nachfolger durch Teilungsanordnung bestimmt wird oder durch Vorausvermächtnis. Die beiden Varianten, einfache und qualifizierte Nachfolgeklausel, können auch kombiniert werden: Nur ein Erbe wird Komplementär (voll haftender Gesellschafter), die Übrigen erhalten die Stellung von Kommanditisten (beschränkt haftende Gesellschafter). Die Abfindung der weichenden Erben kann man durch Aussetzung einer Rente oder einer über längere Zeit zu zahlenden Summe erreichen. Oder Sie räumen den weichenden Erben ein Nießbrauchsrecht an einem Gesellschaftsanteil ein, ein Vermächtnis über den Gewinnanspruch, eine stille Beteiligung oder eine Unterbeteiligung.

Eine GmbH-Beteiligung als Erbe

Die Anteile an einer Kapitalgesellschaft können frei vererbt werden. Der GmbH-Geschäftsanteil fällt an alle Erben. Hier tritt also nicht die Sondererbfolge ein wie bei der Personengesellschaft. Es ist auch nicht möglich, in der Satzung der GmbH die Vererblichkeit von GmbH-Geschäftsanteilen auszuschließen. Mehrere Erben können ihre Rechte gegenüber der Gesellschaft nur gemeinschaftlich ausüben.

Jedoch ist es auch bei der GmbH möglich, in ihre Satzung eine Nachfolgeklausel aufzunehmen. Es würde darin geregelt werden, dass der Geschäftsanteil des Erblassers nach seinem Tod nur an bestimmte Personen übergehen kann. Aber auch in diesem Fall fällt der Geschäftsanteil zunächst an die Erben. Sie sind dann zur Übertragung an den benannten Nachfolger verpflichtet. Der Hintergrund solcher Regelungen ist der, dass es für ein Unternehmen nicht immer gut ist, wenn in der Folge des Todes eines der Gesellschafter die anderen Gesellschafter nun plötzlich sich mit möglicherweise fremden Dritten in ihrer Gesellschaft wiederfinden. Das kann das Ende eines Betriebes sein. Man hat sich einstmals die Personen sehr genau ausgesucht, mit denen zusammen die Gesellschaft gegründet wurde. Der Tod des einen Gesellschafters zwingt sonst allen anderen neue Gesellschafter auf.

WISO-Tipp: Es bietet sich bei der Fassung der Satzung der Gesellschaft an, die Regelung der Nachfolge eines verstorbenen Mitgesellschafters sorgfältig zu formulieren. Es können beispielsweise einschränkende Bestimmungen aufgenommen werden, nach denen der Verbleib der Erben in der Gesellschaft von der Zustimmung der Mitgesellschafter abhängig ist. Stehen dem Erblasser nach der Satzung Sonderrechte zu, dann gehen diese auf den Rechtsnachfolger nur über, wenn die Satzung das ausdrücklich auch so vorsieht. Findet sich in der Satzung etwa eine Geschäftsführungsbefugnis, die nicht entzogen werden kann, oder ein Sonderstimmrecht, so gehen diese Befugnisse nicht auf die Erben über.

Verbreitet finden sich in GmbH-Satzungen Einziehungs- und Abtretungsklauseln für den Fall des Todes eines Gesellschafters. Dabei kann die Einziehung nicht schon in der Satzung vereinbart werden. Die Gesellschafter können sich aber in der Satzung zur Duldung der Einziehung oder zur Vornahme der Abtretung verpflichten, wenn der Geschäftsanteil nicht von Todes wegen auf einen qualifizierten Nachfolger übergeht. Eine solche Einziehung kann unentgeltlich oder gegen Zahlung erfolgen.

Ähnlich wie im Falle der Personengesellschaft kann die Versorgung oder die Abfindung der weichenden Erben dadurch abgesichert werden, dass eine Rente ausgesetzt wird oder eine sonstige dauernde Zahlung. Auch hier ist an die Einräumung eines Nießbrauchs am Geschäftsanteil zu denken, an Vermächtnisse, an Gewinnansprüche, an eine stille Beteiligung oder eine Unterbeteiligung. Bei einer GmbH & Co. kann man den nicht im Unternehmen tätigen Erben einen Kommanditanteil zuwenden.

9. Der Mietvertrag des Verstorbenen

Der Erblasser Hugo hat fast sein ganzes Leben bis ins hohe Alter in ein und derselben Wohnung gelebt, davon 35 Jahre mit seiner Familie, am Ende – die Kinder waren schon seit langem aus dem Haus – mit seiner Frau Ulrike. Dann stirbt er. Muss die Frau jetzt die Wohnung verlassen?

Wenn am Ende nur das Ehepaar die Wohnung bewohnte

Es gibt – will man die Frage beantworten – verschiedene Konstellationen, die jeweils zu anderen Ergebnissen führen (können). Zunächst müssen Sie wissen, wer denn den Mietvertrag als Mieter abgeschlossen hat: nur der Mann, nur die Frau oder beide gemeinsam? Zum besseren Verständnis belassen wir es beim Beispiel wie oben skizziert: der Mann (Hugo) stirbt, die Frau (Ulrike) bleibt zurück.

Wer also hat den Mietvertrag abgeschlossen? Wenn beider Unterschrift auf dem Vertrag zu finden ist, ist die Sache klar, wenn auch beide in der Wohnung gemeinsam ihren Hausstand hatten (sie dürfen also nicht getrennt gelebt haben, und geschieden dürfen sie schon gar nicht sein).

Hier setzt sich der Mietvertrag mit dem Überlebenden (also mit Ulrike) fort. Die Witwe Ulrike kann aber den Vertrag kündigen. Nehmen wir an, Hugo stirbt am 3. Januar, dann steht ihr eine Übergangsfrist von einem Monat zu, also bis zum 3. Februar. An diesem Tag (3. Werktag im Februar) muss sie dann spätestens gekündigt haben – mit Wirkung zum 30. April, nämlich drei Monate später. Es ist hier unerheblich, dass das Mietverhältnis schon fünf Jahre gedauert hat. Eine normale Kündigungsfrist wäre da länger. Im Todesfall gilt das nicht.

Versäumt sie das alles oder lässt sie die Termine bewusst verstreichen, dann steht sie in einem normalen Mietverhältnis. Der Todesfall gibt dem Vermieter in dieser Konstellation kein Kündigungsrecht, es sei denn, er hat sonstige Gründe, die er auch ohne den Tod gehabt hätte, etwa erheblicher Mietrückstand.

Steht aber nur die Unterschrift des Erblassers auf dem Vertrag, dann kann es sein, dass dieser den Partner mitvertreten hat. Gibt es keinen schriftlichen Vertrag – man kann einen Mietvertrag auch mündlich abschließen – dann muss man sehen, welcher Vertragsschluss bewiesen werden kann.

Nur der Verstorbene hat den Mietvertrag abgeschlossen

Wenn nur der Verstorbene den Mietvertrag abgeschlossen hat, tritt nach dem Gesetz der Ehepartner, also hier Ulrike, in den Mietvertrag ein. Es ist dabei übrigens gleichgültig, ob sie Erbe ist oder nicht. Jetzt hat sie wieder einen Monat Zeit, gerechnet ab dem Zeitpunkt, an dem sie von dem Tod erfahren hat (das ist in der Regel der Todestag), dem Vermieter gegenüber zu erklären, dass sie das Mietverhältnis nicht fortsetzen will. Dann wird dieser automatische Eintritt in den Mietvertrag als nicht erfolgt angenommen. Jetzt heißt es: Das Mietverhältnis wird mit dem Erben fortgesetzt (die Frau muss ja nicht unbedingt Erbe sein). Der Erbe kann das Mietverhältnis dann unter Einhaltung der gesetzlichen Kündigungsfrist kündigen – aber nur für den ersten Termin, der zulässig ist (der Vermieter ebenso).

Zum Verständnis variieren wir den Ausgangsfall:

Variante 1: Hugo und Ulrike wohnen seit fünf Jahren in der Wohnung. Hugo hat allein den Vertrag abgeschlossen. Hugo stirbt, wie gehabt, am 3. Januar. Erbe sind Ulrike und der Sohn Fritz je zu $^1/_2$. Ulrike hat bis zum 28. oder 29. Februar Zeit, sich zur Fortsetzung des Mietverhältnisses zu äußern. Tut sie das nicht, wird der Vertrag fortgesetzt.
Will Ulrike aber ausziehen, muss sie das innerhalb des Monats dem Vermieter sagen. Weil Mutter und Sohn gemeinsam Erben sind, müssen sie gemeinsam die Wohnung kündigen. Das geht bis spätestens 3. Februar und wirkt wieder bis zum 30. April.

Man könnte also sagen: Mit dem Tod der Mietpartei endet das Mietverhältnis im Allgemeinen nicht. Die Erben treten an die Stelle der verstorbenen Mietpartei.

Wenn die Ehegatten mit anderen Familienmitgliedern in der Wohnung lebten

Nun also soll es so sein, dass der Verstorbene und seine Ehefrau (die spätere Witwe) zusammen mit anderen Familienmitgliedern in der Wohnung lebten, nämlich beispielsweise den erwachsenen Kindern oder mit der Schwägerin und dem Schwager. Haben beide Eheleute (Hugo und Ulrike) wieder den Mietvertrag gemeinsam mit dem Vermieter abgeschlossen, dann verändert sich nichts zur Situation oben, wo sie auch schon beide unterschrieben hatten (aber sonst keiner in der Wohnung lebte).

War aber nur der Verstorbene Vertragspartner, dann kann sich die Witwe wieder aussuchen, ob sie weiter in der Wohnung bleibt oder kündigt. Sagt sie aber, sie will den Vertrag nicht fortsetzen, dann treten die sonst noch in der Wohnung lebenden Familienmitglieder in den Vertrag ein (wobei es nicht darauf ankommt, dass sie Erben sind). Erklären auch sie, dass sie nicht weiter bleiben wollen, dann sind es die Erben, die in den Vertrag eintreten. Jetzt gilt: Sowohl die Erben wie der Vermieter können den Vertrag kündigen, wenn sie die gesetzliche kurze Frist von drei Monaten einhalten.

All das gilt übrigens genauso, wenn die wichtigsten Personen kein Ehepaar sind, sondern eine eingtragene Lebenspartnerschaft.

Nichteheliche Lebensgemeinschaften

Und es geht noch weiter: Alles was über die Witwe gesagt wurde (und natürlich genauso für einen Witwer gilt), trifft auch für nichteheliche Lebensgemeinschaften zu. Die Lebenspartner haben die gleichen Rechte, weil die Gerichte inzwischen sagen, diese Art von Verbindungen hätten sich rechtlich inzwischen so verdichtet, dass sie insofern wie Ehen behandelt werden müssen.

Es gibt dazu ein neueres Urteil des Landgerichts Wiesbaden. In dem Fall hatte ein unverheiratetes Paar 1996 eine 4-Zimmer-Wohnung gemietet. Die Mietdauer war auf fünf Jahre festgelegt und die Miete betrug 800 € monatlich. Als der Mann zwei Jahre danach starb, kündigte seine Lebensgefährtin das Mietverhältnis zum 31. Juli außerordentlich. Es wurde zwar ein Nachmieter gefunden, der jedoch erst im September einziehen konnte. Nun forderte der Vermieter von der Mieterin die Augustmiete. Weil sie ablehnte, musste der Vermieter vor Gericht ziehen und begründete seine Klage damit, dass das außerordentliche Kündigungsrecht des Mieters im Todesfall nur verheirateten Paaren zustehe.

Da war das Landgericht Wiesbaden anderer Meinung. Wenn ein in nichtehelicher Lebensgemeinschaft verbundenes Paar gemeinsam eine Wohnung miete, bestehe im Todesfall das soziale Schutzbedürfnis des überlebenden Partners in gleicher Weise wie bei Eheleuten. Damit war die Kündigung der Mieterin zum 31. Juli wirksam. Sie musste also für den August keine Miete mehr zahlen.

Die Lebensgemeinschaft muss auf Dauer angelegt sein, und das gilt nach Meinung unserer Gerichte auch für gleichgeschlechtliche Partnerschaften. (Der Bundesgerichtshof teilt diese Meinung nicht.) Die Partner dürfen außerdem nicht (anderweitig) verheiratet sein.

Variante 2: Der Verstorbene wohnte in der Wohnung mit sonstigen Familienangehörigen (etwa mit Geschwistern). Waren diese Angehörigen auch Vertragspartner, dann bleibt der Mietvertrag wie er ist. Nur der Verstorbene ist gewissermaßen daraus entlassen.
Ansonsten aber (wenn die Angehörigen nicht Vertragspartner sind) träten sie in den Mietvertrag ein, selbst wenn sie keine Erben sind. Dieser feine Unterschied (Eintreten in den Vertrag oder ihn fortsetzen) ist wichtig, z.B. bei der Berechnung von Kündigungsfristen.
Aber: Jeder dieser Angehörigen kann für sich oder sie können gemeinsam erklären, dass sie das Vertragsverhältnis nicht fortsetzen. Dann sind es wieder die Erben, die ihn fortsetzen. Erben und Vermieter können dann gesetzlich kündigen.

Variante 3: Der Verstorbene wohnte nicht mit Verwandten in der Wohnung, sondern mit anderen Menschen, darunter aber kein Lebensgefährte, also der Fall einer Wohngemeinschaft. Haben diese Dritten auch einen Vertrag mit dem Vermieter (und zwar über die ganze Wohnung), dann läuft der Vertrag einfach weiter. Es ist hier aber umstritten, ob der Vermieter ein Kündigungsrecht hat, auch, ob es den Erben zusteht.
Sind die anderen Mitglieder der Wohngemeinschaft gar nicht Vertragspartner, dann hat der Vermieter zumindest ein Kündigungsrecht, wenn er ein „berechtigtes Interesse" geltend machen kann (also etwa Eigenbedarf). Die Situation der zurückgebliebenen Mitbewohner ist aber sonst ziemlich unklar. Einfach ausziehen ohne weiteres (hinsichtlich der Pflicht, Miete zu zahlen) dürfen sie wohl nicht.

Zusammengefasst ist zum Kündigungsrecht zu sagen: Immer dann, wenn am Ende die Erben in den Vertrag eintreten, weil die anderen nicht eintreten wollen, können die Erben den Vertrag kündigen mit gesetzlicher Frist – und der Vermieter auch, und zwar zum ersten möglichen Termin. Der Vermieter braucht aber ein „berechtigtes Interesse" dafür. Treten der überlebende Ehegatte oder die anderen Angehörigen, die in der Wohnung leben, automatisch in den Vertrag ein, dann kann der Vermieter zum erstmöglichen Termin kündigen, wenn er gegen die Person des Eintretenden einen wichtigen Grund ins Feld führen kann: Diese Person muss für den Vermieter unzumutbar sein.

WISO-Tipp: Beachten Sie: All das gilt – fast überflüssig zu sagen – nur für Wohnräume, die gemietet waren. Nicht gemeint sind also Mietverhältnisse für Geschäftsräume allgemeiner Art, Büros, Läden, Fabriken, Hallen, Gaststätten. Handelt es sich um solche Mietverhältnisse, dann kann der Erbe des Mieters und der Vermieter kündigen, es muss die gesetzliche Kündigungsfrist eingehalten werden.

Wie steht es um die sonstigen Pflichten aus dem Mietverhältnis?

Die Erben haben dieselben Pflichten wie vorher der Mieter, also z.B. auch die Pflicht zur Renovierung, ohnehin diejenige zur Zahlung der Miete.

Wenn der Vermieter stirbt

Der Tod des Vermieters ändert nichts am Mietvertrag. Wurde Wohnraum vermietet, gehen die Pflichten des Vermieters auf seine Erben unverändert über. Es kann dann aber sein, dass in der Person eines Erben ein Recht zur Kündigung wegen Eigenbedarfs entsteht.

10. Anfechtung eines Testaments

Wenn es bedeutende Werte zu vererben gibt, dann ist es nur menschlich, dass sich die Personen, die als Erben in Frage kommen, sich so ihre Gedanken darüber machen, was ihnen denn zufallcn könntc. Und wenn das Testament dann doch nicht so ausgefallen ist, wie erhofft, nämlich ungünstiger, dann ist bei manchem der Gedanke nicht fern: Da hat etwas nicht gestimmt bei der Abfassung des Testaments, das Testament ist womöglich gar nicht echt. Und der Gedanke der Anfechtung frisst sich in den enttäuschten Erben.

Zunächst: Der Erblasser selbst braucht sein Testament nicht anzufechten. Wenn er eine andere Verfügung lieber hätte, dann braucht er nur das alte Testament zu widerrufen und ein neues abzufassen. Das kann er jederzeit.

Die Anfechtung kommt also erst nach dem Tod des Erblassers in Frage, und zwar durch denjenigen, dem die Aufhebung der Verfügung unmittelbar nützen würde. Und das sind in erster Linie die gesetzlichen Erben.

Bedenken Sie jedoch: Sollte der Text des Testaments nicht völlig gefälscht sein, also einen anderen Autor als den Erblasser haben, dann repräsentiert der Text doch zumindest im Ansatz den Willen des Verstorbenen. Da aber eine wirksame Anfechtung die Unwirksamkeit des Testaments zur Folge hat, sollte man sehen, ob aus dem vorliegenden Text nicht eher durch eine richtige Auslegung der wahre Wille des Erblassers zu ermitteln ist. Denn die gesetzliche Erbfolge, die einträte, wenn das Testament nichtig ist, will der Erblasser ja offenbar nicht. Sonst hätte er gar kein Testament abfassen müssen.

Also sollte zuerst geprüft werden, ob der gewollte Inhalt des Testaments sich nicht im Wege der Auslegung erschließt. Auslegung geht der Anfechtung vor. Erst wenn sicher ist, dass der Wille des Erblassers so nicht zu ermitteln ist, aber klar ist, dass der niedergelegte Wille nicht das Gewollte ist, dann kommt die Anfechtung in Frage.

Kommen Sie also zu dem Ergebnis, dass der Wortlaut des Testaments so vom Verfasser nicht gewollt war, dann haben Sie die Möglichkeit der Anfechtung des Testaments

- wegen Drohung,
- wegen Irrtums (wobei es dafür Varianten gibt),
- wegen Übergehung eines Pflichtteilsberechtigten.

Die Anfechtung wegen Drohung

Gemeint ist der Fall, dass der Verfasser des Testaments so bedroht war, dass er sich veranlasst sah, Begünstigungen auszusprechen, die er nicht gewollt hat. Es geht also darum, dass der freie Wille des Erblassers durch Einfluss von außen beeinträchtigt wurde, und zwar in widerrechtlicher Weise.

Wann das im konkreten Fall gegeben ist, ist immer schwer zu sagen – gerade im Hinblick darauf, dass ein Testament jederzeit vom Verfasser kassiert werden kann, spätestens dann, wenn die Bedrohung vorüber ist. Und wann ist eine Einflussnahme, ein Drängen eines potenziellen Erben so stark, dass man sagen muss, es läge eine widerrechtliche intensive Beeinflussung vor, vielleicht durch ständiges Bitten, vielleicht durch die Drohung mit einer Strafanzeige oder damit, den Erblasser nicht mehr zu pflegen? Ist das aber nachweisbar, dann kann ein beeinträchtigter Erbe das Testament anfechten, sodass es nichtig ist.

Die Anfechtung wegen Irrtums

Man unterscheidet den Erklärungsirrtum – der Erblasser wollte eine Erklärung des vorliegenden objektiven Inhalts gar nicht abgeben – und den Inhaltsirrtum – er war sich über den Inhalt des Erklärten nicht im Klaren. Und es ist sicher, dass er die Verfügung so nicht formuliert hätte, wenn er dies gewusst hätte.

Der Erklärungsirrtum, den man präziser vielleicht einen Irrtum der Erklärungshandlung nennt, ist dann gegeben, wenn dem Erblasser ein orthografischer Fehler unterläuft oder wenn er eine Zahl falsch schreibt – statt 100.000 € Vermächtnis schreibt er 10.000 € und vergisst eine Null. Die äußere, objektiv wahrnehmbare Erklärung weicht vom Willen des Verfassers ab; so wie man sich verspricht, hat er sich verschrieben. Wenn dieser Fehler nachweisbar ist, dann ist die Erklärung anfechtbar.

Beim Inhaltsirrtum ist der Erblasser sich über die verwendeten Betriffe nicht im Klaren. Er verwendet die Begriffe „vererben" und „vermachen" identisch oder verwechselt sie. Jedoch kommt man bei dieser Art von Irrtum häufig bereits durch Auslegung zum richtigen Ergebnis.

Der Motivirrtum

Möglich ist auch die Anfechtung wegen Irrtums im Bewegungsgrund, im Motiv, nämlich „wenn der Erblasser durch die irrige Annahme oder Erwartung des Eintritts oder Nichteintritts eines Umstands" bestimmt worden ist (§ 2078 Abs. 2 BGB). Der Irrtum kann sich auf vergangene oder künftige Umstände beziehen.

Beispiele: Der Erblasser setzt seine Nichte zur Erbin ein, weil er ihr unterstellt, dass sie ihn, wie schon begonnen, bis zu seinem Tod pflegt – was dann aber unterbleibt.
Oder: Ein Erbe wird Mitglied einer Sekte und verpflichtet sich, all sein Hab und Gut ihr zu überlassen. Hätte der Erblasser diese Entwicklung gekannt, dann hätte er den Sektenanhänger nicht zum Erben gemacht, weil er sein Geld nicht bei der Sekte sehen möchte.

Die arglistige Täuschung

Eine arglistige Täuschung, die zur Erbeinsetzung führte, kann ein Anfechtungsgrund sein. Etwa: Der Sohn weist nach, dass er sein liederliches Leben aufgegeben und alle Schulden abgetragen hat. Er wird als Erbe bedacht. Dann stellt sich heraus, dass der Sohn den Vater getäuscht hat.

Die Übergehungsanfechtung

Das ist ein Sonderfall des Irrtums: Der Erblasser wusste bei Abfassung des Testaments von der Existenz eines Pflichtteilsberechtigten nicht oder aber später tritt eine Situation ein, in deren Folge ein Pflichtteilsberechtigter erscheint. Das sind vor allem Fälle von Wiederverheiratung des Erblassers oder der Geburt eines Kindes oder Enkels. Der Erblasser versäumt es, diese Umstände im Testament zu berücksichtigen.

Beispiel: Fridolin Edlich ist verwitwet und setzt seine Kinder Paul und Hanna zu Alleinerben ein. Später heiratet er wieder, verfasst aber kein neues Testament. Die neue Ehefrau wäre nach seinem Tod auf den Pflichtteil gesetzt. Sie kann das Testament anfechten.

WISO-Tipp: Beachten Sie aber bei einer solchen Konstellation, dass das Gesetz hier einen Irrtum nur vermutet. Es kann auch sein, dass der Erblasser sehr wohl wusste, was er tat – oder eben unterließ. Die Frage ist also: Wäre das Testament genau so ausgefallen, wenn der Erblasser schon bei Abfassung die neue Entwicklung bedacht hätte? Das Gesetz bejaht die Frage, wer also Leidtragender der Einsetzung ist, muss den Gegenbeweis führen.

Daraus folgt für den Erblasser: Er sollte die neue Situation nicht einfach unerwähnt lassen, sondern klarstellen, was nun gelten soll – durch Vernichtung des alten und Errichtung eines neuen Testaments, durch Bestätigung oder Ergänzung.

Wie wird das Testament angefochten?

Berechtigt zur Anfechtung allein ist derjenige, der daraus einen Nutzen ziehen kann, bei der Übergehungsanfechtung also nur der übergangene Pflichtteilsberechtigte. Die Anfechtung geht an das Nachlassgericht, wenn sie sich gegen eine Verfügung richtet, durch die ein Erbe installiert wird, wenn ein gesetzlicher Erbe von der Erbfolge ausgeschlossen wird oder ein Testamentsvollstrecker ernannt wird, wenn sie sich gegen Auflagen richtet, gegen Teilungsverbote, Pflichtteilseinsetzungen und familienrechtliche Anordnungen.

In anderen Fällen – etwa der Anfechtung eines Vermächtnisses – ist derjenige der Adressat der Anfechtung, der durch die Verfügung begünstigt ist (also hier der Vermächtnisnehmer). Für diese letztgenannten Anfechtungen gibt es keine Formvorschriften. Sie haben unverzüglich, ohne schuldhaftes Zögern zu erfolgen, nach Kenntnisnahme der Anfechtungsgründe (§ 121 BGB). Liegt ein Fall von Täuschung oder Drohung vor, beträgt die Anfechtungsfrist ein Jahr (§124 BGB).

Sonst aber geht die Anfechtung ans Nachlassgericht – der Gegner ist derjenige, der Begünstigter ist und dessen Rechte durch die Anfechtung geschmälert werden sollen.

Der Weg übers Nachlassgericht ist durchaus zweckmäßig, weil der Anfechtende so nicht gezwungen ist, die Erben zu ermitteln, was er womöglich in der Kürze der Zeit nicht fristgemäß erledigen kann. Denn er hat für diese Anfechtung (nach § 2082 BGB) nur ein Jahr Zeit ab Kenntnis des Anfechtungsgrundes.

Dieser Weg schützt ihn auch, wenn er einen Erben nach Testament nicht auffinden kann oder übersieht. Das Gericht ist bei dieser Anfechtung gehalten, die Anfechtung dem Betroffenen mitzuteilen.

Das zeigt aber auch: Der Weg übers Nachlassgericht ist nur ein vorgeschaltetes Verfahren, denn das Gericht ist nur formell der Adressat, es ist Übermittler der Anfechtung. Es prüft die Anfechtungsgründe nicht inhaltlich. Dafür gibt es das Erbscheinverfahren oder den normalen Zivilprozess.

Die Wirkung der Anfechtung

Folge der begründeten und rechtzeitig erklärten Anfechtung ist die Nichtigkeit des angefochtenen Rechtsgeschäfts – und zwar rückwirkend.

Also: Ficht ein übergangener Erbe das gesamte Testament erfolgreich an, dann ist das ganze Testament nichtig. Es wird so verfahren, als sei es nicht existent gewesen. Nun gilt normalerweise die gesetzliche Erbfolge, eventuell auch ein älteres Testament. Diese Folge der totalen Nichtigkeit wird eher selten eintreten. Das liegt daran, dass die Autonomie eines jeden Menschen geschützt sein soll, ein Testament zu errichten. Hat er das getan, ist das zu respektieren. Normalerweise wird man daher eher zur Teilnichtigkeit des Testaments gelangen.

Unterlag der Erblasser nämlich einem Irrtum und wird das Testament deshalb angefochten, dann wird es eben nur insoweit ungültig, als zu vermuten ist, dass der Erblasser die Verfügung ohne den Irrtum nicht getroffen haben würde. Anfechtbar sind in der Praxis daher immer nur einzelne Teile des Testaments.

Die Anfechtung gemeinschaftlicher Testamente

Die Anfechtung gemeinschaftlicher Testamente ist gesetzlich nicht geregelt. Sie ist auch dann unproblematisch, solange sich die beiden Testamente nicht aufeinander beziehen, sondern sie nur körperlich in einer Urkunde verbunden sind. Sie können jederzeit von jedem widerrufen werden.

Wechselbezügliche Testamente dagegen sind nach dem Tod des einen Ehegatten bindend für den Überlebenden. Er kann sich trotz eines der bekannten Anfechtungsgründe nicht von seiner Verfügung lösen.

Das hat die Rechtsprechung gesehen und nicht für richtig gehalten. Deshalb kann analog zu den Anfechtungsregeln beim normalen Testament doch angefochten werden – es müssen eben die Anfechtungsgründe nachgewiesen werden (Täuschung, Drohung, Irrtum). Ein Unterschied zum normalen Testament: Die Anfechtung ist beim gemeinschaftlichen Testament erst nach dem Tod eines

Ehepartners möglich, denn zu Lebzeiten beider kann von jedem der Widerruf erklärt werden.

Da gibt es aber auch wieder einen Riegel: Die Anfechtung kann im gemeinschaftlichen Testament ausdrücklich ausgeschlossen werden oder sie wird durch eine Wiederverheiratungsklausel abgefedert.

Die beiden Testierenden haben für die Anfechtung wieder eine Frist von einem Jahr, ist das Argument eine Drohung, dann beginnt die Frist mit dem Ende der Zwangslage, sonst, sobald der Erblasser vom Anfechtungsgrund erfährt.

III.

DIE TESTAMENTS-VOLLSTRECKUNG

Es gibt einen Teil des Erbrechts, der etwas stiefmütterlich behandelt im öffentlichen Bewusstsein vor sich hindämmert: Die Testamentsvollstreckung. Sicher, in Familien, die sehr viel zu vererben haben oder die eine Tradition hinsichtlich der Pflege des Familienerbes haben, da weiß man die Möglichkeiten der Testamentsvollstreckung zu schätzen. Sonst aber wird die Bestimmung eines Testamentsvollstreckers oft gar nicht in Erwägung gezogen. Es gibt aber Gründe, sich auch in durchschnittlichen Erbfällen mit der Testamentsvollstreckung näher zu befassen. Mancher wird da gute Anregungen für interessante Gestaltungen finden.

Andererseits gibt es Einwände gegen den Testamentsvollstrecker, die so falsch nicht sind. Der Erblasser, der an die Einsetzung eines Testamentsvollstreckers denkt, muss sich intensiv mit der Frage der Organisation der Auseinandersetzung des Erbes befassen und auch einige Kosten dafür nicht scheuen. Aber er hat mit diesem Instrument die Chance, für sehr viele Jahre nach seinem Tod noch das Geschehen zu bestimmen. Hier ist das Werkzeug, wirklich über seinen Tod hinaus zu wirken – ein Bedürfnis, das bekanntlich sehr verbreitet ist. Er kann es umsetzen mit Hilfe des selbstgeschaffenen, verlängerten Arms: dem von ihm eingesetzten Testamentsvollstrecker.

Denn der Testamentsvollstrecker ist ein hochgradig variables Instrument der Erbauseinandersetzung oder der Weiterverwaltung des Erbes. Und derjenige, dem es zu umständlich vorkommt, der kann ja die Testamentsvollstreckung auf einzelne Vermögensteile beschränken oder sie nur zu Lasten bestimmter Erben aussprechen, vielleicht zusätzlich noch zeitlich begrenzt.

WISO-Tipp: Bedenken Sie: Je größer das hinterlassene Vermögen und je mehr Personen zur Erbengemeinschaft gehören werden, um so größer die Gefahr, dass sich die Beteiligten in die Haare geraten. Aus einer einstmals friedlichen und harmonischen Familie wird im Handumdrehen eine missgünstige Versammlung von Widersachern. Oft wissen die Beteiligten gar nicht mehr, weshalb sie gegeneinander streiten. Der letzte Wille des Erblassers, den es zu respektieren gilt, gerät völlig aus dem Blick.

Wenn Sie also sicherstellen wollen, dass Ihre Vorstellungen über die Verwaltung Ihres Vermögens auch umgesetzt werden, dann denken Sie über die Testamentsvollstreckung nach. Wählen Sie als Testamentsvollstrecker einen neutralen Außenstehenden, der nicht zu den Erben gehört, aber mit ihnen vertraut ist und der Ihre Vorstellungen teilt. Schneiden Sie seine Rechte so zu, dass er Spielraum für eine kluge Vermögensverwaltung hat. Wählen Sie ihn aber so aus, dass Sie sicher sein können, dass die Erben ihn respektieren und sich nicht entmündigt fühlen. Das ist sicher nicht einfach. Größeren Einfluss aber als mit Hilfe des Testamentsvollstreckers können Sie über den Fortgang der Dinge kaum erhalten – allenfalls durch Gründung einer Stiftung.

1. Wann und warum soll es einen Testamentsvollstrecker geben?

Der Erblasser hat freie Hand, einen Testamentsvollstrecker einzusetzen. Er kann es auch lassen. Wenn Sie aber Zweifel haben, dass Ihr Wille durchgesetzt wird, dann setzen Sie den Testamentsvollstrecker ein.

Überlegen Sie sich, ob einer der folgenden Gründe bei Ihnen zutrifft:

- Es soll ein geschäftlich unerfahrener Erbe geschützt werden.
- Es soll besonders ein minderjähriger Erbe so geschützt werden, dass ein gesetzlicher Vertreter für ihn handelt.
- Es soll ein geistig behinderter Erbe geschützt werden oder sonst ein schwer Erkrankter.

- Es soll Streit zwischen den Erben vermieden werden.
- Es soll ein bestimmter Stiftungszweck erreicht werden.
- Es sollen Auflagen oder die Erfüllung eines Vermächtnisses umgesetzt werden.
- Der Nachlass soll bis zur Volljährigkeit eines Erben erhalten bleiben.
- Wirtschaftlich gefährdete Erben sollen vor deren Eigengläubigern geschützt werden.

Dieser letzte Grund ist wichtig: Durch die Anordnung einer Testamentsvollstreckung geben Sie dem Nachlass einen erhöhten Schutz vor Vollstreckungen. So werden die Eigengläubiger der Erben, die nicht auch Nachlassgläubiger sind, davon abgehalten, in den Nachlass zu vollstrecken. Das gilt bereits ab dem Erbfall, und zwar auch für Erträge aus dem Nachlass (etwa Mieteinnahmen) – sofern sie nicht an die Erben ausgeschüttet werden. Aber: Pfändbar ist ein Anteil eines Miterben durchaus. Der pfändende Gläubiger bekommt aber dann nur dieselbe Stellung wie der Erbe und wird erst mit der Auseinandersetzung bedient.

WISO-Tipp: Verwechseln Sie die Einsetzung eines Testamentsvollstreckers nicht mit der Vergabe einer postmortalen Vollmacht: Diese kann durch die Erben widerrufen werden, nicht aber die Einsetzung eines Testamentsvollstreckers (wenn Ihre Bestimmungen soweit reichen). Die Erben können Entscheidungen des Testamentsvollstreckers nicht aufheben.

Der Testamentsvollstrecker ist weder Vertreter des Nachlassers oder der Nachlassgläubiger noch der Erben. Er übt seine Rechte aus mit Wirkung für die Erben.

Der Rahmen für den Testamentsvollstrecker

Das Gesetz gibt einen Rahmen vor, was ein Testamentsvollstrecker kann und darf. Dies ist ein Gestaltungsrahmen, den der Erblasser sehr weitgehend modifizieren kann, nach seinen individuellen Vorstellungen und Bedürfnissen.

Wie wird der Testamentsvollstrecker bestellt?

Sie können bestimmen, dass eine Testamentsvollstreckung stattfinden soll

- in Ihrem Testament,
- einseitig in einem gemeinschaftlichen Testament oder
- in einem Erbvertrag.

WISO-Tipp: Beachten Sie, dass die Anordnung unwirksam ist, wenn der einem pflichtteilsberechtigten Erben hinterlassene Erbteil die Hälfte seines gesetzlichen Erbes nicht übersteigt. Ist der hinterlassene Erbteil aber größer, dann kann der Pflichtteilsberechtigte wählen: Er kann die Erbschaft ausschlagen und erhält dann den vollen Pflichtteil – und ist unabhängig von der Beschränkung des Testamentsvollsteckers. Oder er nimmt die Erbschaft an, muss dann aber das Regiment des Testamentsvollstreckers akzeptieren.

Mit dieser Bestimmung – Sie können sie in § 2306 BGB nachlesen – wird verhindert, dass ein Pflichtteilsberechtigter zwar als Erbe eingesetzt wird, tatsächlich aber schlechter dasteht, als wenn er den Pflichtteil erhielte.

Beispiel: Der Sohn Karl ist als Erbe seiner Mutter eingesetzt und erhält laut Testament ein Wertpapierdepot, das einen Wert von 90.000 € hat. Mehr soll es nicht sein. Außerdem ist sein Onkel Franz als Testamentsvollstrecker bestimmt, der das Wertpapierdepot erst zum 29. Lebensjahr an Karl auszahlen soll.
Nun beträgt das Erbe von Karl nach der gesetzlichen Berechnung 200.000 €, also mehr als das Doppelte des Zugewendeten. Das Pflichtteil beträgt demnach 100.000 €. Zudem erhält Karl bis zum 29. Lebensjahr das Depot nicht. Tatsächlich bekommt er als Erbe weniger als seinen Pflichtteil und auch noch eine Auflage.
In diesem Fall gilt Franz nicht als Erbe eingesetzt. Franz erhält also zumindest den Pflichtteil, ist Erbe, aber mit der Bestimmung, dass er erst mit dem 29. Lebensjahr darüber verfügen kann.
Hier kann Franz das Erbe ausschlagen, hat dann zwar keine Erbenstellung mehr, dafür aber einen Anspruch auf Auszahlung der 90.000 € und auf weitere 10.000 €, die auf seinen Pflichtteil noch

fehlen. Und er ist den Testamentsvollstrecker los. Tut er das nicht, muss er sich den Auflagen fügen.
Hätte ihm die Mutter 130.000 €, also mehr als den Pflichtteil, aber immer noch weniger als das gesetzliche Erbe zugewandt, dann hat er ein Wahlrecht. Entweder Pflichtteil oder Erbenstellung. Mit der Unterstellung unter den Testamentsvollstrecker.

Es gibt die Möglichkeit, lediglich Testamentsvollstreckung anzuordnen. Wenn Sie niemanden benennen, der Testamentsvollstrecker sein soll oder auch niemanden, der die Benennung vornehmen soll, dann wird das Nachlassgericht einen Testamentsvollstrecker benennen. Zumeist aber wird in der Verfügung über die Einsetzung einer Testamentsvollstreckung auch der Testamentsvollstrecker genannt werden oder die Stelle, die ihn ernennen soll. Sie könnten zum Beispiel verfügen:

Testament

„Ich ordne für meinen Nachlass Testamentsvollstreckung an."

Hier weiß man nicht, wer Testamentsvollstrecker sein soll. Das Nachlassgericht wird jemanden ernennen.

Oder Sie verfügen zusätzlich:

„Zu meinem Testamentsvollstrecker ernenne ich meinen Freund Benedikt Höfer, Rechtsanwalt in Geislingen/Steige."

Oder Sie übertragen die Bestimmung einer dritten Stelle:

„Der Testamentsvollstrecker soll von der IHK Stuttgart bestimmt werden, ersatzweise durch das Nachlassgericht."

Sowohl die Anordnung einer Testamentsvollstreckung sowie die Berufung des Testamentsvollstreckers können Sie jederzeit widerrufen, auch wenn diese Verfügungen in einem gemeinschaftlichen Testament oder in einem Erbvertrag zu finden sind. Diese Anordnungen sind einseitige, frei widerrufliche Verfügungen.

Beispiel: Das Ehepaar Monika und Manfred setzt sich gegenseitig zu Erben ein und als Erben des Längstlebenden ihre Kinder. Wenn der Längerlebende gestorben ist, soll Rechtsanwalt Klug als Testamentsvollstrecker fungieren, der Bruder von Manfred.
Nach dem Tod von Manfred kann Monika die Verfügung über die Testamentsvollstreckung widerrufen und einen anderen Testamentsvollstrecker einsetzen. Sie tut es, weil sie den Eindruck hat, dass Rechtsanwalt Klug nur im Sinne der Familie des Mannes handeln wird.

Zum Testamentsvollstrecker können Sie jede geschäftsfähige natürliche Person ernennen, die nicht unter Betreuung steht. Sie können sich auch für eine juristische Person entscheiden, etwa Ihre Bank, eine Treuhändergesellschaft oder Ihre Gemeinde. Eine Behörde oder das Gericht können nicht Testamentsvollstrecker sein. Sie können auch einen Miterben wählen, den Alleinerben aber nur, wenn er noch jemanden zur Seite gestellt bekommt. Der Alleinerbe könnte es aber doch sein, wenn er nur die Auflagen eines Vermächtnisses überwachen soll.

Es ist einsichtig: Die Einsetzung eines Miterben sollte triftige Gründe haben. Ein wichtiges Merkmal für eine sinnvolle Testamentsvollstreckung sollte die Unabhängigkeit des Testamentsvollstreckers sein. Er sollte von dem Erbe nicht profitieren können (bis auf sein Honorar) und also unabhängig handeln können.

Die Einsetzung des Testamentsvollstreckers ist eigentlich formlos, wenn sie in einer letztwilligen Verfügung geschieht. Sie müssen nicht unbedingt das Wort „Testamentsvollstrecker“ verwenden. Es genügt, wenn Ihr Wille klar ersichtlich ist.

Aber wie immer in Fragen der Testierung gilt: Sorgen Sie für größtmögliche Klarheit, damit keine Streitereien entstehen über die Auslegung Ihrer Willensäußerung. Die einfachste Formulierung, die Sie auch für unvorhersehbare Ereignisse absichert, ist etwa diese:

„Ich ordne Testamentsvollstreckung an. Zum Testamentsvollstrecker berufe ich mit allen gesetzlich zulässigen Befugnissen Herrn Bernhard Klaus, meinen alten Vertrauten. Sollte er das Amt nicht annehmen können oder wollen oder später wegfallen, dann soll das Nachlassgericht einen Ersatz-Testamentsvollstrecker bestellen."

Wenn Sie Ihren Notar zum Testamentsvollstrecker bestellen wollen, der auch Ihr Testament beurkundet hat, dann kann das nicht in einem Dokument geschehen. Sie müssen das entweder privatschriftlich gesondert tun oder vor einem anderen Notar. Beurkunden können Sie allenfalls im Testament Ihren Wunsch, das Nachlassgericht möge den beurkundenden Notar zum Testamentsvollstrecker ernennen.

Muss der Testamentsvollstrecker die Ernennung annehmen?

Es ist die freie Entscheidung der von Ihnen als Testamentsvollstrecker ernannten Person, das Amt anzunehmen. Anders wäre es auch widersinnig. Denn ein Testamentsvollstrecker, der scin Amt widerwillig ausführt, wird kaum Ihren Willen gut umsetzen. Aber der Testamentsvollstrecker muss die Annahme erklären (wenn er annehmen will); das Amt beginnt ab diesem Akt. Die Annahme kann erst nach Eintritt des Erbfalles geschehen (aber schon vor Eröffnung des Testaments). Man erklärt die Annahme schriftlich oder zu Protokoll des Amtsgerichts gegenüber dem Nachlassgericht. Das kann dem Testamentsvollstrecker dann bestätigt werden.

Was hat die Annahme für eine Wirkung?

Hat jemand die Annahme zum Testamentsvollstrecker erklärt, dann gehen die Verwaltung des Nachlasses und die Verfügungsrechte über ihn auf den Testamentsvollstrecker über. Die Erben bleiben zwar Inhaber ihrer Rechte als Rechtsträger des Nachlasses. Verfügungsberechtigt ist aber der Testamentsvollstrecker, nicht die Erben. Aber: Ein Miterbe kann über sein Erbteil verfügen.

Damit hier keine unerlaubten Geschäfte ablaufen, muss in den Erbschein aufgenommen werden, dass es einen Testamentsvollstrecker gibt. Der Testamentsvollstrecker hat eine etwas merkwürdige Rechtsstellung: Er ist nicht Vertreter des Nachlasses (denn der ist nicht rechtsfähig), er ist auch kein Nachlassgläubiger, auch nicht Vertreter der Erben, sondern nur Vollzieher des Willens des Erblassers. Insofern ist er Partei und kann Prozesse für den Nachlass führen und auch verklagt werden.

Welche Befugnisse hat der Testamentsvollstrecker?

Nach dem Gesetz hat der Testamentsvollstrecker sehr weitgehende Befugnisse. Das betonen wir hier wieder einmal deshalb, um vorsorglich zu erwähnen, dass es dem Erblasser unbenommen ist, diese Befugnisse einzuschränken. Der Erblasser kann hier – ähnlich wie beim Testament – weitgehend wie ein Gesetzgeber handeln.

Es ist aber sinnvoll, dass das Gesetz dem Testamentsvollstrecker so viele Rechte gibt, denn zuweilen handelt es sich beim Nachlass um große Vermögen, womöglich um Unternehmen. Da benötigt ein Bevollmächtigter schon Handlungsfreiheit.

Der Testamentsvollstrecker ist zur Verfügung über Nachlassgegenstände im eigenen Namen berechtigt – viel weitergehend als etwa ein Vorerbe. So kann er über Grundstücke mit zwei Einschränkungen verfügen:

- Der Testamentsvollstrecker darf keine unentgeltlichen Verfügungen treffen, auch keine teilunentgeltlichen. Er darf also nichts verschenken, auch nicht unter Wert verkaufen. Allenfalls darf er das, wenn er eine sittliche Pflicht erfüllt oder (wie das Gesetz sagt) wenn er damit „einer auf den Anstand zu nehmenden Rücksicht“ entspricht (§ 2205 BGB).
- Er darf keine Geschäfte für sich selbst vornehmen (also etwa ein Grundstück aus dem Nachlass selbst erstehen) – es sei denn, der Erblasser hätte dies gestattet oder dies entspräche dem Gebot einer ordnungsgemäßen Verwaltung.

Dieser Begriff der ordnungsgemäßen Verwaltung ist überhaupt wichtig, wenn Sie feststellen müssen, ob der Testamentsvollstrecker im Rahmen seiner Befugnisse bleibt. Zugegebenermaßen ist diese Formulierung etwas schwammig (sie steht in § 2216 BGB). Andererseits ist sie so gefasst, dass sie jeder versteht. Sie bedeutet mit anderen Worten, dass der Testamentsvollstrecker alles zu tun hat, was wirtschaftlich notwendig und gut ist und alles zu unterlassen hat, was für Erben und Vermächtnisnehmer nachteilig ist.

Verletzt er diese Pflichten vorsätzlich oder fahrlässig, dann ist er zu Schadenersatz verpflichtet. Überschreitet er seine Grenzen, dann haftet er also unter Umständen. Er kann dem entgehen, indem er von dem Erben für ein Geschäft die Zustimmung verlangt. Diese Zustimmung kann er im Zweifel gerichtlich durchsetzen.

Der Testamentsvollstrecker kann nicht nur über den Nachlass verfügen. Er kann ihn auch verpflichten – wenn auch nur bedingt. Er kann den Nachlass verpflichten, wenn dies – wie gerade erläutert – nötig ist zur ordnungsgemäßen Verwaltung. So kann der Testamentsvollstrecker ein Darlehen aufnehmen, weil das verwaltete Haus einer Renovierung bedarf.

WISO-Tipp: Wollen Sie als Erblasser dem Testamentsvollstrecker möglichst freie Hand geben und ihn nicht zu sehr mit Haftungsproblemen belasten, dann können Sie ihm eine noch unabhängigere Stellung einräumen: Sie können bestimmen, dass Ihr Testamentsvollstrecker in der Eingehung von Verbindlichkeiten für den Nachlass nicht beschränkt sein soll. Das muss dann aber im Testamentsvollstrecker-Zeugnis auch erwähnt werden (wie übrigens umgekehrt auch die Einschränkung der gesetzlichen Befugnisse eingetragen werden muss).

Wenn Grundbesitz vererbt ist, dann ist mit dem Erbfall das Grundbuch unrichtig geworden und muss berichtigt werden. Wenn Testamentsvollstreckung angeordnet ist, muss das ins Grundbuch eingetragen werden. Den Antrag auf Berichtigung stellt der Testamentsvollstrecker. Damit ist für die Erben eine Veränderung im Grundbuch nicht möglich. Erst wenn der Testamentsvollstrecker das Grundstück den Erben zur freien Verfügung übergibt, wenn es veräußert wird oder die Testamentsvollstreckung beendet ist, wird der Vermerk gelöscht.

2. Welche Arten von Testamentsvollstreckung gibt es?

Es gibt folgende Arten der Testamentsvollstreckung:

- die Abwicklungs-Testamentsvollstreckung,
- die Verwaltungs- und Dauer-Testamentsvollstreckung,
- die Testamentsvollstreckung bei Vor- und Nacherbenschaft,
- die Vermächtnis-Testamentsvollstreckung,
- die Testamentsvollstreckung mit beschränkten oder erweiterten Aufgaben.

Die Abwicklungs-Testamentsvollstreckung

Wenn sonst nichts weiter gesagt ist, dann wurde eine reine Abwicklungs-Testamentsvollstreckung bestimmt. Sie ist der Regelfall. Hier muss der Testamentsvollstrecker die Verfügungen des Erblassers ausführen und bei Erbenmehrheit den Nachlass auseinandersetzen. Seine Aufgabe kann darin bestehen, dafür zu sorgen, dass Vermächtnisse und Auflagen erfüllt werden, dass Teilungsanordnungen ausgeführt werden oder was sonst der Verfügungen mehr sind. Es müssen die Nachlassverbindlichkeiten erfüllt werden, vor allem aber die Auseinandersetzung unter den Miterben umgesetzt werden, sofern das nicht ausgeschlossen ist. Das hat nach den gesetzlichen Bestimmungen zu erfolgen, wenn das Testament nichts anderes sagt. Gibt es Gegenstände, die nicht teilbar sind, dann müssen sie versilbert werden. Bei beweglichen Gegenständen findet dann Pfandverkauf statt, bei Grundstücken Zwangsversteigerung.

Das alles kann der Testamentsvollstrecker gegen den Willen der Erben in die Wege leiten, immer im Rahmen der ordnungsgemäßen Verwaltung. So kann der Testamentsvollstrecker, wenn dies dienlich ist, auch gegen den Willen der Erben Mietverträge abschließen, an die die Erben auch später gebunden sind. Es empfiehlt sich für den Erblasser deshalb, dass er in seiner Verfügung einen Passus aufnimmt, dass die Auseinandersetzung des Nachlasses vom Testamentsvollstrecker „nach billigem Ermessen“ erfolgen sollen. So nimmt man ihm den Druck, sich Vorwürfen der Erben aussetzen zu müssen.

Die Verwaltungs- und Dauer-Testamentsvollstreckung

Diese Art der Testamentsvollstreckung erweitert die Befugnisse des Testamentsvollstreckers. Hier wickelt er nicht nur ab, hier hat der Testamentsvollstrecker noch nach Erledigung seiner eigentlichen Arbeit die Aufgabe der weiteren Verwaltung des Nachlasses. Die Verwaltung dauert dann fort bis zu dem Zeitpunkt, den der Erblasser angibt, im Zweifel nach 30 Jahren. Der Erblasser kann aber auch bestimmen, dass die Verwaltung bis zum Tod der Erben dauern soll oder bis zum Tod des Testamentsvollstreckers (sofern er keine juristische Person ist) oder bis zum Eintritt eines anderen Ereignisses (also etwa der Erreichung eines bestimmten Alters des Erben oder bis zum Ende seiner Berufsausbildung). Das bietet sich also an bei minderjährigen Erben bis zu deren Volljährigkeit, für den Ehegatten bis zu dessen Tod oder um einen überschuldeten Erben zu schützen.

> **Ein Beispiel** für eine Dauer-Testamentsvollstreckung:
> „Ich setze meine zwei minderjährigen Kinder Franz und Helene zu meinen Alleinerben ein. Ich ordne Testamentsvollstreckung an. Zu meinem Testamentsvollstrecker ernenne ich den Steuerberater Lang. Er hat meinen Nachlass gemäß den gesetzlichen Bestimmungen zu verwalten. Die Testamentsvollstreckung endet für jedes meiner Kinder mit der Vollendung des 25. Lebensjahres.“

Es gibt auch die Variante, dass der Testamentsvollstrecker nur die Verwaltung zu übernehmen hat (schlichte Verwaltungsvollstreckung). Die Anordnung der Verwaltungsvollstreckung kann etwa so formuliert sein:

> „Ich ordne für meinen Nachlass Testamentsvollstreckung an. Der Testamentsvollstrecker hat aber nur die Aufgabe, mein Mietshaus in der Bauerstraße in München bis zur Auseinandersetzung mit den Erben zu verwalten.“

Wenn die Erben diese Art der Gängelung nicht mögen, dann bleibt ihnen nichts anderes übrig, als das Erbe auszuschlagen und den Pflichtteil zu übernehmen (wenn er ihnen zusteht). Etwas anderes wäre es, das Testament wegen Irrtums oder Drohung anzufechten – aber diese Möglichkeit besteht immer (und ist selten erfolgreich).

Diese beiden Arten der Testamentsvollstreckung, also die Verwaltungs- und Dauer-Testamentsvollstreckung, eignen sich besonders, wenn

- das Erbe eines Minderjährigen bis zu seiner Volljährigkeit verwaltet werden soll,
- dem überlebenden Ehegatten bis zum Tod eine Verwaltung der Güter gesichert werden soll,
- überschuldete Erben geschützt werden sollen,
- eine Stiftung im Sinne des Erblassers geführt werden soll,
- ein Erbe unter einer schweren Krankheit leidet.

Die Testamentsvollstreckung bei Vor- und Nacherbenschaft

Zur Erinnerung: Ein Vorerbe ist ein Erbe auf Zeit. Er ist in der Verfügung beschränkt und soll seine Erbenstellung an seinen Nacherben abgeben. Mit dem Tod der Vorerben oder dem Eintritt eines bestimmten Ereignisses geht die Erbschaft an den Nacherben. Der Vorerbe ist echter Erbe, auch Eigentümer, seine Stellung ist aber beschränkt.

Der Testamentsvollstrecker kann sich in diesen Fällen darauf beschränken, den Nachlass wie ein Vorerbe in Besitz zu nehmen, ein Nachlass- und Schuldenverzeichnis aufzustellen und ordnungsgemäß zu verwalten, gegebenenfalls Vermächtnisse und Auflagen zu erfüllen und sonstige nötige Tätigkeiten zu verrichten. Am Ende muss er den Nachlass dem Vorerben übergeben. Es kann auch vorgesehen sein, dass der Testamentsvollstrecker bis zum Eintritt der Nacherbenschaft im Amt ist und dann den Nachlass dem Nacherben aushändigt und/oder dass er (auch) während der Nacherbschaft weiter verwaltet.

Die Vermächtnis-Testamentsvollstreckung

Wurde ein Vermächtnis ausgesetzt, dann kann der Testamentsvollstrecker eingesetzt werden als Vermächtnisvollstrecker für den Vermächtnisgegenstand – etwa eine Gewerbeimmobilie oder Patentrechte mit Lizenzen –, oder der Testamentsvollstrecker muss dafür sorgen, dass Auflagen erfüllt werden, etwa dass der gebrechliche

Vermächtnisnehmer gepflegt wird. Wichtig kann es auch sein, die Rechte des Nachlassvermächtnisnehmers gegenüber einem Vorvermächtnisnehmer zu wahren.

Die Testamentsvollstreckung mit beschränkten oder erweiterten Aufgaben

Der Erblasser kann die Befugnisse des Testamentsvollstreckers verglichen mit dem gesetzlichen Fall einschränken oder auch erweitern. Hier hat er völlig freie Hand.

Hier einige Vorschläge für Erweiterungen:

- Der Testamentsvollstrecker kann von dem Verbot, Verträge für sich selbst zu machen, befreit werden (der bereits erwähnte Fall, dass er ein Grundstück aus dem Nachlass selbst erwerben darf).
- Es kann eine Dauervollstreckung angeordnet sein: Der Testamentsvollstrecker soll also möglichst lange den Nachlass verwalten.
- Der Testamentsvollstrecker kann davon befreit werden, nicht mehr benötigte Gegenstände aus dem Nachlass den Erben herauszugeben.

Immer muss eine solche Befreiung im Testamentsvollstrecker-Zeugnis erwähnt werden.

Andererseits können die Befugnisse des Testamentsvollstreckers eingeschränkt werden:

Beispiele:

- Der Testamentsvollstrecker darf nicht über Grundstücke verfügen.
- Der Testamentsvollstrecker darf nur über bestimmte Geldmengen (allein) verfügen.
- Der Testamentsvollstrecker darf nur einen Anteil eines Miterben verwalten.
- Der Testamentsvollstrecker darf nur die Ausführung von Vermächtnissen und Auflagen umsetzen.
- Der Testamentsvollstrecker darf nur einen bestimmten Teil des Nachlasses verwalten.

Auch diese Beschränkungen sind, sobald sie für Dritte von Bedeutung sind, im Testamentsvollstrecker-Zeugnis anzugeben.

Das Testamentsvollstrecker-Zeugnis

Das Testamentsvollstrecker-Zeugnis wurde jetzt mehrfach erwähnt. Das Nachlassgericht erteilt dem Testamentsvollstrecker auf seinen Antrag hin einen solchen Ausweis. Dort wird angegeben, wer der Erblasser und wer der Testamentsvollstrecker ist. Vor allem ist dort aufgeführt, welche Befugnisse dem Testamentsvollstrecker zustehen – sofern sie von den gesetzlichen Regeln abweichen und wenn das für den Rechtsverkehr von Bedeutung ist.

3. Das Honorar für den Testamentsvollstrecker

Sofern der Erblasser das nicht ausdrücklich unterbindet, hat der Testamentsvollstrecker einen Anspruch auf angemessene Vergütung und auf einen Ersatz seiner Aufwendungen. Das ist ein Unterschied zum Vormund, einem unentgeltlichen Ehrenamt. Da die Art der Vergütung nirgends geregelt ist, tut der Erblasser gut daran, diese Frage zu klären. Und natürlich sollte er eine Honorierung finden, die auch akzeptabel ist. Der Testamentsvollstrecker muss ja das Amt nicht annehmen. Wem also daran gelegen ist, dass die bestimmte Person die Funktion auch ausübt, der sollte sie auch entsprechend materiell ausstatten. Im Übrigen ist der Testamentsvollstrecker sonst in unguter Weise von den Erben abhängig, was gegen den Sinn des Amtes ist.

Anders sieht es aber aus, wenn die vom Erblasser bestimmte Vergütung unangemessen hoch angesetzt ist. Dann kann es sich nämlich bei dem überschießenden Betrag (also demjenigen, der über der Grenze des Angemessenen liegt) um ein Vermächtnis handeln. Und das ist dann erbschaftsteuerpflichtig. (Das Vermächtnis steht dann übrigens unter der Bedingung der Annahme des Amtes.)

Denkbar ist, dass der Testamentsvollstrecker selbst die Vergütung festlegen darf (wenn es das Testament so erlaubt) oder die Festlegung einem Dritten überlassen wird. Es kann auch eine Vereinbarung zwischen Testamentsvollstrecker und den Erben erlaubt sein. Schwierig wird es, wenn zum Thema Vergütung gar nichts vom Erblasser gesagt wurde. Dann wird nämlich eine „angemessene Vergütung" geschuldet. Und welche das ist, wird dann mit Sicherheit Quell manchen Streits. Die Höhe richtet sich dann nach der konkreten Aufgabe des Testamentsvollstreckers, nach seiner Verantwortung, den rechtlichen Schwierigkeiten, den Anforderungen an Spezialkenntnisse und Erfahrungen.

Selbst darf der Testamentsvollstrecker seine Gebühren ohne Autorisierung durch den Erblasser nicht bestimmen. Er darf aber eine Vereinbarung mit den Erben treffen, auch wenn sie der Regelung des Erblassers widerspricht.

Hat der Erblasser einen Rechtsanwalt, Steuerberater oder Wirtschaftsprüfer als Testamentsvollstrecker eingesetzt (was nicht selten ist), dann kann deren Gebührenordnung nicht herangezogen werden zur Ermittlung des Honorars. Im Zweifel muss ein Zivilgericht entscheiden. Das Nachlassgericht hilft hier nicht.

Konstituierungs- und Verwaltungsgebühr

Immerhin unterscheidet man zwei Gebührenarten – was die Festlegung des Honorars für die Testamentsvollstreckung ein wenig erleichtert, nämlich

- die Konstituierungsgebühr und
- die Verwaltungsgebühr.

Die Konstituierungsgebühr

Für die erst einmal anfallende Arbeit der Sichtung des Nachlasses und der Zusammenstellung der verschiedenen Kosten erhält der Testamentsvollstrecker ein Honorar, das man die Konstituierungsgebühr nennt. Dafür muss er den Nachlass ermitteln, ein Nachlassverzeichnis anlegen samt der Nachlassverbindlichkeiten (inklusive Erbschaftsteuer). Er muss auch die Erblasserschulden regeln. Bei der Wertermittlung (die für das Honorar ein Maßstab ist) wird von der Aktivmasse des Nachlasses auf der Basis der Verkehrswerte ausgegangen – ohne Schulden.

Die Phase der Konstituierung ist zu Ende, wenn diese Tätigkeiten beendet sind und die Verwaltung des Nachlasses einsetzen kann. Die Konstituierungsgebühr ist eine einmalige Zahlung. Es gibt für diese Gebühr Richtsätze der Industrie- und Handelskammern, aber auch der Anwalts- und Notarkammern.

Ansonsten finden verschiedene Richtsätze Anwendung:

- die Richtlinien für das Rheinpreussische Notariat,
- die Tabelle nach Eckelskemper,
- die Tabelle nach Möhring.

Die hier genannten Beträge wurden vor vielen Jahren entwickelt und lauten daher noch auf D-Mark. Zur ungefähren Umrechnung in Euro dividieren Sie die DM-Beträge in den Tabellen durch 2.

Die Rheinische Tabelle schlägt für „normale Verhältnisse und Abwicklung“ schon 1925 vor (allerdings auf der Basis von Reichsmark):

Bei einem Nachlass bis zu	20.000 DM	4 %
Darüber hinaus bis zu	100.000 DM	3 %
Darüber hinaus bis zu	1.000.000 DM	2 %
Darüber hinaus		1 %

Das sind nur grobe Anhaltspunkte und Ansätze für eine Verhandlungsbasis. Im Einzelfall wird man weit höhere Sätze finden müssen. Ist ein Rechtsanwalt oder Steuerberater beauftragt, wird dieser die Teile, die für ihn berufsspezifisch sind, nach seiner Gebührenordnung abrechnen.

Die Tabelle nach Möhring versucht Mängel der Rheinischen Tabelle auszugleichen:

20.000 DM	1.500 DM	entspricht 7,50 %
100.000 DM	5.820 DM	entspricht 5,82 %
1.000.000 DM	38.220 DM	entspricht 3,82 %
2.000.000 DM	56.220 DM	entspricht 2,81 %

Der Vorschlag nach Eckelskemper:

Bei einem Nachlass bis	100.000 DM	4 %
Für einen Wertbetrag bis zu	500.000 DM	3 %
Für einen Mehrbetrag bis zu	5.000.000 DM	2 %
Darüber hinaus		1 %

Die Verwaltungsgebühr

Nach der Konstituierung setzt zumeist die Verwaltung ein, vor allem bei der Verwaltungs- und Dauer-Testamentsvollstreckung, bei der Weiterführung eines Betriebes oder bei der Betreuung eines Behinderten.

Auch hier ist man ziemlich allein gelassen, wenn das Testament zum Thema schweigt. Die Testamentsvollstrecker sind dann darauf angewiesen zu verhandeln, oft in Abständen von 6 Monaten oder einem Jahr. Als Faustregel werden genannt 2 bis 4 % vom Jahresbetrag der Bruttoeinnahmen oder 0,33 bis 0,5 % des Bruttonachlasswerts. Es ist auch eine Gewinnbeteiligung denkbar (etwa 10 % vom Reingewinn).

IV.

DER FISKUS UND DIE ERBSCHAFT

An das Thema Steuern gerät man unweigerlich, wenn man über das Erben und Vererben nachdenkt, erst recht, wenn man beginnt, gestalterisch einzugreifen. Wenn man also fragt, wie denn der eigene Nachlass am besten verteilt werden sollte. Seit einigen Jahren gibt es eine Neuregelung unserer Erbschaft- und Schenkungsteuer. Leider hat sich dadurch die Steuerlast erheblich erhöht. Allerdings gibt es viele Ausnahmen und es ist den Schweiß der Edlen wert, sie sich genau anzuschauen. Zwar wird vor allem die Übertragung von Immobilienvermögen erheblich höher belastet als früher. Schon wer ein Haus erbt, das in seiner Bewertung nicht ganz durchschnittlich ist, kann mit empfindlichen Steuerzahlungen rechnen.

Trotzdem lohnt es sich sehr, sich mit diesem Thema zu befassen und sich über Gestaltungen Gedanken zu machen. Denn es gibt wahrscheinlich kein anderes Gebiet, auf dem Sie legal so einfach Steuern sparen können wie bei der Erbschaftsteuer und der Schenkungsteuer. Selbst – oder besonders – bei beträchtlichem Vermögen kann man mit Hilfe einfacher Maßnahmen die Steuerlast durchaus im erträglichen Rahmen halten.

Wenn Sie also bereit sind, das Tabu zu durchbrechen, über die Zeit nach Ihrem Tod nachzudenken, dann belohnt Sie das Ergebnis dieser Betrachtungen mit der beruhigenden Sicherheit, für den eigenen Todesfall oder den Ihres Ehegatten gut vorgesorgt und dem Fiskus ein Schnippchen geschlagen zu haben. Und das unter Anwendung geltenden Rechts, kein Gedanke an Steuerhinterziehung oder Schummelei.

Nehmen Sie sich aber bitte zu Herzen, dass Sie die Frage der Steuererleichterung immer nur als einen Mosaikstein bei der Gestaltung Ihres Gesamtkunstwerks „Vorsorge für die Zeit nach meinem Tod" verstehen. Wer über Steuern und Steuererleichterungen, gar über Steuersparmodelle nachdenkt, sollte sich hüten, seine Maßnahmen allein unter dem Gesichtspunkt der Steuerersparnis zu treffen. Das Konzept muss insgesamt und in sich stimmig sein. Wer nur auf Steuerersparnis aus ist, wird keine befriedigende Lösung finden.

1. Ein kurzer Abriss über Erbschaft und Schenkung

Vielleicht ist es Ihnen schon aufgefallen, dass zumindest die Steuerjuristen häufig die beiden Begriffe Erbschaft und Schenkung gekoppelt miteinander verwenden und von der Erbschaft- bzw. Schenkungsteuer reden. Das liegt daran, dass diese beiden Steuerarten praktisch identisch sind. Der Hintergrund ist leicht zu verstehen: Bei der Schenkung wie bei der Erbschaft erwirbt jemand Werte ohne eine Gegenleistung. Das ist der Vorgang, den der Staat hier besteuern möchte. Die Regel lautet also: Jeder Erwerb ohne Gegenleistung ist steuerpflichtig, es ist dabei gleichgültig, ob der Erwerb unter Lebenden stattfindet (dann ist es eine Schenkung) oder ob er wegen eines Todesfalls stattfindet, dann ist es eine Erbschaft. Die Steuertarife, also die Höhe der Steuer, sind in beiden Fällen dieselben.

WISO-Tipp: Der Steuersatz, der bei Ihnen angewendet wird, wenn Sie etwas geschenkt bekommen oder erben, richtet sich danach, in welche Steuerklasse Sie eingereiht werden. Und die Steuerklasse ist davon anhängig, wie nahe Sie zu dem Verstorbenen oder dem Schenkenden stehen. Dasselbe gilt für die Höhe des Freibetrages, der Ihnen zustehen könnte.

Und schließlich: Geht es darum, Immobilien oder Betriebsvermögen zu erben oder geschenkt zu bekommen, dann gelten besondere Regeln, insbesondere was die Bewertung betrifft.

Erben = Schenken

Sie sehen also, erben und schenken ist für die Frage der Besteuerung dieses Erwerbs dasselbe. Es werden nur gelegentlich geringfügige Unterschiede in der steuerlichen Folge gemacht. Deshalb kann man es sich leisten, lediglich von der Erbschaftsteuer zu sprechen, trotzdem aber auch einen Fall von Schenkung meinen.

2. Die Steuerklassen und Freibeträge

Je nachdem, in welche Steuerklasse Sie einzureihen sind, errechnet sich Ihre Steuerlast. Es gibt im Erbrecht drei Steuerklassen (bei Familienstiftungen [siehe S. 87] richtet sich die Steuerklasse nach § 15 Abs. 2 Erbschaftsteuergesetz):

Steuerklasse I:

- Ehegatte
- Kinder und Stiefkinder
- Abkömmlinge der Kinder und Stiefkinder (das sind also die Enkel, Urenkel usw.)
- Eltern und Großeltern, Urgroßeltern, usw. (das gilt aber nur für den Erbfall, bei Schenkungen gehören sie zur Steuerklasse II)

Steuerklasse II:

- Geschwister
- Nichten und Neffen
- Eltern und Voreltern (nur bei der Schenkung, vgl. Sie die Liste bei der Steuerklasse I)
- Stiefeltern
- Schwiegersöhne und Schwiegertöchter
- Schwiegereltern
- Geschiedene Ehegatten

Steuerklasse III:

- hier zählen alle Erwerber hinein, die bei den beiden anderen Klassen nicht genannt sind. Insbesondere werden eingetragene Lebenspartner und nichteheliche Lebensgefährten nach dieser Steuerklasse vom Fiskus zur Kasse gebeten.

Die Steuersätze ergeben sich aus folgender Tabelle:

Die Höhe der Erbschaft- und Schenkungsteuer			
Vermögen bis .... € nach Abzug der Freibeträge	Steuersatz in % in Steuerklasse		
	I	II	III
52.000	7	12	17
256.000	11	17	23
512.000	15	22	29
5.113.000	19	27	35
12.763.000	23	32	41
25.565.000	27	37	47
darüber	30	40	50

Die persönlichen Freibeträge

Wenn Sie errechnet haben, welches der Wert Ihres Erbes oder Ihrer Schenkung ist, dann müssen Sie noch nicht die oben abgedruckte Steuertabelle bemühen. Vielmehr ist es so, dass jeder einen persönlichen Freibetrag hat, der von dem Wert des Erbes noch abzuziehen ist. Dann erst sehen Sie in der Steuertabelle nach, um die Steuer zu errechnen.

Aber auch bei den persönlichen Freibeträgen ist es entscheidend festzustellen, in welcher Beziehung der Erwerber (also der Beschenkte oder der Erbe) zum Schenkenden oder Erblasser steht. Faustregel: Je näher Sie dem Erblasser oder Schenkenden stehen, um so höher ist Ihr persönlicher Freibetrag.

Die persönlichen Freibeträge:	
• Für den Ehegatten	307.500 €
• Für Kinder und Stiefkinder	205.000 €
• Für Enkelkinder, bei denen der Elternteil bereits verstorben ist, welcher ein Kind des Erblassers ist	205.000 €
• Für alle Enkel, für die Urenkel und Stiefenkel	51.200 €
• Für Eltern und Großeltern (nur im Erbfall)	51.200 €
• Für Eltern und Großeltern (nur im Schenkungsfall), für Geschwister, Nichten und Neffen, Stiefeltern, Schwiegerkinder, Schwiegereltern, geschiedener Ehepartner	10.300 €
• Für alle Übrigen	5.200 €

Spielen wir einmal den Fall durch, dass Sie zwei Kinder und vier Enkelkinder haben. Wenn Sie diesen Personen jeweils soviel zuwenden wollen, dass immer keine Erbschaftsteuer zu zahlen ist, dann können Sie 614.800 € steuerfrei übertragen: Für die beiden Kinder je 205.000 € und für die Enkel je 51.200 €.

Dazu kommt noch eine Wohltat: Diese persönlichen Freibeträge können alle zehn Jahre neu in Anspruch genommen werden. Hier sprechen wir natürlich von den Schenkungen. Sie können also Ihrem Enkel innerhalb von 30 Jahren 153.600 € jeweils zuwenden, Ihrem Ehegatten 922.500 € (3 x 307.500 €) und für Ihre Kinder (bzw. auch an die Enkelkinder, falls Ihr Sohn oder Ihre Tochter nicht mehr lebt) 615.000 €.

Haushaltsfreibetrag

Es gibt noch weitere Freibeträge, nämlich für Hausrat und persönliche Gegenstände. Auch die beziehen sich auf Personen, die nach der Steuerklasse bestimmt werden. Folgende Erwerbe sind dabei steuerbefreit:

- Für Personen der Steuerklasse I: Hausrat, einschließlich Wäsche und Kleidungsstücke bis zu einem Wert von 41.000 €
- Ebenfalls für Personen der Steuerklasse I, sonstige bewegliche körperliche Gegenstände bis zu einem Wert von 10.300 € (gemeint sind hier beispielsweise ein PKW oder ein Boot des Erblassers)
- Für Personen der Steuerklassen II und III: Hausrat und andere persönliche Gegenstände bis zu einem Wert von insgesamt 10.300 €.

Leider gibt es hier eine Ausnahme: Die Freibeträge beziehen sich nicht auf Bargeld, Wertpapiere, Münzen, ungefasste Edelsteine und Perlen, auch nicht auf Edelmetalle wie zum Beispiel Goldbarren und für die zu einem Betrieb gehörenden Gegenstände.

Versorgungsfreibetrag

Im Erbfall gibt es noch einen zusätzlichen Freibetrag für den überlebenden Ehegatten, dem ja schon der persönliche Freibetrag von 307.500 € zusteht. Er kann noch einen Versorgungsfreibetrag in Höhe von 256.000 € geltend machen. Dieser Ehegatte muss sich aber eine Kürzung des Versorgungsfreibetrags gefallen lassen, wenn er Versorgungsbezüge erhält, die ihrerseits nicht der Erbschaftsteuer unterliegen. Das gilt beispielsweise für die Hinterbliebenenrente. Hier wird der Versorgungsfreibetrag um den Kapitalwert dieser Rente gekürzt.

Auch Kinder können einen Versorgungsfreibetrag erhalten, und zwar bis zu einem Alter von 27 Jahren. Er ist abhängig vom Alter des Kindes im Erbfall und liegt zwischen 10.300 und 52.000 €. Steht dem Kind eine Hinterbliebenenversorgung zu, dann wird dieser Versorgungsfreibetrag ähnlich gekürzt wie der des Ehegatten.

3. Wie das Vermögen bewertet wird

Im Erbfall (oder bei einer Schenkung) schwankt man immer zwischen zwei Problemen: Jeder ist selbstverständlich daran interessiert, möglichst viel geschenkt zu bekommen oder zu erben. Andererseits möchte man möglichst wenig Steuern dafür bezahlen. Wenn es nicht gerade um Geld geht, welches Ihnen zugewendet wurde (da kann man sehr leicht sagen, wie hoch der Wert ist), wird man sich immer darüber Gedanken machen müssen, welchen Wert denn das Zugewendete hat. Denn die Steuer bemisst sich nach dem Wert des Erworbenen. Was also ist das Haus wert, welches Sie geerbt haben? Was der Nießbrauch an einer Wohnung, der Ihnen geschenkt wurde? Was ist das Auto wert, das Sie erhalten haben? Den Maßstab für die Steuer ist die Bereicherung, die Ihnen zugefallen ist.

WISO-Tipp: Als erste Regel können Sie festhalten, dass der Verkehrswert des Gegenstandes entscheidend ist. Der Verkehrswert wiederum ist der Marktpreis, der unter normalen Verhältnissen für die Sache oder das Recht zu erzielen ist. Handelt es sich um Guthaben auf einem Konto, um Sparbücher oder Festgelder, dann ist entscheidend der Wert dieser Guthaben zum Todestag, jedoch zuzüglich der bis dahin angefallenen Zinsen. Haben Sie ein Aktienpaket erhalten, dann erkundigen Sie sich nach dem Börsenkurs am Todestag samt den Stückzinsen.

Haben Sie ein Nießbrauchrecht durch Erbschaft oder durch Schenkung erworben, dann zählt hier der Wert der jährlichen Nutzung multipliziert mit der voraussichtlichen Nutzungsdauer.

Wie bewertet man Immobilien?

Hat man Ihnen ein Ferienhaus auf Mallorca vermacht oder sonst eine ausländische Immobilie, dann wird dieses Objekt nach seinem Verkehrsweg besteuert. Anders bei inländischen Grundstücken und Häusern. Hier ist zumeist nicht der Verkehrswert entscheidend, sondern der (niedrigere) Steuerwert.

Der Verkehrswert einer Immobilie ist auch häufig sehr schwer zu ermitteln. Weil das so ist, hat man sich auf ein Verfahren geeinigt, wie man im Erbfall und bei Schenkungen den Wert einer Immobilie zumindest für die Besteuerung ermittelt. Es gibt das Bodenrichtwertverfahren und das Ertragswertverfahren.

Erst wenn Sie feststellen, dass der Verkehrswert niedriger ist als der Steuerwert (also die Bewertung nach dem Bodenrichtwert oder nach dem Ertragswert), dann werden Sie diesen verwenden. Sie müssen sich nur überlegen wie Sie das dem Finanzamt plausibel machen. Entweder Sie legen ein Sachverständigengutachten vor oder verweisen auf vergleichbare Grundstücke und deren Verkehrswert.

In der Regel aber können Sie davon ausgehen, dass der Steuerwert erheblich niedriger als der Verkehrswert ist, nämlich um 40 bis 50 Prozent niedriger. Sollte es einmal umgekehrt sein, was durchaus vorkommt, dann müssen Sie sich eben wehren.

Der Wert Ihrer Immobilie nach dem Bodenrichtwertverfahren

Wenn Sie den Wert für ein unbebautes Grundstück ermitteln wollen, dann müssen Sie zunächst seinen Bodenrichtwert klären. Mit dieser Frage befassen sich die Gutachterausschüsse der Landkreise und Gemeinden, die die Verkaufserlöse der Grundstücke in der Vergangenheit ermitteln und analysieren. Sie können den Richtwert für das Gebiet, in dem ihr Grundstück liegt, über den Gutachterausschuss erfahren. Das kostet zwischen 25 und 50 €. Bis zum 31. Dezember 2001 sind dabei die Werte des Gutachterausschusses entscheidend, die für den 1. Januar 1996 aufgestellt worden sind.

Für Ihr unbebautes Grundstück ermitteln Sie den Wert nach folgender Formel:

Bodenrichtwert x Grundfläche x 80 %

Beispiel: Wenn Sie also ein Grundstück in guter Wohnlage mit 1000 qm in Hamburg an der Alster geerbt haben und die Stadt bescheinigt Ihnen, dass der Bodenrichtwert zum 1. Januar 1996 1.400 DM (etwa 700 €) je Quadratmeter beträgt, dann errechnet sich für das Grundstück der Steuerwert folgendermaßen:

700 € x 1.000 qm x 80 % = 560.000 €

Der Grundstückswert nach dem Ertragswertverfahren

Der Bodenrichtwert gilt zunächst für unbebaute Grundstücke. Steht auf dem Grundstück aber ein Gebäude, dann ist sein Steuerwert mindestens so groß wie er nach dem Bodenrichtwert zu ermitteln ist. Wenn auf dem Grundstück keine besondere Bebauung zu finden ist, dann kann es durchaus sein, dass das Finanzamt auch hier das Bodenrichtwertverfahren anwendet. Sonst aber nimmt man eine andere Formel. Nämlich die nach dem Ertragswert:

Durchschnittl. Jahresmiete x 12,5 – Wertminderung wegen Alters

Für den Posten Wertminderung können Sie 0,5 % pro Jahr seit der Bezugsfertigkeit ansetzen, jedoch höchstens 25 %.

Sie müssen einen Zuschlag von 20 Prozent draufsatteln, wenn es sich um Ein- und Zweifamilienhäuser oder Eigentumswohnungen in einer Anlage handelt mit nur zwei Wohnungen.

Für das Merkmal der Jahresmiete in der Berechnungsformel wird die durchschnittliche Miete angesetzt, die in den letzten drei Jahren erzielt wurde. Die Einnahmen für Stellplätze und Garagen werden auch berücksichtigt, jedoch nicht die auf die Miete umgelegten Betriebskosten.

Es zählt übrigens allein die von den Mietern tatsächlich geschuldete Miete. Sollten Mieter nicht bezahlt haben, so wird das nicht berücksichtigt.

Wenn Sie eine Gewerbeimmobilie geerbt haben, dann müssen Sie bei der Jahresmiete die Umsatzsteuer nicht miteinbeziehen. Probleme treten immer auf bei der Bewertung von selbstgenutzten Immobilien oder solchen, die an nahe Verwandte vermietet wurden. Bei selbstgenutzten gibt es gar keine Miete in der Vergangenheit und bei Vermietungen an Angehörige wird immer unterstellt, dass diese einen speziell niedrigen Mietzins haben zahlen müssen. Dann geht Ihr Sachbearbeiter im Finanzamt von der ortsüblichen Miete aus.

WISO-Tipp: Hier werden Vergleichsmieten und der Mietspiegel herangezogen. Es kann sich durchaus lohnen, dies genau zu überprüfen.

Wenn das Grundstück, das Sie geerbt haben, belastet ist oder sonst wie Schulden mit übernommen werden, dann können Sie die bei der Ermittlung des Wertes mit ansetzen. Speziell im Erbfall gilt das auch dann, wenn der zugehörige Vermögenswert nur mit einem geringeren als dem Verkehrswert angesetzt wurde.

Beispiel: Emil erbt ein Haus mit einem Steuerwert von 400.000 €, der Verkehrswert beträgt 600.000 €. Das Objekt ist mit einer Grundschuld von 500.000 € belastet, von denen aber bereits 50.000 € getilgt waren, sodass tatsächlich an Schulden 450.000 € übernommen wurden. Wenn Sie nun vom Steuerwert (400.000 €) die Schulden abziehen (450.000 €), dann ergibt sich ein negativer Wert von 50.000 €. Emil zahlt also keine Erbschaftsteuer, er könnte sogar noch weitere 50.000 € steuerfrei geerbt haben.

Schenkungen werden jedoch anders behandelt. Hier können die Schulden nur im Verhältnis von Verkehrswert zu Steuerwert des Grundstücks abgezogen werden. Das Ergebnis ist in der Regel ungünstiger als im Erbfall.

WISO-Tipp: Deshalb die Empfehlung bei belasteten Grundstücken: Wenn dies möglich ist, sollten Sie nicht in vorweggenommener Erbfolge verschenkt werden, sondern besser über den Erbfall den Eigentümer wechseln. Aber: Wer dies ernsthaft erwägt, sollte genau nachrechnen.

Betriebsvermögen wird anders bewertet

Betriebsvermögen, das geerbt oder geschenkt wird, wird nach eigenen Regeln bewertet. Einfach ist das, wenn keine Immobilien im Spiel sind. Dann wird der Steuerbilanzwert zugrunde gelegt, der meist niedrig ist. Er erfährt noch einen pauschalen Abschlag von 50 Prozent. Dies geschieht, um insbesondere mittelständische Betriebe davor zu bewahren, aus steuerlichen Gründen aufgelöst zu werden, nur damit der Fiskus bedient werden kann.

Besonders steuergünstig sind land- und forstwirtschaftliche Vermögen. Hier richtet sich die Bewertung nach der Betriebsart und der Bodenqualität.

Gehört zum Betriebsvermögen auch Grund und Boden, dann werden diese bei der Bewertung gesondert behandelt. Zunächst läuft die Rechnung nicht anders als beim oben skizzierten Privatvermögen: Man bedient sich des Ertrags- oder Bodenrichtwertes. Nur bei speziellen Firmengebäuden, die nur für die jeweilige Betriebsart nutzbar sind, gelten Sonderregeln. Solche Gebäude werden so bewertet, dass zunächst der für das jeweilige Grundstück geltende Bodenrichtwert mit der Grundstücksgröße multipliziert wird und dann ein Abschlag von 30 Prozent vorgenommen wird anstatt der 20 Prozent bei Privatvermögen. Der dazu addierte Gebäudewert wird der Steuerbilanz entnommen. Es ergibt sich dann folgende Formel:

Steuerlicher Grundbesitzwert für spezielle Firmengebäude =
(Bodenrichtwert x Grundstücksgröße) – 30 %
+ Steuerbilanzwert des Gebäudes

Selbst wenn der Grundbesitz bei einem Unternehmen eine bedeutende Rolle spielen sollte, so ist er doch nicht alles, was das Unternehmen und seinen Wert ausmacht. Aber so vielfältig die einzelnen Unternehmen auch sind, die wir in unserer Wirtschaft vorfinden, so vielfältig ist die Art, sie zu bewerten. So werden Einzelunternehmen mit dem Einheitswert ihres Betriebsvermögens bewertet. Eine Beteiligung an einer Personengesellschaft wird anteilig bewertet. Gibt es Grundbesitz, dann addiert sich der Grundbesitzwert mit den Steuerbilanzwerten der übrigen Vermögensgegenstände.

Sind Anteile an einer GmbH oder an einer nicht börsennotierten Aktiengesellschaft zu bewerten, dann wird der so genannte gemeine Wert herangezogen. Man zieht dazu die in den letzten Jahren stattgefundenen Anteilsverkäufer heran. Hat es solche gegeben, dann wird daraus der tatsächliche Marktwert des Unternehmens hochgerechnet. Gibt es keine solche Vergleichspreise, dann bedient man sich des so genannten Stuttgarter Verfahrens: Man setzt wieder den Grundbesitzwert an und schätzt das sonstige Vermögen unter Berücksichtigung der Ertragsaussichten. Das Ergebnis ist normalerweise ein höherer Steuerwert, als wenn ein Einzelunternehmen oder eine Personengesellschaft nach dem Steuerbilanzwert eingeschätzt wird. Deshalb wird vor Übertragungen gelegentlich geraten, die Rechtsform zu wechseln. Das sollten Sie aber in kompetenter Runde eingehend besprechen.

Wie wird Kunst bewertet?

Wenn Sie Kunstgegenstände geerbt haben, womöglich gar ganze Sammlungen und wenn deren Erhalt in öffentlichem Interesse liegt, dann bleiben Sie in ihrem Wert mit 60 Prozent steuerfrei – vorausgesetzt, dass sie in einem gewissen Rahmen für Forschung und Bildung zur Verfügung stehen. Völlig steuerfrei können die Objekte sein, wenn sie der Denkmalspflege unterstellt sind und sich seit mindestens 20 Jahren in Familienbesitz befinden.

Aber Vorsicht: Die Steuerbefreiung entfällt, wenn der Kunstgegenstand innerhalb von 10 Jahren nach dem Erbfall veräußert wird oder aber die Voraussetzungen für die Steuerbefreiung innerhalb dieses Zeitraums wegfallen.

Dies gilt auch für Grundbesitz, wenn es sich dabei um Kulturgut handelt. Denken Sie etwa an eine Burg, ein Schloss, eine Parkanlage. Dann muss es allerdings auch so sein, dass die Unterhaltskosten die Einnahmen übersteigen.

V.

WAS DEN ERBEN ALLES ERWARTET

Der Todesfall, man muss es hier einmal deutlich machen, bedeutet für die Hinterbliebenen neben der psychischen Belastung tüchtig Arbeit: Es muss vieles organisiert werden, einiges möglichst rasch. Denn wenn es sich bei dem Todesfall um einen natürlichen Tod gehandelt hat, sodass sich die Polizei für die Umstände nicht interessieren müsste, dann sollte die Beerdigung doch möglichst bald stattfinden. Die Vorschriften sagen, dass die Beerdigung frühestens 48 Stunden und spätestens 98 Stunden nach dem Tod erfolgen soll. Geregelt ist das im Recht des betreffenden Bundeslandes.

1. Vollmachten

Wer die Formalien erledigt, die nach einem Todesfall bewältigt werden müssen, ist gleichgültig. Die Person muss nur dazu berechtigt sein. Deshalb ist es klug, für diesen Augenblick vorgesorgt zu haben. Sehr dienlich sind Vollmachten entweder „über den Tod hinaus“ oder „für den Todesfall“.

Nun ist es ja so, dass fast jeder Mensch im Laufe seines Lebens zur Erledigung bestimmter Aufgaben Vollmachten erteilt, insbesondere gilt das im Geschäftsleben und für Bankgeschäfte. Durchaus nicht jede Vollmacht erlischt mit dem Tod dessen, der sie gegeben hat. Ob sie sich erledigt oder nicht, das richtet sich in erster Linie nach der Art der Vollmacht. Man kann eine Vollmacht befristen – dann endet sie mit dem bestimmten Datum – oder mit einer auflösenden Bedingung versehen – etwa sagen, dass sie mit dem Tod erlöschen soll. Oder man sagt, dass sie nur für bestimmte Geschäfte gelten soll.

Ist es aber so, dass solche Einengungen nicht getroffen oder Bedingungen nicht gestellt wurden, dann erlischt die Vollmacht nur, wenn der Auftrag oder sonst ein Grundverhältnis sich erledigt. Hat der Erblasser den Auftrag gegeben, einen Pkw für seinen Betrieb zu kaufen oder eine Werkswohnung zu vermieten, dann könnte dieser Auftrag auch nach dem Tod des Auftraggebers bestehen bleiben.

Das heißt: Der Tod desjenigen, der die Vollmacht erteilt hat, führt nicht unbedingt zum Erlöschen der Vollmacht. Vielmehr vertritt der Bevollmächtigte nun die Erben – aber beschränkt auf den Nachlass. Der Bevollmächtigte hat seinen Auftrag, er ist vom Verstorbenen formuliert und kann (ja muss) weiter verfolgt werden. Der Bevollmächtigte braucht keine Weisungen der Erben abzuwarten. Nur: Er darf die Vollmacht nicht missbrauchen.

Auf einem anderen Blatt mag stehen, dass es vielleicht der Anstand verlangt, dass der Bevollmächtigte sich bei den Erben meldet und seine Position darlegt (vielleicht ist das sogar mit im Auftrag enthalten) und dass es vielleicht treuwidrig wäre, Geschäfte für den Nachlass zu tätigen, ohne die Erben zu informieren. Die nämlich dürfen genauso die Vollmacht widerrufen oder neu formulieren, wie das der Verstorbene gedurft hätte.

Bankvollmachten gelten in der Regel noch nach dem Tod. Man kann eine solche Vollmacht über den Tod hinaus oder auch diejenige für den Todesfall gegenüber dem Bevollmächtigten erklären oder gegenüber Dritten, die dann Adressaten der Handlung des Vertreters sind.

Beispiel: Franz Meier informiert das Autohaus Schneider, dass Klaus Müller mit dem Autohaus einen Fuhrpark zusammenstellen wird und auch die Verträge abschließen soll.

Vollmachten können auch im Testament erteilt werden. Sie müssen nur irgendwie einmal dem Bevollmächtigten zugehen.

Die Bankvollmachten sind die heikelsten und interessantesten Vollmachten über den Tod hinaus. Zunächst ist es im Todesfall überhaupt wichtig, an Geld zu kommen, denn die Beerdigung kostet etwas und könnte aus dem Nachlass bezahlt werden. In der Praxis ist es allerdings so, dass die Banken die wichtigsten Kosten, die mit der Beerdigung zusammenhängen, ohne weiteres vom Konto des Verstorbenen abbuchen lassen, denn sie wissen genau, dass für diese Kosten ohnehin der Nachlass haftet.

Findige Erben interessieren sich dafür, möglichst vor dem Erbfall Zugriff auf die Konten des Erblassers zu erhalten (vor allem aber die Kontonummern zu erfahren). Wer nämlich rechtzeitig die Konten abräumt, hat einen Vorteil gegenüber den Miterben. Die Banken teilen dem Finanzamt mit, was am Todestag von ihnen verwaltet wurde, auch welche Schließfächer und welche Wertpapierdepots es gibt. Gab es aber die Konten gar nicht mehr, dann gibt es auch nichts mehr zu melden. Aber es ist klar: Wer so verfährt, betrügt eventuell. Und wem das Finanzamt auf die Schliche kommt, der wird wegen Steuerhinterziehung belangt. Im Übrigen werden durch solch ein Handeln gegebenenfalls auch die Miterben um ihr Erbe gebracht.

Kontovollmacht können natürlich auch die Erben oder der Testamentsvollstrecker erhalten. Das bietet sich sogar an, weil die Erben in der Regel das Begräbnis ausrichten und dringende Rechnungen begleichen wollen.

Die Erben, versehen mit einer Vollmacht, tun sich also sehr viel leichter, nach dem Tod des Erblassers die ersten Verfügungen vorzunehmen. In vielen Fällen wird man von ihnen keinen Erbschein verlangen, den zu erhalten zeitaufwändig sein kann, vor allem dann, wenn gar nicht klar ist, wer Erbe ist.

Die Bevollmächtigung des Testamentsvollstreckers hinsichtlich der Konten kann auch deshalb sinnvoll sein, weil man diese Person ohnehin aufgrund ihrer Vertrauenswürdigkeit auswählt. Mit solch einer Vollmacht versehen muss er sich nicht innerhalb der ihm als Testamentsvollstrecker auferlegten Grenzen bewegen – da darf er zum Beispiel keine Schenkungen vornehmen – sondern er kann im Rahmen der Vollmacht handeln.

Wie sieht eine Vollmacht aus?

Eine Vollmacht hat keine bestimmte Form. Man erklärt sie entweder gegenüber den Bevollmächtigten (beispielsweise in der Anwaltsvollmacht oder gegenüber dem Makler) oder gegenüber Dritten, also etwa an die Bank, an Post oder Versicherung.

Sie müssen selbst dann keine besondere Form einhalten, wenn das Rechtsgeschäft, das der Bevollmächtigte vornehmen soll, formbedürftig ist. Die Postbank und die anderen Kreditinstitute halten für die Bankgeschäfte Formulare bereit. Geht es um Grundstücksgeschäfte, muss die Unterschrift notariell beurkundet werden.

WISO-Tipp: Die Vollmacht sollte aus Sicherheitsgründen und zu Beweiszwecken immer schriftlich niedergelegt werden. Handelt es sich um komplizierte Geschäfte, die der Bevollmächtigte tätigen soll, dann gehen Sie zum Notar – sei es auch nur deshalb, dass der Text mit juristischem Sachverstand formuliert wird.

Machen Sie es aber nicht zu kompliziert. Die wichtigste Handlung ist sicher die, dass Sie einem Vertrauten die Verfügungsmacht über Ihre Konten geben. Da hilft Ihnen Ihre Bank. Auch Ihre Versicherer haben für diese Fälle Formulare parat. Alles andere könnte ein Testamentsvollstrecker erledigen.

Sie pfuschen mit solch einer Vollmachtsvergabe auch nicht den Erben ins Geschäft. Die können die Vollmachten (ab Erbfall) jederzeit widerrufen – sofern sich aus der Vollmacht nichts anderes ergibt. Der Erbe erbt also auch das Widerrufsrecht. Wenn in einer Generalvollmacht das Widerrufsrecht ausgeschlossen ist, kann das sittenwidrig und der Ausschluss unwirksam sein.

Wenn es nicht nur einen Erben, sondern eine Erbengemeinschaft gibt, dann kann diese gemeinsam die Vollmachten widerrufen. Es kann auch jeder Miterbe widerrufen, das aber nur für sich, dann ist das Vertretungsrecht bezüglich der anderen Erben nicht berührt. Der Testamentsvollstrecker und der Nachlassverwalter können (allerdings nur im Rahmen ihrer Befugnisse) gleichfalls Vollmachten widerrufen.

WISO-Tipp: Erben sollten gegenüber den Banken des Erblassers vorsichtshalber sofort alle Vollmachten des Verstorbenen widerrufen.

Allerdings ist es kurz nach dem Tod des Erben oft schwer, nachzuweisen, dass man Erbe ist. Gibt es ein Testament, dann legen Sie dieses vor. Einen Erbschein haben Sie noch nicht. Die Bank wird dann normalerweise vorsichtig sein und zumindest vorerst keine Gelder an einen Bevollmächtigten zahlen.

2. Der Erbschein

Die Ausführungen zu den Vollmachten zeigen Ihnen schon, wo das Problem für die Erben liegt, wenn der Erbfall eingetreten ist: Sie brauchen Informationen, weil nicht klar ist, worin das Erbe besteht, Sie müssen handeln können, um die dringendsten Dinge zu erledigen, und sei es nur für die Beerdigung. Sie müssen aber auch sonst an Informationen über den Erblasser und seine Verhältnisse herankommen können. Dafür müssen sie sich als Berechtigte ausweisen können (und wissen vielleicht nicht einmal, ob sie wirklich Erbe sind und wenn ja, zu welcher Quote). Da ist eine Vollmacht des Erblassers viel wert. Die hilft auf Dauer aber nicht. Der Erbe muss überlegen, ob er einen Erbschein braucht.

Der Erbschein ist ein amtliches Zeugnis des Nachlassgerichts, welches auf Antrag erteilt wird, Aussagen über die Erbfolge macht und eventuelle vom Erblasser angeordnete Beschränkungen der Erbenstellung festhält. Mit dem Erbschein können sich die Erben gegenüber Dritten legitimieren. Der Erbschein sagt allerdings nicht mit hundertprozentiger Sicherheit, wer Erbe ist. Er begründet lediglich eine Vermutung zugunsten der in ihm genannten Person, also in seiner Richtigkeit und der Vollständigkeit seines Inhalts. Es kann durchaus sein, dass der Erbschein später eingezogen werden muss, weil sich herausstellt, dass andere die Erben sind. Das kann beispielsweise passieren, wenn ein jüngeres Testament gefunden wird als dasjenige, aufgrund dessen der Erbschein ausgestellt worden ist. Dieses Risiko wird allerdings bewusst in Kauf genommen, weil sonst überhaupt keine Möglichkeit bestünde, dass mit dem Nachlass umgegangen werden kann.

Immerhin: Wer Nachlassgegenstände erwirbt und dabei auf den Inhalt des Erbscheins vertraut hat, der erwirbt den Gegenstand rechtmäßig, weil er gutgläubig war.

Wann brauchen Sie einen Erbschein?

Sie wissen ja schon: Sie sind automatisch Erbe, also Eigentümer des Nachlasses mit dem Augenblick des Erbfalls, selbst wenn Sie davon gar nichts wissen. Auch der Besitz am Nachlass geht an den Erben über.

Dazu ein kleiner juristischer Ausflug: Die Juristen unterscheiden zwischen Besitz und Eigentum. Eigentümer einer Sache ist der, der das volle Recht hat, damit zu machen was er will (auch, es zu belasten, etwa ein Grundstück mit einer Hypothek: Der Eigentümer bleibt derselbe). Der Besitzer ist nur der, der die Sache gerade in Händen hält.

Beispiele: Mutter Martha gehört (ist also Eigentümerin) eine wertvolle Brosche. Die leiht sie ihrer Tochter Maria für den Debütantinnenball. Solange Maria die Brosche trägt, ist sie Besitzerin der Brosche, aber nicht Eigentümerin. Sie darf sie also nicht verkaufen (weil das nicht zum Leihvertrag gehörte). Solange Martha die Brosche in der Schmuckschatulle aufbewahrt ist sie gleichzeitig Besitzerin und Eigentümerin.

Übernimmt etwa der Erbe eine Villa, in deren Garage ein Mietwagen steht, dann übernimmt er mit dem Erbfall den Besitz an dem Mietwagen und kann berechtigterweise im Rahmen des Mietvertrages damit fahren. Er wird natürlich nicht Eigentümer dieses Fahrzeugs.

Der Erbe braucht also nicht immer einen Erbschein. Um aber das Erbrecht durchzusetzen, kann es nötig sein, dass man seine Erbposition beweist. Vor allem, wenn Sie wertvolle Dinge von Leuten herausverlangen müssen, die diese im Besitz haben. Dann wollen diese den Nachweis der Erbenstellung sehen, damit sie nicht an den Falschen herausgeben. Wenn Sie ein Grundstück geerbt haben und das nicht mit Hilfe des Testaments nachweisen können, müssen Sie dem Registergericht den Erbschein vorlegen. Die Erteilung des Erbscheins kostet aber durchaus Geld. Sie sollten also schon darüber nachdenken, ob das nötig ist.

Beispiel: Vater Franz stirbt und hinterlässt seine Ehefrau Franziska und zwei Kinder. Das Konto bei der Bank lautet auf die beiden Eltern, ein Sparbuch aber nur auf Franz. Geerbt wird auch die Wohnzimmereinrichtung. – Franziska wird wohl ohne Erbschein auskommen: Die Einrichtung des Wohnzimmers ist bereits in ihrem Besitz. Da gibt es keine Probleme. Über das Konto kann sie ohnehin verfügen. Vom Sparbuch kann normalerweise abheben, wer es vorlegt (Inhaberpapier). Kündigen kann sie es aber nur zusammen mit den Kindern.

Das Erbscheinverfahren

Sie müssen den Erbschein beantragen, wenn Sie wirklich einen brauchen. Der Antrag geht an das Amtsgericht (Abteilung Nachlassgericht), in dessen Bezirk der Verstorbene gemeldet war, also seinen Wohnsitz hatte (nicht Aufenthalt). Wenn ein Testament oder Erbvertrag vorliegt, erteilt den Erbschein der Rechtspfleger, in einigen Fällen der Richter. In Baden-Württemberg müssen Sie ein Notariat aufsuchen.

WISO-Tipp: Den Antrag müssen Sie schriftlich stellen oder zu Protokoll des Nachlassgerichts. Ansonsten ist er formfrei. Vom Notar muss er nicht aufgenommen werden (entgegen einer verbreiteten Meinung). Aber Sie müssen genau sagen, was Sie wollen: Zu welcher Quote Sie Erbe sind, ob es einen Testamentsvollstrecker gibt, ob eine Nacherbschaft bestimmt ist. Bei der Errechnung der Quote wird man Ihnen helfen.

Genau aufgezählt sind folgende Daten im Erbschein zu finden: Name und Todestag des Erblassers, die Erben, ihre Erbteile in Quoten und die Verfügungsbeschränkungen, also ob Nacherbfolge angeordnet ist oder Testamentsvollstreckung.

War also Vor- und Nacherbfolge angeordnet worden, dann erhält nur der Vorerbe nach dem Erbfall einen Erbschein. Dieser muss dann zusätzlich zu den genannten Mindestdaten Angaben zur Anordnung der Nacherbfolge erhalten und die genauen Voraussetzungen, unter denen die Nacherbfolge einzutreten hat. Das kann beispielsweise der Tod des Vorerben sein oder der Umstand, dass er Nachkommen hat. Der Nacherbe muss möglichst genau benannt sein, ebenso die Bestimmungen zum Ersatznacherben, zur Nichtvererblichkeit des Nacherbenrechts, zur Befreiung von Beschränkungen und zur Testamentsvollstreckung.

Nicht im Erbschein erscheinen Teilungsanordnungen, Vermächtnisse, Pflichtteilsansprüche oder Auflagen. Im Erbschein muss nicht einmal erwähnt sein, ob sich die Erbfolge nach den Verfügungen im Testament richtet oder nach der gesetzlichen Erbfolge.

Es gibt verschiedene Arten von Erbscheinen: Den Alleinerbschein, den gemeinschaftlichen Erbschein, den Teilerwerberbschein und den gegenständlich beschränkten Erbschein. Daneben gibt es noch den Gruppenerbschein, den gemeinschaftlichen Teilerbschein und den vereinigten Erbschein.

Das Wesen des **Alleinerbscheins** ergibt sich bereits aus seiner Bezeichnung: Er dokumentiert das Erbrecht des Alleinerben, des Universalerben.

Gibt es mehrere Personen als Erben, dann kann jeder einzelne der Miterben einen **Teilerbschein** beantragen, es kann aber auch ein gemeinschaftlicher Erbschein erteilt werden oder beides. Der Teilerbschein kann von einem der Miterben nur für sich beantragt werden und dokumentiert dann sein eigenes Erbrecht, er kann aber auch über das Erbrecht eines anderen Miterben beantragt werden und sagt etwas über die Mitberechtigung sowie die Größe des Erbteiles aus.

In einem **gemeinschaftlichen Erbschein** werden alle Erben aufgeführt und die Größe ihrer Erbteile. Er enthält im Übrigen eine Erklärung darüber, dass auch die übrigen Miterben die Erbschaft angenommen haben. Der Gruppenerbschein und der gemeinschaftliche Teilerbschein sind im Gesetz nicht erwähnt. Sie wurden von der Rechtsprechung entwickelt. Beim **Gruppenerbschein** handelt es sich um eine Zusammenfassung mehrerer Teilerbscheine in einer Urkunde, die auf Antrag aller in der Urkunde genannten Miterben ausgestellt ist. Der Gruppenerbschein bezeugt nicht das Erbrecht aller Miterben. Schon auf Antrag nur eines Miterben kann ein gemeinschaftlicher Teilerbschein ausgestellt werden. Das kann dann wichtig werden, wenn mehrere Erbstämme beteiligt sind und in einem der Stämme die Verteilung noch nicht geklärt ist.

Schließlich gibt es den ebenfalls von der Rechtsprechung entwickelten **vereinigten Erbschein**, auch Sammelerbschein oder zusammengefasster Erbschein genannt. Bedarf an dieser Art von Erbschein besteht dann, wenn mehrere Erbscheine in einer Urkunde zusammengefasst werden müssen, wenn mehrere Erbfälle schnell aufeinander folgen.

Beispiel: Erblasserin Elisabeth hinterlässt einen Sohn Siegfried und die beiden Enkel Ernst und Ernestine. Nach kurzer Zeit stirbt aber auch der Sohn Siegfried. Es können die Erbscheine der beiden Todesfälle Elisabeth und Siegfried in einer Urkunde zusammengefasst werden.

Es gibt noch den **territorial beschränkten Erbschein**, der auch gegenständlich beschränkter Erbschein genannt wird und in Ausnahmefällen Ausländern erteilt wird oder Staatenlosen. Er bezieht sich lediglich auf deren Vermögen in Deutschland. Normalerweise nämlich richtet sich die Erbfolge nach dem Recht des Staates, dessen Angehöriger der Erblasser bei seinem Tod war. Ist deshalb aber ausländisches Erbrecht anzuwenden, weil der Erblasser nicht Deutscher war, und gibt es Nachlassteile in Deutschland, dann kann ein deutsches Nachlassgericht einen Fremdrechtserbschein erteilen. Dieser Erbschein erfasst nur das Inlandsvermögen des Erblassers und sagt nur insoweit etwas über das Erbrecht des Erben aus. Dieser Umstand muss dem Erbschein auch zu entnehmen sein und seine beschränkte Geltung und das maßgebliche ausländische Recht.

Das Recht zur Beantragung eines Erbscheins haben der Alleinerbe, jeder Miterbe, dieser auch für einen anderen Miterben, der Vorerbe, der Nacherbe (der allerdings erst nach Eintritt des Nacherbfalles) und der Testamentsvollstrecker, der Nachlassverwalter, Nachlassinsolvenzverwalter und der Abwesenheitspfleger. Ferner können den Erbschein beantragen die Gläubiger des Erblassers und des Erben, wenn sie einen Titel (ein Urteil) vorlegen können und den Erbschein benötigen, um eine Zwangsvollstreckung durchführen zu können.

Der Vermächtnisnehmer ist nicht antragsberechtigt, auch nicht der Auflagenbegünstigte und der Pflichtteilsberechtigte. Dagegen sind wiederum berechtigt Erbenerben, Erbteilserwerber und Erbteilskäufer, diese aber nur auf den Namen der Erben.

Welche Angaben müssen Sie machen, wenn Sie einen Erbschein beantragen?

Wie so häufig lautet die Antwort: Das kommt darauf an. Hier ist entscheidend, ob der Erbschein vom gesetzlichen Erbe beantragt wird oder aufgrund eines Testaments.

Wenn ein Erbschein als gesetzlicher Erbe beantragt wird, müssen Sie folgende Angaben machen:

- Welches war der letzte Wohnsitz des Erblassers?
- Welches war der Todeszeitpunkt des Erblassers?
- Welches ist das Verhältnis, auf dem das Erbrecht des Antragstellers beruht? Hier geht es um das Verwandtschafts- oder Ehegattenverhältnis. Stellen Sie den Antrag als Ehegatte, dann müssen Sie angeben, in welchem Güterstand sich die Ehe zuletzt befunden hat, denn davon hängt die Quote des überlebenden Ehegatten ab.
- Sind Personen vorhanden, die den Antragsteller von der Erbfolge ausschließen, die seinen Erbteil mindern? Und welches sind diese Personen? Hier müssen also alle die Menschen genannt werden, die vor und nach dem Erbfall weggefallen sind, ganz gleich, ob sie gesetzliche oder testamentarische Erben gewesen wären.
- Gibt es Testamente des Erblassers und wenn ja welche? Es müssen dem Nachlassgericht alle, auch widerrufene oder ungültige oder sonst wirkungslos gewordene Testamente vorgelegt werden.

- Ist ein Rechtsstreit über das Erbrecht des Antragstellers anhängig?
- Welches ist der Nettowert des Nachlasses? Hier geht es vor allem um die Ermittlung der Gebühren für die Erteilung des Erbscheins.

Wenn Sie einen Erbschein aufgrund eines Testaments beantragen, dann machen Sie folgende Angaben:

- der letzte Wohnsitz des Erblassers,
- der Todeszeitpunkt,
- die Verfügung, auf der Ihr Erbrecht beruht,
- ob und welche sonstigen Verfügungen des Erblassers von Todes wegen vorhanden sind,
- ob ein Rechtsstreit über das Erbrecht anhängig ist,
- ob es eine Person gibt, die weggefallen ist und durch die Sie von der Erbfolge ausgeschlossen werden würden oder sich eine Minderung Ihres Erbteils ergeben würde,
- der Nettowert des Nachlasses.

Sie müssen die Richtigkeit Ihrer Angaben durch öffentliche Urkunden nachweisen, also beispielsweise durch Geburtsurkunden, Heiratsurkunden, Sterbeurkunden oder Familienbücher. Abschriften der meisten dieser Urkunden erhalten Sie von den Standesämtern, die sie einstmals abgefasst haben.

Wenn es nicht mehr möglich ist, diese Urkunden zu beschaffen oder nur unter großen Schwierigkeiten, dann können Sie auch andere Beweismittel nutzen, etwa Zeugen benennen. Die anderen Angaben, die Sie im Antrag machen müssen, müssen Sie glaubhaft machen, und zwar durch eine eidesstattliche Versicherung vor Gericht oder vor einem Notar.

Das Nachlassgericht darf Ihnen den Erbschein nur dann erteilen, wenn es von der Richtigkeit der Angaben überzeugt ist, die zur Begründung des Antrages notwendig sind. Im Zweifel muss das Gericht von Amts wegen die erforderlichen Ermittlungen anstellen und geeignete Beweise erheben. Dabei ist die Ermittlungsfrist ziemlich weitgehend. Notfalls muss das Nachlassgericht dann, wenn alle verfügbaren Beweismittel erschöpft sind, nach allgemeinen Beweislastregeln entscheiden. In schwierigen Fällen kann das Nachlassgericht zunächst einen Vorbescheid erlassen. Dieser Vorbescheid ist eine Ankündigung des Gerichts an alle beteiligten Personen, dass es den beantragten Erbschein erteilen wird, wenn nicht fristgerecht Beschwerde eingelegt wird.

Wurde Ihnen die Erteilung des Erbscheins abgelehnt, dann haben Sie das Rechtsmittel, welches Erinnerung heißt, und danach die Möglichkeit der einfachen Beschwerde oder der einfachen weiteren Beschwerde. Der Vorbescheid kann seinerseits auch mit der Beschwerde angefochten werden.

Wurde Ihnen dagegen der Erbschein so erteilt, wie Sie das beantragt haben, dann steht Ihnen dagegen keine Beschwerde mehr zu. Es kann aber sein, dass eine solche Beschwerde als Anregung aufgefasst wird oder als Antrag an das Nachlassgericht, den Erbschein wegen Unrichtigkeit einzuziehen oder für kraftlos zu erklären.

Auch sonst hat das Nachlassgericht gegebenenfalls die Pflicht, die Richtigkeit des Erbscheins zu überprüfen, obwohl er bereits erteilt wurde, dann nämlich, wenn Gründe ersichtlich sind, dass der Erbschein unrichtig ist oder unrichtig geworden ist. Solch ein Fall liegt beispielsweise dann vor, wenn plötzlich ein Testament aufgefunden wird, in dem eine andere als die gesetzliche Erbfolge genannt ist.

Außer der Einziehung gibt es noch die Möglichkeit der Berichtigung eines Erbscheins. Sie kommt dann in Frage, wenn offenkundige Unrichtigkeiten in der Urkunde enthalten sind, wie etwa Schreib- oder Rechenfehler.

Kraftlos wird der Erbschein erst mit der Einziehung aller Ausfertigungen. Kann der Erbschein nicht eingezogen werden, etwa deshalb, weil auch nur eine Ausfertigung fehlt, dann muss das Nachlassgericht den Erbschein durch öffentliche Zustellung (öffentliche Bekanntmachung) kraftlos erklären.

Erst wenn der Erbschein in dieser Weise eingezogen oder für kraftlos erklärt worden ist, kann man von den Personen, die auch im Erbschein genannt sind, nicht mehr gutgläubig erwerben.

Als wirklicher Erbe haben Sie gegenüber jemanden, der einen

unrichtigen Erbschein hat, ein Herausgaberecht, gerichtet auf den unrichtigen Erbschein. Der Besitzer des unrichtigen Erbscheines ist gegenüber dem wahren Erben auskunftspflichtig.

Was kostet der Erbschein?

Kosten, die entstehen, wenn Sie einen Erbschein beantragen, können erheblich sein, die Vorteile, einen zu haben, allerdings auch. Deshalb sollten Sie sich diesen Antrag genau überlegen.

Entscheidend für die Bestimmung der Gebühren, die das Nachlassgericht erhält, ist der Wert des Nachlasses. Dabei kommt es auf den Wert im Zeitpunkt des Erbfalles an. Man bestimmt es aus den Aktiva des Nachlasses abzüglich seiner Verbindlichkeiten. Man addiert also beispielsweise den Wert der Konten und den Wert der Aktien, jeweils zum Verkehrswert. Das gilt auch für Immobilien. Hier zählt also nicht die steuerliche Bewertung. Das Gericht kann sich keines Gutachters bedienen.

Abgezogen werden alle Schulden, auch Bankschulden. Das Ergebnis – auf den Stichtag bezogen – ist der Wert des Nachlasses. Den Wert muss das Nachlassgericht von Amts wegen ermitteln. Dazu wird dem Antragsteller ein Formblatt übergeben, das alle denkbaren Situationen abfragt, die zu berücksichtigen sind. Wenn Sie mit dem gerichtlich gefundenen Wert nicht einverstanden sind, dann müssen Sie dagegen Rechtsmittel einlegen.

Steht dann der Wert des Nachlasses fest, dann können Sie einer Tabelle entnehmen, welche Gebühr einem Nachlasswert entspricht. Da steht dann beispielsweise zu lesen, dass bei 5.000 € Nachlasswert 42 € eine volle Gebühr sei. Dazu muss man wissen, dass für bestimmte Tätigkeiten (etwa des Gerichts) ein bestimmter Multiplikator der vollen Gebühr anzuwenden ist.

So erhebt das Gericht für die Erteilung des Erbscheins einschließlich des vorangegangenen Nachlassverfahrens eine volle Gebühr nach der Kostenordnung, bei einem Nachlass von 5.000 € also 42 €. Eine weitere volle Gebühr fällt an für die Beurkundung der eidesstattlichen Versicherung des Antragstellers. Wenn es sonst keine Tätigkeit gibt, die dem Gericht abverlangt wird, dann fallen also zwei volle Gebühren an. (Man spricht immer von „vollen Gebühren“, weil es andere Fälle gibt, in denen nicht volle Gebühren berechnet werden, sondern Bruchteile.)

Lässt der Erbe die Erbscheinerteilung durch einen Anwalt durchsetzen, dann erhält dieser auch ein Honorar, welches sich gleichfalls nach dem Wert des Nachlasses richtet. Er hat aber eine eigene Gebührentabelle. Läuft das Verfahren glatt, ohne Komplikationen, dann erhält er $^{7,5}/_{10}$ Gebühr (bei 5.000 € beträgt die volle Gebühr beim Anwalt 219 €; eine $^{7,5}/_{10}$ Gebühr entspricht 164,25 €; das macht mit einer Pauschale und der Mehrwertsteuer zusammen dann 219,10 €).

Das Gericht aber benutzt folgende Tabelle (dies ist nur ein Auszug):

Bei einem Nachlasswert bis ...	...beträgt die volle Gebühr
1.000 €	10 €
5.000 €	42 €
20.000 €	72 €
50.000 €	132 €
100.000 €	207 €
150.000 €	282 €
200.000 €	357 €
250.000 €	432 €
500.000 €	807 €
1.000.000 €	1.557 €

3. Erben müssen auch haften

Wenn Sie eine Erbschaft machen, dann fällt nicht einfach Vermögen auf Sie zu. Sie sind Rechtsnachfolger des Verstorbenen. Und der hatte sicher nicht nur Vermögen, er hatte vielleicht auch Schulden, er ist Verträge eingegangen, er musste Verbindlichkeiten erfüllen. Sie treten mit dem Erbfall in sein Leben ein und setzen es für einige

Monate gewissermaßen anstatt des Verstorbenen fort, bis Sie alle Verbindungen, die er hatte, gelöst haben.

Der einfachste Fall: Sie sind Erbe Ihres Vaters. Dieser hatte noch vor seinem Tod seinen Mercedes zur Inspektion gegeben. Sie müssen nun für ihn handeln: Man muss Ihnen (wenn geklärt ist, dass Sie der Erbe sind) den Wagen herausgeben. Aber die Inspektion muss bezahlt werden. So hätte es der Vater auch tun müssen. Die Rechnung der Werkstatt ist eine Nachlassverbindlichkeit.

Mit dem Tod aber ist eine unsichere Situation entstanden. Da sind die Gläubiger des Verstorbenen, die Angst um ihr Geld haben, oder die Schuldner, die hoffen, dass man sie vergisst. Da sind Sie als Erbe, der nicht weiß, welche Ansprüche berechtigt an Sie herangetragen werden. Ihre eigenen Gläubiger freuen sich, dass Sie nun reicher sind, also eher Ihre eigenen Schulden zahlen werden. Und Sie haben kein Interesse daran, die Schulden Ihres Vaters aus eigener Tasche zu bezahlen. Diese Gemengelage muss langsam geordnet werden und zwar möglichst zur Zufriedenheit aller Beteiligten. Ordnen wir die Schulden, die Sie treffen (können), dann gibt es folgende Arten:

- Erblasserschulden,
- Erbfallschulden,
- Nachlasserbenschulden,
- Erbenschulden,
- Geschäftsschulden.

Erblasserschulden

Das sind Schulden, die noch zu Lebzeiten des Erblassers bei ihm entstanden sind (die Rechnung der Kfz-Werkstatt) oder die der Erblasser zumindest noch verursacht hat. Sie gehen mit dem Erbfall auf den Erben über und er haftet für sie.

Erbfallschulden

Diese Schulden entstehen erst mit dem Erbfall oder danach. Sie gehen nur den Erben als Erben etwas an und wurden nicht vom Erblasser verursacht, allenfalls dadurch, dass sie sich aus dem Testament ergeben. Dazu zählen die Ansprüche der Pflichtteilsberechtigten gegen den Erben, die des Vermächtnisnehmers auf Erfüllung des Vermächtnisses oder auf Erfüllung von Auflagen. Es kann Zugewinnausgleichsforderungen an den Erben geben (nämlich des Ehegatten des Erblassers). Auch die Bestattung ist zu zahlen oder die Erbschaftsteuer. Die Testamentseröffnung kostet Geld, meistens auch die Auseinandersetzung des Erbes.

Nachlasserbenschulden

Diese Schulden sind etwa jene, die entstehen, weil der Nachlass erhalten und gepflegt werden muss: Ein Gebäude muss gesichert werden, ein Unternehmen erhält dafür den Auftrag. Macht hier der Erbe klar, dass er nur für den Nachlass handelt, dann haftet nur dieser und nicht das Eigenvermögen des Erben.

Erbenschulden

Das sind die Schulden, die der Erbe allein und selbst macht und für die er deshalb mit seinem Eigenvermögen haftet. Die Gläubiger solcher Schulden können aber unter Umständen in den Nachlass vollstrecken. Die Nachlassgläubiger können das eventuell verhindern.

Geschäftsschulden

Ist Teil des Nachlasses ein Unternehmen und hat für dieses der Erblasser Schulden gemacht, dann haftet der Erbe dafür wie im Falle der Erblasserschulden. Die Haftung kann er beschränken.

4. Wenn im Erbfall Auslandsberührung besteht

Mallorca, so heißt es, sei die Lieblingsinsel der Deutschen, gleich gefolgt von den Kanaren und dann vielleicht von Ischia. Manche tun so, als ob Mallorca ein weiteres Bundesland unserer Republik sei. Eines aber stimmt sicher: Wir sind in Deutschland inzwischen so mobil geworden, dass es bald gang und gäbe sein wird, dass bei Erbfällen Auslandsberührung vorkommt.

Wer oft auf Mallorca Urlaub macht, kauft dann doch eines Tages dort ein Appartement oder eine Finca. Da kann es zur Vorbereitung auf den Erbfall wichtig sein zu wissen, wie solch eine Immobilie erbrechtlich behandelt wird.

Die andere Seite ist auch häufig anzutreffen: Ein Österreicher lebt bei uns oder ein Türke. Was geschieht mit deren Nachlass, wenn sie einmal sterben?

Wenn Sie solche Fälle klären müssen, dann befinden Sie sich im Internationalen Privatrecht. Der Begriff ist irreführend. Bei diesen Regeln handelt es sich jeweils um nationales Recht: Jeder Staat hat sein eigenes Internationales Privatrecht. Mit seiner Hilfe wird die Frage beantwortet, welches Recht anwendbar ist: das deutsche oder das ausländische, welches betroffen ist.

Wenn Auslandsberührung besteht, sollten Sie folgendermaßen prüfen:

- Welches Recht (deutsches oder ausländisches) ist anwendbar?
- Es sind Formfragen zu klären.
- Es sind Verfahrensfragen zu klären. (Welche Stelle ist zuständig, wie sieht es mit den Erbscheinen aus?)

Welches Recht ist anwendbar?

Normalerweise richtet sich das anwendbare Recht nach der Staatsangehörigkeit des Erblassers. Ausnahmen bestehen bei uns bezogen auf eine Verbindung zum Iran, zur Türkei oder zu Russland und den GUS-Staaten. Hier gibt es gesonderte Abkommen, deren Inhalt entscheidend ist.

Sonst aber ist zu sagen, dass unser Recht bei einem nicht deutschen Erblasser pauschal auf das Recht des fremden Staates verweist. Man muss dann prüfen, wie diese Verweisung dort ankommt. Nimmt der fremde Staat den Verweis auf ihn an oder verweist er vielleicht wieder zurück zum Ausgangsstaat? Also nach Deutschland oder gar in ein drittes Land?

Das dänische und norwegische Recht zum Beispiel verweist zurück nach Deutschland. Dort wird gesagt, dass der Wohnsitz des Erblassers als das anwendbare Recht anzunehmen ist. Wohnte der verstorbene Däne also in München, dann ist deutsches Erbrecht maßgebend.

Für Immobilien gibt es solch eine Rückverweisung öfter. Es wird dann gesagt, dass Grundbesitz erbrechtlich nach dem Recht des Staates zu behandeln ist, in dem sich der Grund und Boden befindet. Hat ein Franzose in Deutschland eine Immobilie und stirbt er, so ist diese nach deutschem Recht zu behandeln. Ähnliches gilt für:

- Belgien,
- Südafrika,
- Großbritannien,
- verschiedene Bundesstaaten der USA und
- Kanada.

WISO-Tipp: Bei Auslandsberührung ist höchste Vorsicht angesagt. Unser Recht knüpft an die Staatsangehörigkeit an, andere an den letzten Wohnort, wieder andere an den Ort einer Immobilie oder es wird zwischen beweglichem und unbeweglichem Vermögen unterschieden. So kann es zu Nachlassspaltungen kommen: Teile unterliegen einem anderen Recht als andere Stücke. Es gibt nicht viele Spezialisten, die hier kundig sind. Aus deutscher Sicht ist zu sagen, dass nach unserem Recht immer die Einhaltung unserer Formvorschriften wegen unserer Anknüpfung an den Ort ausreicht. Wenn das Testament aber auch in einem anderen Land gelten soll, müssen Sie sich erkundigen, welche Formvorschriften dort erfüllt werden müssen.

WISO-Tipp: In vielen Rechtsordnungen wird verlangt, einen Zeugen bei der Testierung hinzuziehen. Deshalb sollten Sie sicherheitshalber erwägen, einen Zeugen bei der Abfassung des Testaments mit einzubeziehen, wenn Auslandsberührung besteht. Besonders vorsichtig müssen Sie sein mit Erbverträgen oder mit einem gemeinschaftlichen Testament. Viele Staaten lassen diese Arten von Verfügungen von Todes wegen nicht zu – manchmal wird das ausdrücklich verboten, manchmal werden diese Formen gar nicht erwähnt.

Sie sehen: In solchen Fällen tut Beratung Not. Wir empfehlen sicherheitshalber folgende Klausel im Testament (übernommen von Kohler, Deutsche Notarzeitung 1961, S. 195):

„Sind einzelne der letztwilligen Verfügungen in Ländern, in denen sie Wirkung entfalten sollen, ganz oder teilweise unwirksam, so sollen sie jeweils, soweit zulässig, in erster Linie durch Auslegung, dann durch Umdeutung und letztlich durch Bestimmung eines vom Nachlassgericht zu ändernden Testamentsvollstreckers oder der entsprechenden Person im fremden Recht durch diejenige zulässige Regelung ersetzt werden, die den Zweck der unzulässigen Verfügung am nächsten kommt. Mangels einer passenden Ersatzregelung ist das Interesse des Bedachten in Geld zu ersetzen."

Erbschaftsteuer bei Auslandsberührung

Das Erbschaftsteuerrecht wird Ihnen allgemein in einem gesonderten Kapitel dieses Ratgebers erläutert. Bei Auslandsberührung ist zu sagen: Die Erbschaftsteuer umfasst den gesamten Nachlass des Erblassers im Inland und im Ausland, wobei entweder der Erblasser oder der Erwerber (also der Erbe oder der Vermächtnisnehmer) beim Erbfall ihren Wohnsitz oder ihren gewöhnlichen Aufenthalt im Inland gehabt haben muss. Auf die Staatsangehörigkcit kommt es nicht an. Wohnt aber einer von beiden hier, ist Erbschaftsteuerpflicht gegeben.

Der Begriff des Wohnsitzes wird sehr großzügig ausgelegt. Schon wer sein Häuschen in Deutschland zweimal im Jahr zu bestimmten Zwecken nutzt, hat hier seinen Wohnsitz. Selbst die Nutzung einer Wohnung bei uns nur zu regelmäßigen Arztbesuchen begründet eventuell einen Wohnsitz.

„Gewöhnlicher Aufenthalt „bedeutet: Der Betreffende darf dort nicht nur vorübergehend sein. Ist aber weder der Erblasser noch der Erbe Inländer, dann beschränkt sich die Erbschaftsteuerpflicht hauptsächlich auf den Immobilienbesitz und die Nutzungsrechte daran (also etwa Nießbrauch) und auf inländisches Betriebsvermögen. Aber: Ein Erblasser, der seinen Wohnsitz ins Ausland verlegt hat, bleibt noch fünf Jahre lang erbschaftsteuerpflichtig. Hatte der Verstorbene seinen Besitz in eine Steueroase verlegt – also in ein Niedrigsteuerland – dann besteht gleichwohl noch zehn Jahre lang die Erbschaftsteuerpflicht.

Es gibt Sonderbestimmungen da, wo bezogen auf die Erbschaftsteuer Doppelbesteuerungsabkommen mit anderen Staaten abgeschlossen wurden. Entgegen der Bezeichnung sollen solche Verträge die doppelte Besteuerung vermeiden. Es gibt sie aber nur mit Griechenland, Österreich, Schweden, der Schweiz, Israel und der USA, ebenso kurioserweise zwischen Frankreich einerseits und dem Saarland andererseits.

Die Abkommen nehmen bestimmte Vermögen teilweise ganz aus der eigenen Besteuerung (Freistellung) heraus oder es wird erlaubt, dass eine entrichtete ausländische Steuer im Inland angerechnet wird (Anrechnung). Es gibt auch Kombinationen aus beiden Varianten.

Ansonsten ist zu sagen, dass im Ausland bezahlte Erbschaftsteuer für Vermögen im Ausland auf die deutsche Erbschaftsteuer angerechnet wird, wenn es kein Doppelbesteuerungsproblem gibt. Angerechnet werden aber nur ausländische Steuern, die auf das Nachlassvermögen bezahlt wurden.

5. Was wird aus den Prozessen des Verstorbenen?

Franz Müller, Versicherungskaufmann in Eschede, war ein streitbarer Mann. Er hatte gleichzeitig mehrere Prozesse vor Zivilgerichten geführt. Einige davon hatte er selbst angestrengt. Da war er also Kläger. In anderen Fällen war er der Beklagte. Außerdem war er ein polizeibekannter Verkehrsrowdy, der sich so schnell nicht durch eine Geschwindigkeitsbegrenzung einschüchtern lies. „Ich fahre als Vertreter im Jahr 150.000 Kilometer und werde vielleicht fünfmal wegen zu schnellen Fahrens erwischt. Man möge bei Gericht doch bitte auch meine jährliche Fahrleistung zu Kenntnis nehmen. Die Sonntagsfahrer, die nur 3.000 Kilometer im Jahr zustande bringen und dabei dreimal geblitzt werden, sind doch viel schlimmer!“ Wie dem auch sei. Überraschend stirbt Franz Müller im Alter von 56 Jahren an einem Herzinfarkt am Steuer seines BMW. Was wird aus seinen Prozessen?

Wo er Kläger war – in den Fällen also, wo Franz Müller selbst vor das Zivilgericht gezogen ist – tritt ein Parteiwechsel ein. Erbin des Vermögens des Franz Müller ist seine Ehefrau Barbara, sie rückt in dem Prozess an seine Stelle.

Franz Müller hatte mit der Betreuung der Prozesse den Rechtsanwalt Bernhard Klug beauftrag. Dessen Vollmacht erlischt nicht automatisch mit dem Todesfall. Wie aber jeder Mandant kann auch die Erbin dem Anwalt jederzeit das Mandat entziehen und den Vertrag kündigen. Allerdings geht das ins Geld. Der Anwalt bekommt sein Honorar für alle bisher geleisteten Tätigkeiten. Der Anspruch geht an die Erbin, falls Franz Müller nicht schon alles bezahlt hat. Der neue Anwalt erhält auch wieder Honorar. So wie die Gebührenordnung für Rechtsanwälte konstruiert ist, ist es kaum zu vermeiden, dass zumindest in Teilen Honorar doppelt anfällt.

Der Anwalt kann wegen des Todesfalles eine Aussetzung des Verfahrens beantragen. Automatisch wird der Prozess nicht ausgesetzt, wenn ein Anwalt bevollmächtigt ist. Den Antrag auf Aussetzung des Verfahrens können auch die Gegner stellen. Hatte Franz Müller in einem Fall keinen Anwalt beauftragt, dann wird der Prozess unterbrochen, bis der Erbe ihn wieder aufnimmt. Allerdings muss der Gegner es sich nicht gefallen lassen, wenn die Unterbrechung allzu lange dauert. Er kann darauf dringen, dass weiter verhandelt wird. Erscheint dann der Erbe nicht (oder lässt er sich nicht vertreten), dann ergeht auf Antrag des Gegners ein so genanntes Versäumnisurteil. Die Behauptungen des Gegners werden als zugestanden angesehen. Gegen Versäumnisurteile kann Barbara Müller aber leicht noch einmal vorgehen.

Keinesfalls kann der Erbe gezwungen werden, den Prozess fortzusetzen, solange er das Erbe nicht angenommen hat.

Es kann sein, dass der Erblasser seinerzeit Prozesskostenhilfe bewilligt bekommen hat. Das ist das frühere Armenrecht: Wenn der Prozessbeteiligte (Kläger oder Beklagter) so arm ist, dass er den Prozess nicht finanzieren kann, dann hilft ihm der Staat. War das beim Erblasser der Fall, dann geht nach seinem Tod diese Bewilligung der Prozesskostenhilfe nicht auf den Erben über. Ist dieser aber selbst mittellos, dann kann er seinerseits wieder Prozesskostenhilfe erhalten.

Was, wenn der Erblasser mitten im Scheidungsverfahren stirbt?

Solange die Scheidung nicht rechtskräftig wurde, erledigt sich das Verfahren mit dem Tod eines der beiden Prozessbeteiligten. Nun muss das Gericht nur noch über die Kosten entscheiden. Diese werden regelmäßig gegeneinander aufgehoben. Es verbleiben auf der Seite des Verstorbenen nur noch dessen eigene Kosten. Diese müssen dann die Erben tragen.

Was passiert mit rechtskräftigen Urteilen?

Gibt es ein rechtskräftiges Urteil (im Zivilverfahren) und siegt der Erblasser (der geklagt hat), dann geht die Forderung, die im Urteil besiegelt ist, auf den Erben über. Der Erbe muss nun dafür sorgen, dass die Vollstreckungsklausel auf ihn umgeschrieben wird. Das erreicht er am leichtesten, indem er bei Gericht den Erbschein vorlegt. Dann kann er bei der Gegenseite aus dem Urteil vollstrecken.

Es kann natürlich auch ein Prozess andersherum geendet haben. Hat der Erblasser den Prozess verloren, dann können die Sieger in den Nachlass vollstrecken. Solange das Erbe noch nicht angenommen ist, wird scharf zwischen Nachlass und Eigenvermögen des Erben unterschieden, sodass Vollstreckung nicht etwa in die persönliche Habe der Erben stattfinden kann.

Davon einmal abgesehen wird aber eine bereits im Gang befindliche Zwangsvollstreckung, die gegen den Erblasser gerichtet war, nach seinem Tod gegen den Nachlass fortgesetzt.

Ein staatsanwaltschaftliches Ermittlungsverfahren, das gegen den Erblasser geführt wurde, wird mit seinem Tod von der Staatsanwaltschaft eingestellt. Der Auftrag an den Strafverteidiger erlischt mit dem Tod. Das Honorar, welches der Strafverteidiger noch zu fordern hat, ist aus dem Nachlass zu bestreiten.

Es kann auch sein, dass bereits ein Hauptverfahren gegen den Erblasser eröffnet worden war. Dieses wird mit dem Tod durch einen Beschluss des Gerichts eingestellt. Die Kosten des Verfahrens trägt die Staatskasse. Stirbt ein Verurteilter, bevor sein Urteil Rechtskraft erhält, haftet der Nachlass nicht für die Kosten des Verfahrens. Anders wenn der Tod nach der Rechtskraft eingetreten ist: In diesem Fall haftet der Nachlass.

6. Persönlichkeitsschutz des Toten

Der Schriftsteller Klaus Mann, ein Sohn von Thomas Mann, hat während seiner Emigration 1936 ein berühmtes Buch geschrieben mit dem Titel „Mephisto". Darin beschreibt er die glänzende Karriere des hochbegabten Schauspielers Hendrik Höfgen bis zum gefeierten Mimen im Dritten Reich, einer der sich um seines Ruhmes willen skrupellos mit den Mächtigen einlässt. Um diesen Roman und seine Veröffentlichung entbrannte in den 60er Jahren ein heftiger Rechtsstreit, angestrengt von den Erben des Schauspielers Gustaf Gründgens. Der Hintergrund war, dass die Erben (und nicht nur sie) behaupteten, die Romanfigur sei weitgehend entlang dem Leben des großen Schauspielers Gustaf Gründgens entwickelt worden und ähnle ihm allzu sehr (bis hin zur Namensgebung), verunglimpfe den Schauspieler Gründgens aber in unerträglicher Weise. Und: Die Vorwürfe, die im Buch erhoben werden, stimmten nicht. (Am Ende des Romans steht der Satz: „Alle Personen dieses Buches stellen Typen dar, nicht Porträts. K.M.")

Langwierige Prozesse bis hin zur Verfassungsklage hatten die Folge, dass die Veröffentlichung des Buches verboten wurde. Erst 1968 unterlief ein Verlag einfach unbeanstandet die Urteile.

Nun steht in unserer Verfassung, dem Grundgesetz, bereits im ersten Artikel, also sehr prominent, zu lesen: „Die Würde des Menschen ist unantastbar. Sie zu achten und zu schützen ist die Verpflichtung aller staatlicher Gewalt."

Damit wird das allgemeine Persönlichkeitsrecht in Worte gefasst, das jedem zusteht. Es ist also verboten, die Würde des Menschen anzutasten.

Die Gerichte sagen nun, dieses weitreichende Persönlichkeitsrecht des Menschen erlösche nicht etwa mit seinem Tod, sondern bestehe auch noch über seinen Tod hinaus. So wurde auch begründet, dass der Roman „Mephisto" nicht veröffentlicht werden durfte, obwohl Gründgens schon tot war. Die Freiheit der Kunst – eine andere wichtige Rechtsposition – gehe nicht so weit, dass das Andenken eines anderen Menschen mit Füßen getreten werden dürfe. Der

Schutz greift ein, so die Gerichte, wenn das Lebensbild des Verstorbenen grob entstellt wird, etwa wenn jemand wahrheitswidrig als Straftäter bezeichnet werde, wenn er zum Denunzianten gestempelt werde oder wenn jemand seine Bilder mit der Signatur eines anderen Malers versehe (so geschehen mit dem Namen des Malers Emil Nolde). Dieser Schutz wird zwar schwächer, je länger der Todestag des betroffenen Menschen verflossen ist, er kann aber auch noch nach 30 Jahren bestehen. Es sind die unmittelbaren Angehörigen des Toten, die den Schutz durchsetzen können. Im Falle Gründgens war es ein Adoptivsohn.

Die Krankengeschichte des Toten

Am Ende ist es eine Folge des umfassenden Persönlichkeitsrechts des Verstorbenen, dass nicht jeder Einsicht in die Krankengeschichte des Toten nehmen darf. Als Lebender ist man ohnehin geschützt durch die ärztliche Schweigepflicht. Aber der Schutz geht noch über den Tod hinaus.

Dieser oder einer entsprechenden Schweigepflicht unterliegen Ärzte, Apotheker, Berufspsychologen, Rechtsanwälte, Notare, Steuerberater und Angehörige ähnlicher Berufe, auch Bankangestellte in eingeschränktem Maße. Sie unterliegen einer gesetzlichen Schweigepflicht bezogen auf die ihnen anvertrauten Geheimnisse.

Die Personen können von dieser Schweigepflicht entbunden werden – aber nur durch den Betroffenen selbst. Und mit dem Tod des Geschützten erlischt die Schweigepflicht nicht.

Man unterscheidet rein vermögensrechtliche Schweigepflichten, etwa der Banken und der Finanzämter. Sie wirken nicht gegen die Erben. Der Erbe erbt hier auch das Entbindungsrecht und kann selbst unbeschränkt die Auskünfte über den Verstorbenen verlangen, Akteneinsicht und Einblick in Rechnungsunterlagen.

Die Schweigepflicht kann aber durchaus auch gegen die Erben bestehen, in Fällen nämlich, in denen der Verstorbene auch sie über ein Geheimnis nicht informieren wollte. So kann es sein, dass der Erblasser den Namen einer Freundin, die er neben der Ehefrau hatte, nicht preisgeben will.

Ähnlich auch die Schweigepflicht der Ärzte. Sie besteht im Zweifel auch gegenüber den Angehörigen ihres Patienten. Der kann sie davon befreien. Man streitet darüber, ob eine Einwilligung des Verstorbenen unterstellt werden darf, wann die Entbindung etwa vererbt wird oder auf Dritte übergeht.

WISO-Tipp: Die Schweigepflicht soll aber eindeutig zumindest auch die Intimsphäre des Patienten schützen, muss daher im Grundsatz auch nach dem Tod gegenüber Erben und Angehörigen gelten. Es sind die Erben, die darlegen müssen, weshalb die Entbindung von der Schweigepflicht mutmaßlich anzunehmen ist. Können sie das, dann hat der Arzt die Einsicht zu gewähren und Auskünfte zu geben. Hier kann erheblicher Konfliktstoff lagern. Der Erblasser tut gut daran, dies zu klären, am besten über die Erteilung von Vollmachten.

Anders, wenn es um Fragen der Testierfähigkeit des Erblassers geht. Hier wird der behandelnde Arzt sich nicht auf seine Schweigepflicht zurückziehen können.

Es ist sogar so, dass die genannten Gruppen der Geheimnisträger unter einer Strafandrohung stehen für den Fall, dass sie das Privatgeheimnis offenbaren (§ 203 Abs. 4 StGB). Der Verstoß wird nur auf Antrag der Angehörigen verfolgt.

Ebenfalls strafrechtlich geahndet wird die Verunglimpfung des Andenkens Verstorbener. Der Strafrahmen ist eine Freiheitsstrafe bis zu zwei Jahren oder eine Geldstrafe (§ 189 StGB). In der Regel müssen auch hier die Angehörigen einen Strafantrag stellen. In schweren Fällen kann der Staatsanwalt von sich aus handeln, jedoch nicht, wenn die Angehörigen dagegen sind.

Gab es am Ende eine Verurteilung und war die Verunglimpfung des Verstorbenen dadurch begangen worden, dass sie über Schrift verbreitet wurde, dann darf im Urteil ausgesprochen werden, dass es öffentlich bekannt gemacht wird, und zwar zumeist in der ähnlichen Art, wie die Verunglimpfung veröffentlicht wurde.

Wenn es Zweifel am natürlichen Tod gibt

Wenn es Gründe gibt, anzunehmen, dass der Tote nicht eines natürlichen Todes gestorben ist, dann ist die Polizei oder die Gemeindebehörde verpflichtet, den Fall der Staatsanwaltschaft oder dem Amtsgericht anzuzeigen. Wurde die Leiche von einem Unbekannten gefunden, dann muss immer die Anzeige erfolgen.

In einem solchen Fall muss für die Bestattung eine schriftliche Genehmigung der Staatsanwaltschaft vorliegen. Aus dem Bestattungsschein ist dann zu ersehen, ob auch die Feuerbestattung möglich ist, weil dadurch eine spätere Untersuchung der Leiche unmöglich gemacht wurde.

Nicht natürlich im Sinne der gesetzlichen Bestimmung ist der Tod bei Selbstmord, Unfall und wenn er Folge einer Straftat ist, also bei Mord, Totschlag, Körperverletzung mit Todesfolge. Es kann auch sein, dass der Tod die Folge einer ärztlichen Behandlung war, etwa einer Operation. Das ist nicht immer ein unnatürlicher Tod, wie das die Strafprozessordnung versteht, sondern erst dann, wenn es Gründe gibt, die auf einen ärztlichen Kunstfehler hindeuten oder eine sonstige unrechtmäßige Handlung durch den Arzt oder das ärztliche Personal. Haben Sie einen solchen Verdacht, dann können die Angehörigen des Toten einen anderen als den behandelnden Arzt mit der Leichenschau beauftragen, der operierende Arzt hat sogar ein Recht, seine Teilnahme daran zu verweigern.

In den Landesgesetzen ist geregelt, dass jeder Leichnam vor der Bestattung von einem Arzt untersucht werden muss – auch ohne Verdacht auf einen unnatürlichen Tod. Der Arzt – und zwar kann das jeder Arzt sein, auch der Hausarzt – muss den Tod feststellen samt der Todesart und der Todesursache und des Todeszeitpunkts. Damit soll verhindert werden, dass Scheintote begraben werden (eine vor allem im vorletzten Jahrhundert verbreitete Angst). Es wird in der Urkunde das personenstandsrechtlich Bedeutende festgehalten. Durch die Einschaltung des Arztes geschieht einiges zur Prävention übertragbarer Krankheiten. Die Notizen des Arztes dienen zudem der Todesursachenstatistik.

Der Arzt stellt den Leichenschein aus. Dieser besteht aus einem offenen Teil, der Todesbescheinigung, und einem vertraulichen Teil mit seinen genaueren Angeben zur Todesursache. Gibt es einen Verdacht, der Tod sei unnatürlich eingetreten, dann hat der Arzt die Polizei einzuschalten.

Leichenschau

Hegt man den Verdacht, dass eine Straftat mit im Spiel war, dann findet eine Leichenschau durch die Staatsanwaltschaft statt, und wenn die Staatsanwaltschaft dies beantragt, auch durch einen Richter, wobei ein Arzt hinzugezogen wird, wenn das nötig ist. Die Leichenschau können auch die Angehörigen beantragen. Wird sie vom behandelnden Arzt gefordert, können sie die Angehörigen nicht verweigern.

Obduktion

Die Leichenschau besteht nur darin, den Leichnam äußerlich zu besichtigen. Es kann auch eine Obduktion angeordnet werden, also eine Öffnung der Leiche, wenn nämlich zu befürchten ist, dass Fremdverschulden Todesursache war oder weil man den Zeitpunkt des Todes festzustellen will. Die Obduktion ordnet die Staatsanwaltschaft oder der Richter an. Geben die Angehörigen dazu nicht ihre Zustimmung, dann kann die Leiche beschlagnahmt werden.

Weitere Gründe für die Obduktion können sein:

- Die Ärzte wollen aus wissenschaftlichen Gründen die Todesursache feststellen.
- Es sind Fragen der Arzthaftung zu klären.
- Die Versicherung verlangt die Obduktion, weil die Todesursache für ihr Eintreten erheblich ist (strittig ist, ob die Versicherer ihr Verlangen auch durchsetzen dürfen).
- Der Sozialversicherungsträger kann die Obduktion nach der Reichsversicherungsordnung verlangen.
- Es kann auch Gründe zu einer Blutentnahme geben, weil der Blutalkoholgehalt festgestellt werden muss – etwa bei einem tödlich verlaufenen Verkehrsunfall. Verweigern die Begünstigten eines solchen Verkehrsunfalls (etwa die Eltern des Verunglückten) die Zustimmung zu der Blutentnahme, dann kann es

sein, dass die Versicherung nicht leisten muss, wenn es entscheidend darauf ankommt, ob Alkohol die Unfallursache war.
- Der Verstorbene soll verbrannt werden und die Todesursache ist nicht eindeutig geklärt.
- Strafrechtliche Ermittlungen machen die Obduktion nötig.
- Seuchenpolizeiliche Gründe erfordern die Obduktion.

Die Obduktion ist ein schwerer Eingriff in die Persönlichkeitsrechte des Verstorbenen, die insofern noch über den Tod hinaus wirken. Verwalter dieser Rechte sind die nächsten Angehörigen, vor allem der Ehegatte. Sie müssen nach dem mutmaßlichen Willen des Verstorbenen entscheiden, wenn sich der Wille nicht sonst ermitteln lässt (etwa über das Testament).

Wegen des Eingriffs in die Persönlichkeitsrechte des Verstorbenen kann die Obduktion in folgenden Fällen nur mit Zustimmung des Verstorbenen bzw. seiner Angehörigen vorgenommen werden

- wenn die Obduktion nur wissenschaftlichen Fragen dient,
- wenn Fragen der Arzthaftung geklärt werden sollen,
- wenn die Obduktion Versicherungsfragen klären soll.

WISO-Tipp: Lassen Sie sich nicht vom Personal der Klinik überrumpeln, in der Ihr Angehöriger gestorben ist. Krankenhäuser lassen ihre Patienten häufig Verträge unterschreiben, in denen sie sich für den Todesfall mit der Obduktion einverstanden erklären zur Feststellung der Todesursache oder zu wissenschaftlichen Zwecken. Es ist rechtlich umstritten, ob diese Klauseln überhaupt gültig sind. Es handelt sich dabei wahrscheinlich um Teile der Allgemeinen Geschäftsbedingungen der Klinik. Nach dem Recht der Allgemeinen Geschäftsbedingungen sind solche Vereinbarungen nicht wirksam. Sie sollten sich also wehren, wenn Sie gegen die Obduktion sind und im Notfall die Klausel gerichtlich überprüfen lassen.

Will die Klinik die Obduktion doch durchführen, dann beantragen Sie dagegen den Erlass einer einstweiligen Verfügung, die die Obduktion zumindest vorerst verbietet. Strafrechtlich ist solch eine Obduktion gegen Ihren Willen als Angehöriger und Erbe aber wohl nicht relevant.

Die Obduktion nehmen zwei Ärzte vor, wobei einer davon Gerichtsarzt sein muss oder Leiter eines öffentlichen gerichtsmedizinischen oder pathologischen Instituts oder ein Arzt, der von einem solchen Institut beauftragt ist. Der behandelnde Arzt des Toten soll nicht die Leichenöffnung vornehmen, er kann aber aufgefordert werden, dabei zu sein, um seine Kenntnisse der Krankheitsgeschichte beizutragen. Die beiden Ärzte müssen im Allgemeinen Kopf, Brust- und Bauchhöhle öffnen. Geht es um den Verdacht einer Vergiftung, sind Chemiker oder Toxikologen beizuziehen. Über all das ist ein Protokoll zu verfassen, das gegebenenfalls mit Fotografien ergänzt wird.

Exhumierung

Es kommt vor, dass erst nach der Beerdigung Gründe auftauchen, doch noch eine Obduktion vorzunehmen, etwa dann, wenn später der Verdacht einer Vergiftung als Todesursache aufkeimt. Dann bleibt nur noch, den Toten wieder auszugraben, ihn zu exhumieren. Solch eine Exhumierung und die Leichenöffnung danach wird vom Richter angeordnet, wenn Eile geboten ist, auch vom Staatsanwalt. Ein Angehöriger des Toten ist über die Anordnung zu benachrichtigen, sofern er ohne große Schwierigkeiten ermittelt werden kann und der Untersuchungszweck dadurch nicht gefährdet wird. Bei einer gerichtlichen Exhumierung muss keine Erlaubnis des Friedhofsträgers eingeholt werden.

Organtransplantation

Unsere Mediziner haben einen wachsenden und dringenden Bedarf an menschlichen Organen, die Patienten implantiert werden können. Gesucht sind vor allem Spender von Nieren, Leber, Augenhornhaut, Herz, Gewebe und Ähnlichem.

Gerade dann, wenn ein junger Mensch durch einen Unfall ums Leben gekommen ist, also nicht krank war, melden sich Organsucher sehr bald bei den Hinterbliebenen, die noch unter dem Schock der Todesnachricht stehen und nun auch noch entscheiden sollen, ob ein Organ ihres Toten gespendet werden soll. Das sind für alle

Beteiligten schlimme Stunden. Gleichwohl muss mit diesem Dilemma umgegangen werden.

Die erste Frage in solch einer Situation ist: Gibt es eine Äußerung des Verstorbenen dazu. Wenn also ein Organspende-Ausweis vorliegt oder eine entsprechende Verfügung im Testament, dann ist die Sache schnell und positiv entschieden. Auch die definitive Ablehnung des Verstorbenen gegenüber einer Organspende muss respektiert werden. Meist aber wird es keine klare Weisung geben. Dann geht die Frage an die Angehörigen – und zwar in einer bestimmten Hierarchie: Gibt es einen Ehepartner des Erblassers, dann hat der das Wort und die Entscheidung. War der Verstorbene aber schon Witwer oder nie verheiratet, dann entscheiden die nächsten Verwandten, also die Kinder. Dies allerdings ist strittig, wie auch nicht klar ist, ob es reicht, wenn ein Kind zustimmt, die anderen aber nicht oder ob Einstimmigkeit gegeben sein muss.

WISO-Tipp: Wir tendieren zur Einstimmigkeit und nicht dazu, dass zum Beispiel ein Kind zur Entscheidung ausreichen kann oder ein Mehrheitsvotum. Es scheint uns nicht einleuchtend, dass die Frage behandelt wird wie sonst eine, die an eine Erbengemeinschaft gestellt wird. Denn es geht um das Persönlichkeitsrecht des Verstorbenen. Daher scheint es sich eher anzubieten, für die Bejahung einer Organspende Einstimmigkeit der Berechtigten zu verlangen. Aber: Die Frage wird unter Fachleuten nicht einhellig beantwortet.

Wie bei der Obduktion kommt es auch hinsichtlich der Problematik um die Transplantation vor, dass die Kliniken sich von einem Patienten die Einwilligung zur Transplantation geben lassen. Gemeint sind die Fälle, in denen jemand vor einer Operation steht und diese tödlich verlaufen kann. Auch hier – oder: hier noch viel mehr – wird man sagen müssen, dass solche Einwilligungen unwirksam sind, weil wieder das Recht der Allgemeinen Geschäftsbedingungen anzuwenden ist und die einschlägige Klausel überraschend ist. Eine überraschende Klausel in den Allgemeinen Geschäftsbedingungen ist unwirksam.

In der DDR gab es eine Transplantations-Verordnung, demzufolge die Organentnahme bei Verstorbenen zur Transplantation möglich ist, sofern sich der Verstorbene zu Lebzeiten nicht anders festgelegt hat. Hier musste man also die Transplantation ausdrücklich verbieten und die Angehörigen hatten nichts zu entscheiden, weder für noch gegen die Transplantation. Nach nicht ganz unbestrittener, aber wohl herrschender Meinung gilt diese Regelung noch weiter in den neuen Bundesländern.

Ein Leichnam – der Wissenschaft dienend

Die Anatomischen Institute der Universitäten haben auch einen Bedarf an Leichen, die sie zu Studienzwecken untersuchen können. Dieser Bedarf ist aller Ehren wert, aber trotzdem steht der Leichnam unter einem starken Schutz des Persönlichkeitsrechts des Verstorbenen, der am Ende schwerer wiegt als das wissenschaftliche Interesse.

Zunächst ist zu sagen: Jedermann ist frei, zu bestimmen, dass sein Leichnam einstmals der Wissenschaft zur Verfügung gestellt wird. Genauso frei ist er aber auch, dies zu untersagen.

Auch hier wird es in den meisten Fällen aber keine Äußerung des Toten geben, dic er hinterlassen hat. Es werden also wieder die Angehörigen entscheiden müssen und wieder ist es der Ehegatte, der allein dafür oder dagegen entscheiden kann, danach erst die Kinder.

Es wird aus dieser Angelegenheit kein Geschäft gemacht: Die Universitäten bezahlen die Überlassung der Leiche nicht. Wohl aber werden sie Kosten übernehmen, die zwangsläufig anfallen, also etwa für den Transport, die Beerdigung oder die Grabpflege.

ANHANG

I. Muster für Verfügungen von Todes wegen und Beispiele für einzelne spezielle Regelungen

Sie finden in diesem Kapitel einige Vorschläge zur Gestaltung von Testamenten oder sonstigen Verfügungen von Todes wegen. Nehmen Sie diese als Anregungen. Bedenken Sie stets, dass die Beispiele nichts anderes sein können als Hinweise, denn das Leben bietet bekanntlich Millionen von Varianten. Daher sind auch für die Formulierung und den Inhalt von letztwilligen Verfügungen die verschiedensten Kombinationen und Ausgestaltungen denkbar.

! **WISO-Tipp:** **Beachten Sie bitte vor allem:** Wenn Sie ein privatschriftliches Testament errichten wollen, dann ist es nur wirksam, wenn es eigenhändig geschrieben und ebenso eigenhändig unterschrieben ist. Beim Ehegattentestament genügt es zwar, wenn einer der Gatten das Testament schreibt, es müssen aber beide unterschreiben.

Versichern Sie sich stets vor der Abfassung eines Testaments des Rats eines erfahrenen Juristen und Steuerberaters. Das gilt umso mehr, je größer der Nachlass ist und je mehr Personen bedacht werden sollen. Im Zweifel errichten Sie den letzten Willen notariell.

a.) Einzeltestamente

Einsetzung eines Alleinerben mit Ersatzerbfolge

Ich, **Felix Hauser**, geb. am 29.08 1944, setze meine Schwester **Anita Traus** in Neustadt zu meiner alleinigen und unbeschränkten Erbin ein. Ersatzerben sind ihre Abkömmlinge nach der gesetzlichen Erbfolge.

Ingolstadt, den 26. 10. 1999 Felix Hauser

Einsetzung mehrerer Erben mit Ersatzerbfolge

Ich, **Felix Hauser**, setze als Erben ein:
a) meine Schwester **Anita Traus**, in Neustadt zu $^1/_2$
b) meinen Neffen **Fritz Olshardt** in Altstadt zu $^1/_4$
c) meine Nichte **Gerda Sauer** in Altstadt zu $^1/_4$.

Wenn einer der eingesetzten Erben den Erbfall nicht erleben oder aus anderen Gründen als Erbe wegfallen sollte, sind die Ersatzerben dessen Abkömmlinge nach Stämmen. Sind solche nicht vorhanden, wächst der betreffende Erbteil den übrigen Erben nach dem Verhältnis ihrer Erbteile an.

Bestimmung einer einfachen Vor- und Nacherbfolge

Ich, **Felix Hauser**, setze meine Ehefrau **Gerda Hauser** zu meiner alleinigen Vorerbin ein. Für die Rechte und Beschränkungen gelten die §§ 2112 ff. BGB.

Nacherben sind meine Kinder:

a) **Wolfgang Hauser** geboren am 22.02.1984, wohnhaft in Frankfurt/Oder,

b) **Anna Konda** geb. Hauser, geboren am 12.12.1985, wohnhaft in Dresden,

c) **Heidi Hauser**, geboren am 29.10.1989 wohnhaft in Prag, zu gleichen Teilen.

Der Nacherbfall tritt mit dem Tode der Vorerbin oder im Falle ihrer Wiederverheiratung ein.

Vor-, Nach- und Ersatzerbfolge

Zu meinen Erben setze ich ein:
1. meinen Sohn **Max Moran**,
geboren am 30. Juni 1988,
wohnhaft in Mannheim
zu $^1/_2$.

2. meine Tochter **Paula Moran**,
geboren am 12. Januar 1992,
wohnhaft in Heidelberg
zu $^1/_2$.

Ich ordne Nacherbfolge an. Nacherben sind die jeweiligen Abkömmlinge der Vorerben, untereinander nach dem Verhältnis der gesetzlichen Erbteile.

Ersatzerben eines jeden Vorerben sind die an seine Stelle tretenden Nacherben. Ersatzerben eines jeden Nacherben sind dessen im Zeitpunkt des Erbfalls lebenden oder erzeugten Abkömmlinge, untereinander nach dem Verhältnis der gesetzlichen Erbfolge.

Sind keine Ersatzerben vorhanden, tritt Anwachsung nach der gesetzlichen Erbfolge ein.

Die Nacherbfolge tritt ein mit dem Tod eines jeden Vorerben. Die Vorerben sind von sämtlichen gesetzlichen Beschränkungen, soweit das möglich ist, befreit.

Die Nacherbenanwartschaft ist weder vererblich noch übertragbar. Die Übertragung der Nacherbenanwartschaft an den Vorerben ist jedoch zulässig.

Vermächtnisse und Auflagen

Ich ordne folgende **Vermächtnisse** an:

1. Frau **Lisa Lindner** vermache ich das Eigentum an sämtlichen Gegenständen meines Hausrates und der Wohnungseinrichtung des Hauses in Kreßbronn.
2. Frau **Martha Scheibner** vermache ich ferner ein lebenslanges dingliches Wohnungsrecht an sämtlichen Räumen meines Hauses in Mannheim-Waldhof einschließlich des dazugehörenden Gartens und der sonstigen Anlagen. Die Ausübung dieses Rechts ist nicht von einer Gegenleistung abhängig. Das Recht darf Dritten nicht zur Ausübung überlassen werden. Das Wohnungsrecht erlischt, wenn Frau Scheibner das Haus auf Dauer verlässt.
   Die Erben jedoch sind verpflichtet, auch die Kosten der gewöhnlichen Erhaltung von Haus und Grundstück sowie die Aufwendungen für die Versorgung mit Heizung, Strom und Wasser zu tragen. Im Übrigen gelten die gesetzlichen Vorschriften.
3. Das Eigentum an der Ferienwohnung in Konstanz vermache ich Herrn **Florian Faltermann**.
4. Die Erben sind verpflichtet, die auf die vorstehend angeordneten Vermächtnisse zugunsten von **Frau Scheibner** entfallende Erbschaftsteuer zu entrichten.

5. Herr **Klaus Martell** erhält einen Geldbetrag von 10.000,– €. Ersatzvermächtnisnehmer ist seine Frau Maria Meier-Martell.
6. Meine Nichte **Sonja Lubeseder** erhält mein Sparguthaben bei der Karls-Bank und die Versicherungssumme aus der Lebensversicherung bei der Vita (Police Nr. 1000/000). Einen Ersatzvermächtnisnehmer bestimme ich nicht.
   Dieses Vermächtnis fällt erst an, wenn meine Nichte volljährig wird. Die Erträge abzüglich der Aufwendungen in der Zeit zwischen Erbfall und Anfall des Vermächtnisses stehen meiner Nichte zu, sind jedoch erst mit Anfall des Vermächtnisses an sie auszuzahlen.
7. Meine Briefmarkensammlung erhält mein Bruder **Konrad**, ersatzweise
   dessen Sohn **Moritz**. Mein Bruder hat die Briefmarkensammlung an seinen Sohn herauszugeben, wenn dieser volljährig wird. Einen Ersatznachvermächtnisnehmer bestimme ich nicht. Ansprüche des Nachvermächtnisnehmers wegen Verlust oder Verschlechterung sind ausgeschlossen.

Die Vermächtnisnehmer können die Erfüllung der ihnen zugewandten Vermächtnisse längstens bis drei Jahre nach dem Anfall verlangen.

Für den Fall, dass sich einzelne vermachte Rechte oder Gegenstände bei meinem Tod nicht mehr in meinem Nachlass befinden, wende ich den Bedachten die hierfür angeschafften Surrogate zu, soweit diese noch vorhanden sind. Sind Rechte oder Gegenstände nicht mehr vorhanden und auch keine Surrogate an ihre Stelle getreten, erledigt sich das Vermächtnis.
Reicht mein Nachlass nicht zur Erfüllung sämtlicher Vermächtnisse aus, sind zunächst die Vorausvermächtnisse zu erfüllen. Fällt ein mit dem Vermächtnis Beschwerter weg, bleibt das Vermächtnis wirksam. Die Kosten für die Erfüllung sämtlicher Vermächtnisse trägt der Nachlass.

Ich ordne folgende **Auflagen** an:

1. Meine Beerdigung, die Errichtung des Grabes und dessen Pflege soll meine Frau **Walburga** nach ihrem Ermessen veranlassen. Die erforderlichen Kosten sind dem Nachlass zu entnehmen.
2. Meine Erben sollen aus meinem Nachlass einen angemessenen Geldbetrag zur Förderung moderner Kunst verwenden. Die Höhe des Betrages und die Person des Begünstigten soll Herr **Prof. Karl Königer**, Bayer. Akademie der Schönen Künste, nach billigem Ermessen bestimmen.
   Er kann von den Erben die Vollziehung der Auflage verlangen.
   Fällt ein mit der Auflage Beschwerter weg, bleibt die Auflage wirksam. Die Unwirksamkeit einer Auflage hat nicht die Unwirksamkeit der Zuwendung an den Beschwerten zur Folge.

Pflichtteilslast

Im Verhältnis zu den Vermächtnisnehmern und den Auflagebegünstigten haben die Erben die Pflichtteilslast allein zu tragen.

Einsetzung mehrerer Erben mit Teilungsanordnungen

Zu meinen Erben setze ich meine Kinder ein.

Als Teilungsanordnung bestimme ich, dass in Anrechnung auf ihre Erbteile erhalten:

Hildegard das Tafelsilber, **Konrad** den Schmuck und **Wolfgang** den Barockschrank.

Die Erben können einvernehmlich auch eine andere Verteilung der Gegenstände vornehmen.

b.) Gemeinschaftliche Testamente

Gegenseitige Erbeinsetzung

Wir, die Eheleute **Baldur Lang** und **Dorle Lang** geb. Klinke, setzen uns gegenseitig, und zwar der Erstversterbende den Längstlebenden von uns, zu alleinigen und unbeschränkten Erben ein.

Kreßbronn, den .... Baldur Lang Dorle Lang
geb. Klinke

„Berliner Testament" mit Bindung des Längstlebenden

Erbeinsetzung

Wir, die Eheleute **Hans** und **Johanna Krause**, setzen uns gegenseitig, und zwar der Erstversterbende den Längstlebenden von uns, zu alleinigen und unbeschränkten Erben ein.

Erbfolge nach dem Längstlebenden
Erbe des Längstlebenden von uns sind unsere Kinder **Hilde Fischer** in Keidenfeld und **Klaus Krause** in Schweinfurt.
Ein Kind, das nach dem Tod des Erstversterbenden den Pflichtteil verlangt, ist hiermit auch nach dem Tod des Längstlebenden auf den Pflichtteil gesetzt.

Bindung
Unsere vorstehenden Verfügungen sind wechselbezüglich. Sie können deshalb nur gemeinschaftlich geändert oder durch notariell beurkundete Widerrufserklärung gegenüber dem anderen Ehegatten aufgehoben werden.

Einfache Vor- und Nacherbfolge (nichtbefreite Vorerbschaft) mit Änderungsvorbehalt des Vorerben

Erbeinsetzung

Wir, die Eheleute **Hermann** und **Barbara Kohl**, setzen uns gegenseitig zu alleinigen Vorerben ein. Nacherben des Erstversterbenden und Erben des Längstlebenden von uns sind unsere gemeinsamen Kinder **Anton** und **Berta** zu gleichen Teilen. Der Nacherbfall tritt ein mit dem Ableben des Vorerben. Ersatznacherben und Ersatzerben anstelle eines weggefallenen Nacherben und Erben sind dessen Abkömmlinge nach der gesetzlichen Erbfolge. Sollten keine Abkömmlinge vorhanden sein, soll der Anteil eines weggefallenen Nacherben und Erben den anderen Nacherben und Erben, ersatzweise deren Abkömmlingen in der gesetzlichen Erbfolge, anwachsen. Die Einsetzung der Ersatznacherben erlischt, falls die Nacherben ihr Anwartschaftsrecht auf den Vorerben übertragen.

Änderungsvorbehalt

Wir behalten dem Längstlebenden von uns ausdrücklich das Recht vor, die gegenständliche und wertmäßige Verteilung seines eigenen Vermögens auf unsere Abkömmlinge durch Verfügungen unter Lebenden oder von Todes wegen nach seinem freien Ermessen zu bestimmen, ohne dass er dabei an irgendwelche Mindestquoten gebunden wäre. Er kann auch Teilungsanordnungen und Vorausvermächtnisse bestimmen, auch Nacherbfolge anordnen und Testamentsvollstreckungen. Ausgeschlossen sollen sein Verfügungen von Todes wegen zugunsten von Nicht-Abkömmlingen.

Widerruf eines gemeinschaftlichen Testaments

(Dies ist nur vor einem Notar möglich)

Vorbemerkung

Ich, **Hermann Kohl**, geb am 23.10.1968, habe am 12.11.1989 mit meiner **Ehefrau Barbara Kohl** ein gemeinschaftliches Testament errichtet.

Widerruf

Ich widerrufe gegenüber meiner Ehefrau sämtliche in diesem gemeinschaftlichen Testament enthaltenen Verfügungen zu ihren Gunsten und zugunsten unserer Tochter Andrea.
Die übrigen nicht wechselbezüglichen Verfügungen des gemeinschaftlichen Testaments bleiben aufrechterhalten.

Sonstiges

Der Notar wird beauftragt, eine Ausfertigung dieses Widerrufs meiner Ehefrau unter der letzten mir bekannten Adresse Bauerstr. 2 in München zu senden. Der Widerruf soll durch Gerichtsvollzieher zugestellt werden.
Der Notar wird beauftragt, den Widerruf dem Geburtsstandesamt anzuzeigen. Ich beantrage, eine beglaubigte Abschrift dieser Urkunde an mich zu senden.

Aufhebung früherer Verfügungen
Wir, das Ehepaar **Franz** und **Sonja Klisser**, heben hiermit alle etwaigen, bisher von uns einseitig oder gemeinschaftlich getroffenen Verfügungen von Todes wegen auf.
Wir sind beide ausschließlich deutsche Staatsangehörige.

Testierfreiheit
Jeder von uns erklärt, dass er nicht durch Bindungen aus einem früheren gemeinschaftlichen Testament oder Erbvertrag mit einer anderen Person an der Errichtung dieses Erbvertrages gehindert ist.

Gegenseitige Erbeinsetzung
Wir setzen uns gegenseitig, nämlich der Erstversterbende den Längstlebenden von uns, zum alleinigen unbeschränkten Erben seines gesamten dereinstigen Nachlasses ein.
Diese Erbeinsetzung gilt unabhängig davon, ob und gegebenenfalls welche pflichtteilsberechtigten Eltern oder Abkömmlinge beim Ableben des Erstversterbenden von uns vorhanden sein werden.
Es gibt keine Wiederverheiratungsklausel.

Bindungswirkung
Der Notar hat uns über die durch einen Erbvertrag begründeten erbrechtlichen Bindungen gemäß § 2289 Abs. 1 Satz 2 BGB belehrt. Es ist uns bekannt, dass spätere erbrechtliche Verfügungen eines Vertragspartners insoweit unwirksam sind, als sie gegen die vertraglich bindenden Verfügungen eines Erbvertrages verstoßen. Wir erklären gleichwohl, dass wir die vorstehend vereinbarte Erbeinsetzung des Längstlebenden von uns gegenseitig mit erbvertraglicher Wirkung annehmen. Ein einseitiges Rücktrittsrecht nach § 2293 BGB wird nicht vorbehalten.

Schlussbemerkungen
Weitere Verfügungen von Todes wegen wollen wir heute nicht treffen.

c.) Testamentsvollstreckung

Ich ordne Testamentsvollstreckung an.

Zu meinem Testamentsvollstrecker ernenne ich
Frau **Rechtsanwältin Dr. Karla Meier**, Düsseldorf.
Sollte der Testamentsvollstrecker vor oder nach Annahme des Amtes wegfallen, ernenne ich zum Ersatztestamentsvollstrecker Herrn **Rechtsanwalt Dr. Martin Baldur**, Bonn.

Sollte auch der Ersatztestamentsvollstrecker vor oder nach Annahme des Amtes wegfallen, so kann dieser einen Nachfolger ernennen. Übt der Ersatztestamentsvollstrecker sein Bestimmungsrecht nicht aus, ersuche ich das Nachlassgericht, einen geeigneten Testamentsvollstrecker zu ernennen

d.) Stiftung von Todes wegen

Erbeinsetzung

Zu meinem alleinigen und unbeschränkten Erben berufe ich die rechtsfähige
Klaus-Meier-Kuhlmar-Stiftung.
Ich statte die Stiftung mit folgendem Vermögen aus:
1.000.000,– €
Die Stiftung soll folgende **Satzung** haben:

Name, Sitz

(1) Die Stiftung trägt den Namen **Klaus-Meier-Kuhlmar-Stiftung**.
(2) Die Stiftung hat ihren Sitz in Karlsruhe.

Stiftungszweck

(1) Zweck der Stiftung ist die Förderung der Kunst in Karlsruhe. Sie soll ferner meine Angehörigen angemessen unterhalten und meine Grabstätte pflegen.

(2) Die Stiftung verfolgt ihren Zweck insbesondere durch folgende Maßnahmen:
Unterstützung der Museen und Kunsthallen der Stadt durch kostenpflichtige Ausstellung meiner Kunstsammlung.

(3) Die Stiftung verfolgt ausschließlich und unmittelbar gemeinnützige Zwecke im Sinne der Abgabenordnung.

(4) Die Stiftung kann ihren Zweck auch dadurch erfüllen, dass sie anderen gemeinnützigen Organisationen Mittel zur Verfolgung der gemeinnützigen Zwecke zur Verfügung stellt.

(5) Die Mittel der Stiftung dürfen nur für die Verwirklichung der satzungsmäßigen Zwecke verwendet werden. Keine Person darf durch unverhältnismäßige Vergütungen begünstigt werden.

Vermögen

(1) Das Vermögen der Stiftung ist in seinem Wert ungeschmälert zu erhalten. Die Stiftung darf weitere Vermögenszuwendungen annehmen. Das Vermögen darf ausnahmsweise angegriffen werden, wenn dies zur nachhaltigen Erfüllung des Stiftungszwecks erforderlich ist und der dauerhafte Bestand der Stiftung hierdurch nicht gefährdet wird.

(2) Die Stiftung darf in angemessenem Umfang Rücklagen bilden.

Organe der Stiftung

Organe der Stiftung sind der Vorstand und der Beirat.

Vorstand

(1) Der Vorstand besteht aus einem Vorsitzenden und mindestens zwei Beisitzern. Die Mitglieder des Vorstands sind ehrenamtlich tätig und erhalten eine angemessene Aufwandsentschädigung. Mindestens ein Vorstandsmitglied soll Angehöriger eines rechts- oder steuerberatenden Berufs sein.

(2) Die Vorstandsmitglieder werden vom Beirat ernannt.

(3) Der Vorstand vertritt die Stiftung nach außen durch den Vorsitzenden und ein weiteres Mitglied. Der Vorstand führt gemeinschaftlich die Geschäfte der laufenden Verwaltung. Der Vorstand kann eine Geschäftsordnung aufstellen.

Beirat

(1) Der Beirat besteht aus mindestens drei Mitgliedern, die vom Testamentsvollstrecker benannt werden. Der Beirat wählt einen Vorsitzenden und einen Stellvertreter.

(2) Scheidet ein Mitglied des Beirats aus, benennen die übrigen Mitglieder einen Nachfolger.

(3) Der Beirat hat die Aufgabe, den Vorstand zu überwachen und die Übereinstimmung der Geschäftsführung mit dem Stiftungszweck sicherzustellen.

(4) Der Beirat entscheidet über die Änderung der Satzung der Stiftung.

Beschlüsse

Die Beschlüsse von Vorstand und Beirat werden mit einfacher Mehrheit der anwesenden Mitglieder gefasst. Bei Stimmengleichheit entscheidet die Stimme des Vorsitzenden. Änderungen der Satzung bedürfen zu ihrer Wirksamkeit der Mehrheit von zwei Dritteln der Mitglieder des Stiftungsrats.

Auflösung und Vermögensanfall

Vorstand und Beirat können gemeinsam mit $^3/_4$-Mehrheit der Mitglieder jedes Organs die Auflösung der Stiftung beschließen, wenn die dauerhafte Erreichung des Stiftungszwecks ausgeschlossen oder wirtschaftlich sinnlos ist. Das Vermögen der Stiftung fällt in diesem Fall an die Stadt Karlsruhe mit der Maßgabe, das Vermögen auch danach steuerbegünstigten Zwecken zuzuführen. Der Beschluss über die Verwendung des Stiftungsvermögens darf nur nach Einwilligung der Finanzbehörde ausgeführt werden.

(Testamentsvollstreckung)

e.) Vollmachten

Die Bundesregierung war zur Zeit des Redaktionsschlusses dabei, Fragen der Patientenverfügung, der Betreuungsverfügung u. Ä. neu zu regeln. Bitte verfolgen Sie die Presse.

Postmortale Bankvollmacht

Hiermit erteile ich, **Franz Schönhals**, geb. am 27.03.1944,
Frau **Lieselotte Schreiber,** geb. am 12.11.1970,

Vollmacht,

meine Erben hinsichtlich aller bei meinem Tod vorhandenen Bankkonten, Sparbüchern und Wertpapierdepots oder Ähnlichem gegenüber der kontoführenden Bank umfassend zu vertreten. Dies gilt hinsichtlich aller Konten, Sparbücher und Depots im In- und Ausland bei allen Sparkassen, Banken oder sonstigen Geldinstituten, mit denen ich in Geschäftsverbindung stehe.
Die Vollmacht berechtigt nicht zur Aufnahme von Krediten und Überziehung von Konten.
Die Vollmacht wird – auch im Außenverhältnis – erst mit meinem Tod wirksam. Sie gilt daher nur im Zusammenhang mit einer auf mich lautenden Sterbeurkunde.
Die Bevollmächtigte ist von den Beschränkungen des § 181 BGB befreit.
Die Vollmacht darf nicht übertragen werden. Die Erteilung von Untervollmachten ist nicht zulässig.
Die Vollmacht ist von mir jederzeit widerrufbar. Von meinen Erben kann sie nicht widerrufen werden.

Bad Kissingen, den 31. Juli 2000

(Unterschrift des Vollmachtgebers)

(Unterschrift des Bevollmächtigten bei unwiderruflicher Vollmacht)

Behördenvollmacht

Hiermit erkläre ich, **Franz Schönhals**, geboren am 27.03.1944:

Frau **Lieselotte Schreiber**, geboren am 12.11.1970, ist von mir beauftragt und berechtigt, mich gegenüber Behörden zu vertreten und Rechtsgeschäfte zu tätigen. Sie ist berechtigt, in meinem Namen Erklärungen abzugeben und Anträge zu stellen.

Die Behörden und deren Mitarbeiter sind der benannten Person gegenüber von der Schweigepflicht befreit.

Diese Vollmacht ist jederzeit frei widerruflich.

Befreiung von der Schweigepflicht

Hiermit entbinde ich, **Franz Schönhals**, geboren am 27.03.1944, meine behandelnden Ärzte von der Schweigepflicht:

Dr. Hans Kregel, Hauerstraße 9 in 80789 München

Dr. Roswitha Kirchlechner, Bauerstraße 10 in 80789 München

Verfügung zur Totensorge

Hiermit verfüge ich, **Franz Schönhals**, geboren am 27.03.1944:

Nach meinem Tode soll die Totensorge nicht von meinen Angehörigen, sondern von Frau **Lieselotte Schreiber** wahrgenommen werden. Sie ist von mir beauftragt und berechtigt, den Ort, die Art, die Gestaltung der Beerdigung und der Trauerfeier zu regeln. Sie ist ebenfalls berechtigt, die Gestaltung und Pflege meines Grabes zu bestimmen.

Erklärung über Pflege

Hiermit erkläre ich, **Franz Schönhals**, geboren am 27.03.1944:

Frau **Lieselotte Schreiber** habe ich mit der Koordinierung und Organisation meiner Pflege beauftragt. Sie ist berechtigt, in meinem Namen mit Wohlfahrtsorganisationen oder anderen Pflegeanbietern Verhandlungen zu führen und Pflegeaufträge zu erteilen.

Das Pflegepersonal und die Mitarbeiter der Organisationen sind gegenüber Frau Schreiber von der Schweigepflicht entbunden.

Patientenverfügung

Hiermit verfüge ich, **Franz Schönhals**, geboren am 27.03.1944:
Im Falle einer lebensbedrohlichen Erkrankung und der Möglichkeit, dass ich Entscheidungen nicht mehr selbst treffen kann, sollen mit

Frau **Lieselotte Schreiber**, Müllerstraße 10 in 80479 München,

die anstehenden medizinischen Fragen erörtert werden. Frau Schreiber soll in jeglicher Hinsicht als nächster Angehöriger betrachtet werden. Verwandte dürfen nur mit Zustimmung von Frau Schreiber hinzugezogen werden.
Für mich selbst wünsche ich keine lebensverlängernden Maßnahmen, wenn nicht die Aussicht besteht, dass ich über den weiteren Fortgang der Behandlung wieder selbst entscheiden kann.
Sind unumkehrbare neurologische Ausfälle eingetreten, wünsche ich keine lebensverlängernde Maßnahmen.
Ich wünsche eine konsequente Schmerztherapie, auch wenn sie süchtig machen und lebensverkürzend wirken kann.
Die behandelnden Ärzte und das Pflegepersonal sind gegenüber Frau Schreiber von der Schweigepflicht entbunden.

Betreuungsverfügung nach § 1897 BGB

> Hiermit erkläre ich, **Franz Schönhals**, geboren am 27.03.1944:
>
> Wenn ich nicht mehr in der Lage sein sollte, meine Angelegenheiten selbst zu regeln und eine Betreuung nach dem Betreuungsgesetz notwendig werden sollte, wünsche ich, dass Frau **Lieselotte Schreiber**, geboren am 12.11.1970, mit der Betreuung beauftragt wird.

2. Auszug aus dem Erbrecht

Aus dem BGB:

§ 1923 Erbfähig

(1) Erbe kann nur werden, wer zur Zeit des Erbfalls lebt.

(2) Wer zur Zeit des Erbfalls noch nicht lebte, aber bereits erzeugt war, gilt als vor dem Erbfalle geboren.

§ 1924 Erben erster Ordnung

(1) Gesetzliche Erben der ersten Ordnung sind die Abkömmlinge des Erblassers.

(2) Ein zur Zeit des Erbfalls lebender Abkömmling schließt die durch ihn mit dem Erblasser verwandten Abkömmlinge von der Erbfolge aus.

(3) An die Stelle eines zur Zeit des Erbfalls nicht mehr lebenden Abkömmlinges treten die durch ihn mit dem Erblasser verwandten Abkömmlinge (Erbfolge nach Stämmen).

(4) Kinder erben zu gleichen Teilen.

§ 1925 Erben zweiter Ordnung

(1) Gesetzliche Erben der zweiten Ordnung sind die Eltern des Erblassers und deren Abkömmlinge.

(2) Leben zur Zeit des Erbfalls die Eltern, so erben sie allein und zu gleichen Teilen.

(3) Lebt zur Zeit des Erbfalls der Vater oder die Mutter nicht mehr, so treten an die Stelle des Verstorbenen dessen Abkömmlinge nach den für die Beerbung in der ersten Ordnung geltenden Vorschriften. Sind Abkömmlinge nicht vorhanden, so erbt der überlebende Teil allein.

(4) In den Fällen des § 1756 sind das angenommene Kind und die Abkömmlinge der leiblichen Eltern oder des anderen Elternteils des Kindes im Verhältnis zueinander nicht Erben der zweiten Ordnung.

§ 1926 Erben dritter Ordnung

(1) Gesetzliche Erben der dritten Ordnung sind die Großeltern des Erblassers und deren Abkömmlinge.

(2) Leben zur Zeit des Erbfalls die Großeltern, so erben sie allein und zu gleichen Teilen.

(3) Lebt zur Zeit des Erbfalls von einem Großelternpaar der Großvater oder die Großmutter nicht mehr, so treten an die Stelle des Verstorbenen dessen Abkömmlinge. Sind Abkömmlinge nicht vorhanden, so fällt der Anteil des Verstorbenen dem anderen Teil des Großelternpaars und, wenn dieser nicht mehr lebt, dessen Abkömmlingen zu.

(4) Lebt zur Zeit des Erbfalls ein Großelternpaar nicht mehr und sind Abkömmlinge der Verstorbenen nicht vorhanden, so erben die anderen Großeltern oder ihre Abkömmlinge allein.

(5) Soweit Abkömmlinge an die Stelle ihrer Eltern oder ihrer Voreltern treten, finden die für die Beerbung in der ersten Ordnung geltenden Vorschriften Anwendung.

§ 1927 Mehrfache Verwandtschaft

Wer in der ersten, der zweiten oder der dritten Ordnung verschiedenen Stämmen angehört, erhält den in jedem dieser Stämme ihm zufallenden Anteil. Jeder Anteil gilt als besonderer Erbteil.

§ 1928 Erben vierter Ordnung

(1) Gesetzliche Erben der vierten Ordnung sind die Urgroßeltern des Erblassers und deren Abkömmlinge.

(2) Leben zur Zeit des Erbfalls die Urgroßeltern, so erben sie allein;

mehrere erben zu gleichen Teilen, ohne Unterschied, ob sie derselben Linie oder verschiedenen Linien angehören.

(3) Leben zur Zeit des Erbfalls Urgroßeltern nicht mehr, so erbr von ihren Abkömmlingen derjenige, welcher mit dem Erblasser dem Grade nach am nächsten verwandt ist; mehrere gleich nahe Verwandte erben zu gleichen Teilen.

§ 1931 Erbrecht des Ehegatten

(l) Der überlebende Ehegatte des Erblassers ist neben Verwandten der ersten Ordnung zu einem Vierteile, neben Verwandten der zweiten Ordnung oder neben Großeltern zur Hälfte der Erbschaft als gesetzlicher Erbe berufen. Treffen mit Großeltern Abkömmlinge von Großeltern zusammen, so erhält der Ehegatte auch von der anderen Hälfte den Anteil, der nach § 1926 den Abkömmlingen zufallen würde.

(2) Sind weder Verwandte der ersten oder der zweiten Ordnung noch Großeltern vorhanden, so erhält der überlebende Ehegatte die ganze Erbschaft

(3) Die Vorschrift des § 1371 bleiben unberührt.

(4) Bestand beim Erbfall Gütertrennung und sind als gesetzliche Erben neben dem überlebenden Ehegatten ein oder zwei Kinder des Erblassers berufen, so erben der überlebende Ehegatte und jedes Kind zu gleichen Teilen; § 1924 Abs. 3 gilt auch in diesem Falle.

§ 1932 Ehegattenvoraus

(l) Ist der überlebende Ehegatte neben Verwandten der zweiten Ordnung oder neben Großeltern gesetzlicher Erbe, so gebühren ihm außer dem Erbteil die zum ehelichen Haushalt gehörenden Gegenstände, soweit sie nicht Zubehör eines Grundstücks sind, und die Hochzeitsgeschenke als Voraus. Ist der überlebende Ehegatte neben Verwandten der ersten Ordnung gesetzlicher Erbe, so gebühren ihm diese Gegenstände, soweit er sie zur Führung eines angemessenen Haushalts benötigt.

(2) Auf den Voraus sind die für Vermächtnisse geltenden Vorschriften anzuwenden.

§ 1933 Ausschluss des Ehegattenerbrechts

Das Erbrecht des überlebenden Ehegatten sowie das Recht auf den Voraus ist ausgeschlossen, wenn zur Zeit des Todes des Erblassers die Voraussetzungen für die Scheidung der Ehe gegeben waren und der Erblasser die Scheidung beantragt oder ihr zugestimmt hatte. Das Gleiche gilt, wenn der Erblasser berechtigt war, die Aufhebung der Ehe zu beantragen, und den Antrag gestellt hatte. In diesen Fällen ist der Ehegatte nach Maßgabe der §§ 1569 bis 1586b unterhaltsberechtigt.

§ 1937 Letztwillige Verfügung

Der Erblasser kann durch einseitige Verfügung von Todes wegen (Testament, letztwillige Verfügung) den Erben bestimmen.

§ 1939 Vermächtnis

Der Erblasser kann durch Testament einem anderen, ohne ihn als Erben einzusetzen, einen Vermögensvorteil zuwenden (Vermächtnis).

§ 1942 Anfall der Erbschaft

(1) Die Erbschaft geht auf den berufenen Erben unbeschadet des Rechts über, sie auszuschlagen (Anfall der Erbschaft).

(2) Der Fiskus kann die ihm als gesetzlichem Erben angefallene Erbschaft nicht ausschlagen.

§ 1943 Annahme der Erbschaft

Der Erbe kann die Erbschaft nicht mehr ausschlagen, wenn er sie angenommen hat oder wenn die für die Ausschlagung vorgesehene Frist verstrichen ist; mit dem Ablauf der Frist gilt die Erbschaft als angenommen.

§ 1944 Ausschlagungsfrist

(1) Die Ausschlagung kann nur binnen sechs Wochen erfolgen.

(2) Die Frist beginnt mit dem Zeitpunkt, in welchem der Erbe von dem Anfall und dem Grunde der Berufung Kenntnis erlangt. Ist der Erbe durch Verfügung von Todes wegen berufen, so beginnt die Frist nicht vor der Verkündung der Verfügung. Auf den Lauf der

Frist finden die für die Verjährung geltenden Vorschriften der §§ 206, 210 entsprechende Anwendung.

(3) Die Frist beträgt sechs Monate, wenn der Erblasser seinen letzten Wohnsitz nur im Ausland gehabt hat oder wenn sich der Erbe bei dem Beginn der Frist im Ausland aufhält.

§ 1953 Ausschlagung

(1) Wird die Erbschaft ausgeschlagen, so gilt der Anfall an den Ausschlagenden als nicht erfolgt.

(2) Die Erbschaft fällt demjenigen an, welcher berufen sein würde, wenn der Ausschlagende zur Zeit des Erbfalls nicht gelebt hätte; der Anfall gilt als mit dem Erbfall erfolgt.

(3) Das Nachlassgericht soll die Ausschlagung demjenigen mitteilen, welchem die Erbschaft infolge der Ausschlagung angefallen ist. Es hat die Einsicht der Erklärung jedem zu gestatten, der ein rechtliches Interesse glaubhaft macht.

§ 1968 Beerdigungskosten

Der Erbe trägt die Kosten der Beerdigung des Erblassers.

§ 1969 Dreißigster

(1) Der Erbe ist verpflichtet, Familienangehörigen des Erblassers, die zur Zeit des Todes des Erblassers zu dessen Hausstand gehören und von ihm Unterhalt bezogen haben, in den ersten 30 Tagen nach dem Eintritt des Erbfalls in demselben Umfang, wie der Erblasser es getan hat, Unterhalt zu gewähren und die Benutzung der Wohnung und der Haushaltsgegenstände zu gestatten. Der Erblasser kann durch letztwillige Verfügung eine abweichende Anordnung treffen.

(2) Die Vorschriften über Vermächtnisse finden entsprechende Anwendung.

§ 2064 Errichtung des Testaments

Der Erblasser kann ein Testament nur persönlich errichten.

§ 2078 Anfechtung

(1) Eine letztwillige Verfügung kann angefochten werden, soweit

der Erblasser über den Inhalt seiner Erklärung im Irrtum war oder eine Erklärung dieses Inhalts überhaupt nicht abgeben wollte und anzunehmen ist, dass er die Erklärung bei Kenntnis der Sachlage nicht abgegeben haben würde.

(2) Das Gleiche gilt, soweit der Erblasser zu der Verfügung durch die irrige Annahme oder Erwartung des Eintritts oder Nichteintritts eines Umstandes oder widerrechtlich durch Drohung bestimmt worden ist.

(3) Die Vorschriften des § 122 finden keine Anwendung.

§ 2082 Anfechtungsfrist

(1) Die Anfechtung kann nur binnen Jahresfrist erfolgen.

(2) Die Frist beginnt mit dem Zeitpunkt, in welchem der Anfechtungsberechtigte von dem Anfechtungsgrunde Kenntnis erlangt. Auf den Lauf der Frist finden die für die Verjährung geltenden Vorschriften der §§ 203, 206, 207 entsprechende Anwendung.

(3) Die Anfechtung ist ausgeschlossen, wenn seit dem Erbfalle dreißig Jahre verstrichen sind.

§ 2094 Anwachsung

(1) Sind mehrere Erben in der Weise eingesetzt, dass sie die gesetzliche Erbfolge ausschließen, und fällt einer der Erben vor oder nach dem Eintritte des Erbfalls weg, so wächst dessen Erbteil den übrigen Erben nach dem Verhältnis ihrer Erbteile an. Sind einige der Erben auf einen gemeinschaftlichen Erbteil eingesetzt, so tritt die Anwachsung zunächst unter ihnen ein.

(2) Ist durch die Erbeinsetzung nur über einen Teil der Erbschaft verfügt und findet in Ansehung des übrigen Teiles die gesetzliche Erbfolge statt, so tritt die Anwachsung unter den eingesetzten Erben nur ein, soweit sie auf einen gemeinschaftlichen Erbteil eingesetzt sind.

(3) Der Erblasser kann die Anwachsung ausschließen.

§ 2112 Verfügungsrecht: Vorerben

Der Vorerbe kann über die zur Erbschaft gehörenden Gegenstände verfügen, soweit sich nicht aus den Vorschriften der §§ 2113 bis 2115 ein anderes ergibt.

§ 2205 Nachlassverwaltung

Der Testamentsvollstrecker hat den Nachlass zu verwalten. Er ist insbesondere berechtigt, den Nachlass in Besitz zu nehmen und über die Nachlassgegenstände zu verfügen. Zu unentgeltlichen Verfügungen ist er nur berechtigt, soweit sie einer sittlichen Pflicht oder einer auf den Anstand zu nehmenden Rücksicht entsprechen.

§ 2216 Ordnungsmäßige Verwaltung des Nachlasses

(1) Der Testamentsvollstrecker ist zur ordnungsmäßigen Verwaltung des Nachlasses verpflichtet.

(2) Anordnungen, die der Erblasser für die Verwaltung durch letztwillige Verfügung getroffen hat, sind von dem Testamentsvollstrecker zu befolgen. Sie können jedoch auf Antrag des Testamentsvollstreckers oder eines anderen Beteiligten von dem Nachlassgericht außer Kraft gesetzt werden, wenn ihre Befolgung den Nachlass erheblich gefährden würde. Das Gericht soll vor der Entscheidung, soweit tunlich, die Beteiligten hören.

§ 2247 Eigenhändiges Testament

(1) Der Erblasser kann ein Testament durch eine eigenhändig geschriebene und unterschriebene Erklärung errichten.

(2) Der Erblasser soll in der Erklärung angeben, zu welcher Zeit (Tag, Monat und Jahr) und an welchem Ort er sie niedergeschrieben hat.

(3) Die Unterschrift soll den Vornamen und den Familiennamen des Erblassers enthalten. Unterschreibt der Erblasser in anderer Weise und reicht diese Unterzeichnung zur Feststellung der Urheberschaft des Erblassers und der Ernstlichkeit seiner Erklärung aus, so steht eine solche Unterzeichnung der Gültigkeit des Testaments nicht entgegen.

(4) Wer minderjährig ist oder Geschriebenes nicht zu lesen vermag, kann ein Testament nicht nach obigen Vorschriften errichten.

(5) Enthält ein nach Absatz 1 errichtetes Testament keine Angabe über die Zeit der Errichtung und ergeben sich hieraus Zweifel über seine Gültigkeit, so ist das Testament nur dann als gültig an-

zusehen, wenn sich die notwendigen Feststellungen über die Zeit der Errichtung anderweit treffen lassen. Dasselbe gilt entsprechend für ein Testament, das keine Angabe über den Ort der Errichtung enthält.

§ 2269 Berliner Testament

(1) Haben die Ehegatten in einem gemeinschaftlichen Testamente, durch das sie sich gegenseitig als Erben einsetzen, bestimmt, dass nach dem Tode des Überlebenden der beiderseitige Nachlass an einen Dritten fallen soll, so ist im Zweifel anzunehmen, dass der Dritte für den gesamten Nachlass als Erbe des zuletzt versterbenden Ehegatten eingesetzt ist.

(2) Haben die Ehegatten in einem solchen Testament ein Vermächtnis angeordnet, das nach dem Tode des Überlebenden erfüllt werden soll, so ist im Zweifel anzunehmen, dass das Vermächtnis dem Bedachten erst mit dem Tode des Überlebenden anfallen soll.

§ 2271 Widerruf bestimmter Verfügungen

(1) Der Widerruf einer Verfügung, die mit einer Verfügung des anderen Ehegatten in dem im § 2270 bezeichneten Verhältnisse steht, erfolgt bei Lebzeiten der Ehegatten nach den für den Rücktritt von einem Erbvertrage geltenden Vorschriften des § 2296. Durch eine neue Verfügung von Todes wegen kann ein Ehegatte bei Lebzeiten des anderen seine Verfügung nicht einseitig aufheben.

(2) Das Recht zum Widerruf erlischt mit dem Tode des anderen Ehegatten; der Überlebende kann jedoch seine Verfügung aufheben, wenn er das ihm Zugewendete ausschlägt. Auch nach der Annahme der Zuwendung ist der Überlebende zur Aufhebung nach Maßgabe des § 2294 und des § 2336 berechtigt.

(3) Ist ein pflichtteilsberechtigter Abkömmling der Ehegatten oder eines der Ehegatten bedacht, so findet die Vorschrift des § 2289 Abs. 2 entsprechende Anwendung.

§ 2293 Rücktritt und Vorbehalt

Der Erblasser kann von dem Erbvertrage zurücktreten, wenn er sich den Rücktritt im Vertrage vorbehalten hat.

§ 2303 Pflichtteilsberechtigte: Höhe des Pflichtteils

(1) Ist ein Abkömmling des Erblassers durch Verfügung von Todes wegen von der Erbfolge ausgeschlossen, so kann er von dem Erben den Pflichtteil verlangen. Der Pflichtteil besteht in der Hälfte des Wertes des gesetzlichen Erbteils.

(2) Das gleiche Recht steht den Eltern und dem Ehegatten des Erblassers zu, wenn sie durch Verfügung von Todes wegen von der Erbfolge ausgeschlossen sind. Die Vorschrift des § 1371 bleibt unberührt.

§ 2307 Pflichtteil und Vermächtnis

(1) Ist ein Pflichtteilsberechtigter mit einem Vermächtnis bedacht, so kann er den Pflichtteil verlangen, wenn er das Vermächtnis ausschlägt. Schlägt er nicht aus, so steht ihm ein Recht auf den Pflichtteil nicht zu, soweit der Wert des Vermächtnisses reicht; bei der Berechnung des Wertes bleiben Beschränkungen und Beschwerungen der im § 2306 bezeichneten Art außer Betracht.

(2) Der mit dem Vermächtnis beschwerte Erbe kann den Pflichtteilsberechtigten unter Bestimmung einer angemessenen Frist zur Erklärung über die Annahme des Vermächtnisses auffordern. Mit dem Ablauf der Frist gilt das Vermächtnis als ausgeschlagen, wenn nicht vorher die Annahme erklärt wurde.

§ 2346 Erbverzicht

(1) Verwandte sowie der Ehegatte des Erblassers können durch Vertrag mit dem Erblasser auf ihr gesetzliches Erbrecht verzichten. Der Verzichtende ist von der gesetzlichen Erbfolge ausgeschlossen, wie wenn er zur Zeit des Erbfalls nicht mehr lebte; er hat kein Pflichtteilsrecht.

(2) Der Verzicht kann auf das Pflichtteilsrecht beschränkt werden.

3. Aus dem Lebenspartnerschaftsgesetz

§ 6 Erklärung zum Vermögensstand

(1) Vor der Begründung der Lebenspartnerschaft haben sich die Lebenspartner über den Vermögensstand zu erklären. Dabei müssen die Lebenspartner entweder erklären, dass sie den Vermögensstand der Ausgleichsgemeinschaft vereinbart haben, oder sie müssen einen Lebenspartnerschaftsvertrag (§ 7) abgeschlossen haben.

(2) Beim Vermögensstand der Ausgleichsgemeinschaft wird Vermögen, das die Lebenspartner zu Beginn der Lebenspartnerschaft haben oder während der Lebenspartnerschaft erwerben, nicht gemeinschaftliches Vermögen. Jeder Lebenspartner verwaltet sein Vermögen selbst. Bei Beendigung des Vermögensstandes wird der Überschüss, den die Lebenspartner während der Dauer des Vermögensstandes erzielt haben, ausgeglichen. Die §§ 1371 bis 1390 des Bürgerlichen Gesetzbuchs gelten entsprechend.

(3) Ist die Vereinbarung nach Absatz 1 Satz 2 oder der Lebenspartnerschaftsvertrag unwirksam, so besteht Vermögenstrennung.

§ 10 Erbrecht

(1) Der überlebende Lebenspartner des Erblassers ist neben Verwandten der ersten Ordnung zu einem Viertel, neben Verwandten der zweiten Ordnung oder neben Großeltern zur Hälfte der Erbschaft gesetzlicher Erbe. Zusätzlich stehen ihm die zum lebenspartnerschaftlichen Haushalt gehörenden Gegenstände, soweit sie nicht Zubehör eines Grundstücks sind, und die Geschenke zur Begründung der Lebenspartnerschaft als Voraus zu. Ist der überlebende Lebenspartner neben Verwandten der ersten Ordnung gesetzlicher Erbe, so steht ihm der Voraus nur zu, soweit er ihn zur Führung eines angemessenen Haushalts benötigt. Auf den Voraus sind die für Vermächtnisse geltenden Vorschriften anzuwenden.

(2) Sind weder Verwandte der ersten noch der zweiten Ordnung noch Großeltern vorhanden, erhält der überlebende Lebenspartner die ganze Erbschaft.

(3) Das Erbrecht des überlebenden Lebenspartners ist ausgeschlossen, wenn zur Zeit des Todes des Erblassers
1. die Voraussetzungen für die Aufhebung der Lebenspartnerschaft nach § 13 Abs. 2 Nr. 1 oder 2 gegeben waren und der Erblasser die Aufhebung beantragt oder ihr zugestimmt hatte oder
2. der Erblasser einen Antrag nach § 15 Abs. 2 Nr. 3 gestellt hatte und dieser Antrag begründet war.
In diesen Fällen gilt § 16 entsprechend.

(4) Lebenspartner können ein gemeinschaftliches Testament errichten. Die §§ 2266 bis 2273 des Bürgerlichen Gesetzbuchs gelten entsprechend.

(5) Auf eine letztwillige Verfügung, durch die der Erblasser seinen Lebenspartner bedacht hat, ist § 2077 Abs. 1 und 3 des Bürgerlichen Gesetzbuchs entsprechend anzuwenden.

(6) Hat der Erblasser den überlebenden Lebenspartner durch Verfügung von Todes wegen von der Erbfolge ausgeschlossen, kann dieser von den Erben die Hälfte des Wertes des gesetzlichen Erbteils als Pflichtteil verlangen. Die Vorschriften des Bürgerlichen Gesetzbuchs über den Pflichtteil gelten mit der Maßgabe entsprechend, dass der Lebenspartner wie ein Ehegatte zu behandeln ist.

(7) Die Vorschriften des Bürgerlichen Gesetzbuchs über den Erbverzicht gelten entsprechend.

STICHWORTVERZEICHNIS

Der WISO-Zuschauerservice

WISO im ZDF ist eine der erfolgreichsten Wirtschaftssendungen im deutschen Fernsehen. Die WISO-Tipps und andere geldwerte und informierende Sendungen haben schon vielen Zuschauern geholfen, ihre Rechte als Arbeitnehmer oder Verbraucher zu wahren, Geld zu verdienen oder zu sparen. Die Redaktion bietet darüber hinaus zur Ergänzung und Vertiefung der Tipps und Themen zahlreiche sendungsbegleitende Informationen: zum Abruf per Fax, im Internet (www.wiso.de), als Video-Text oder in Form von Büchern und Software. Hier ein Überblick über diese Dienstleistungen und Angebote.

WISO. Das Wirtschaftsmagazin – immer montags, 19.25 bis 20.15 Uhr, im ZDF.

WISO im ZDF.text auf den Tafeln ab 530.

WISO-Faxabruf. Kompakte „geldwerte" Informationen zu den Themen aus der WISO-Sendung. Den aktuellsten WISO-Tipp finden Sie immer unter 0190-25 00 25 3, das komplette Inhaltsverzeichnis aller abrufbaren Infos erhalten Sie unter 0190-25 00 25 (0,62 Cent pro Minute) sowie im ZDF.text, Tafel 533.

WISO im Internet. Unter www.zdf.de oder unter www.wiso.de mit Kurzfassungen der WISO-Tipps, aktuellen Zinskonditionen, Börseninformationen und vielen anderen Infos, die Ihnen helfen können, Geld zu sparen oder zu verdienen.

WISO-Magazin. Vierfarbige Monatszeitschrift. Mit vielen zusätzlichen Informationen zu den Beiträgen der WISO-Sendungen. Preis: 4,70 Euro als Einzelexemplar, 48,00 Euro im Jahresabonnement. Bestellung unter Telefon 01805-35 45 55 oder e-Mail wiso-service@zdf.de.

WISO-CD. Das monatlich erscheinende Medium für den PC. Ebenso wie das WISO-Magazin mit zahlreichen Zusatzinformationen zu den WISO-Tipps und anderen persönlich nutzbaren Themen. Dazu mit dem WISO-Wirtschaftslexikon, Grafikbibliothek und zusätzlichen „Knüllern" (nützliche Software). Hypertext ermöglicht einfaches Durchblättern und Zugriff auf Querverweise. Jederzeitiger Rückgriff auf die gesamte Wissensbank. Preis pro Stück: 7,14 Euro, im Abonnement 70,56 Euro. Bestellung unter Telefon 01805-35 45 55, per e-Mail wiso-service@zdf.de oder unter www.zdf.de im „WISO-Shop".

WISO-Bookware

Buch und Software in einem Paket

Software-Produkte aus der WISO-Redaktion. Viele Testsieger in ihrem Segment, zum Beispiel:

WISO-Sparbuch. Erscheint jährlich in aktueller Ausführung; Begleitbuch und Software auf CD-ROM. Hilft Steuern zu sparen und macht das Ausfüllen der Steuerformulare zum Kinderspiel.

WISO-Börse: Software zur Analyse und Verwaltung Ihrer Wertpapiere. Begleitbuch mit einer Einführung in das Geschehen an der Börse und zahlreichen Tipps. Bezug: siehe oben.

WISO-Mein Geld: Mehr als nur Homebanking. Ein umfangreiches Software-Paket zur Verwaltung Ihrer privaten Finanzen. Dazu ein Ratgeberbuch zum cleveren Umgang mit Geld.

Bezugsquelle: Buch- und Softwarehandel oder „WISO-Shop“ unter www.zdf.de. Dort finden Sie auch die komplette Übersicht.

WISO-Bücher im Überblick

WISO Aktien Fonds Futures

Eine Einführung in die Börse
herausgegeben von Michael Jungblut
320 Seiten, Paperback, 2000
ISBN 3-8323-0624-2

WISO Bewerbungsberater

Überzeugende Unterlagen / perfekter Auftritt / Online-Bewerbungen / Networking / Bewerbermessen
herausgegeben von Michael Opoczynski
288 Seiten, Paperback, 2001
ISBN 3-8323-0740-0

WISO Börsen-Buch

Das aktuelle Lexikon der Geldanlage
3., aktualisierte und erweiterte Auflage
herausgegeben von Michael Jungblut
448 Seiten, Paperback, 2001
ISBN 3-8323-0745-1

WISO Clever einkaufen

Schnäppchen finden / Kaufen im Internet / Fabrikverkauf / Preisverhandlungen / Kundenkarten und Rabattsysteme
von Michael Opoczynski
288 Seiten, Paperback, 2004
ISBN 3-636-01132-4

WISO Die richtige Immobilie

– suchen, finden, bewerten
von Claudia Krafczyk und Holger Zimmer
ca. 300 Seiten, Paperback, 2004
ISBN 3-636-01105-7

WISO Die 99 besten Tipps

Rund um Geld, Familie, Eigentum, Gesundheit
herausgegeben von Michael Jungblut
392 Seiten, Paperback, 2003
ISBN 3-8323-0942-X

WISO Euro-Berater

199 Fragen & Antworten rund um die neue Währung
von Michael Jungblut
192 Seiten, Paperback, 2001
ISBN 3-8323-0835-0

WISO Existenzgründung

Business-Plan / Finanzierung und Rechtsform / Steuern und Versicherungen / Checklisten und Adressen
2., aktualisierte und erweiterte Auflage
von Michael Opoczynski u. Willi Fausten
304 Seiten, Paperback, 2002
ISBN 3-8323-0848-2

WISO Fondsführer

Aktienfonds / Immobilienfonds / Mischfonds / Indexfonds
Mit Lexikon & Glossar
Ein Ratgeber der ZDF-Wirtschaftsredaktion
von Rudolf Rauschenberger
280 Seiten, Paperback, 2000
ISBN 3-8323-0668-4

WISO Geld-Buch

Einkommen / Vermögensverwaltung / Kredite / Versicherungen / Gewährleistungen
4., aktualisierte und erweiterte Auflage
Ein Ratgeber der ZDF-Wirtschaftsredaktion
herausgegeben von Michael Jungblut
396 Seiten, Paperback, 2000
ISBN 3-8323-0683-8

WISO Gekündigt – was nun?

Formalitäten / Finanzen / Selbstorganisation / Networking
von Annette Fuß, Anke Trutter und Bettina Blaß
384 Seiten, Paperback, 2004
ISBN 3-8323-1054-1

WISO Immobilienfinanzierung

Kassensturz / Kapitalbedarf / Finanzierungsformen / Förderungen. Mit vielen Checklisten und Rechenbeispielen
4., aktualisierte Auflage
Ein Ratgeber der ZDF-Wirtschaftsredaktion
von Michael Hölting
272 Seiten, Paperback, 2004
ISBN 3-8323-1098-3

WISO Immobilienrecht

Probleme mit: Maklern, Bauträgern, Architekten, Handwerkern
Mit vielen Fallbeispielen und Formbriefen
Ein Ratgeber der ZDF-Wirtschaftsredaktion
von Michael Hölting und Ines Gaedtke
304 Seiten, Paperback, 2000
ISBN 3-8323-0625-0

WISO Kinder, Familie, Geld

Geld vom Staat / Weniger Steuern / Erziehungsurlaub /Kindesunterhalt / Stipendien
Ein Ratgeber der ZDF-Wirtschaftsredaktion
herausgegeben von Michael Jungblut
368 Seiten, Paperback, 2002
ISBN 3-8323-0933-0

WISO Krankenkassenberater

Gesetzlich oder privat? / Kassenwechsel / Leistungsvergleiche / Alternative Medizin / Billiger im Ausland? / Pflegeversicherung
2., aktualisierte Auflage
Ein Ratgeber der ZDF-Wirtschaftsredaktion
herausgegeben von Michael Jungblut
328 Seiten, Paperback, 2004
ISBN 3-636-01095-6

WISO Mein Auto

Kauf / Versicherung / Steuern / Mängel / Service
von Thomas J. Kramer
288 Seiten, Paperback, 2002
ISBN 3-8323-0866-0

WISO Mein Recht

Das Wichtigste aus den Bereichen Arbeitsrecht / Mietrecht / Familienrecht / Erbrecht / Verkehrsrecht / Baurecht
von Sigrid Born und Nicole Würth
304 Seiten, Paperback, 2002
ISBN 3-8323-0899-7

WISO Meine Rechte im Job

Vertragsgestaltung / Urlaub / Krankheit / Kündigung / Zeugnis
von Axel Breuckmann und Nicole Würth
296 Seiten, Paperback, 2003
ISBN 3-8323-0944-6

WISO Musterbeschwerdebriefe

Schadenersatzforderungen / Garantieansprüche / Mahnungen / Rechnungskürzungen
mit professionell formulierten Textbausteinen
von Kai Christian Dietrich und Petra Hirscher
240 Seiten, Paperback, 2004
ISBN 3-636-01103-0

WISO Pflegeversicherung

Einstufungen / Leistungen / Streitfälle
von Thomas J. Kramer
264 Seiten, Paperback, 2004
ISBN 3-8323-1066-5

WISO Ratgeber für Behinderte

Pflege / Wohnen / Finanzen / Arbeit / Recht
von Wolfgang Jüngst und Matthias Nick
336 Seiten, Paperback, 2004
ISBN 3-636-01104-9

WISO Ratgeber Haustier

Steuern / Haftung / Versicherung / Tierpension / Mietklauseln
von Sigrid Born und Nicole Würth
264 Seiten, Paperback, 2003
ISBN 3-8323-0943-8

WISO Ratgeber Rechtsstreit

Anwaltssuche / Prozesskostenhilfe / Rechtsschutzversicherung / Prozesstaktik / Streitschlichtung
Von Axel Breuckmann und Nicole Würth
320 Seiten, Paperback, 2003
ISBN 3-8323-1009-6

WISO Rentenberater

Riester-Rente / Lebensversicherung / Fondssparen / betriebliche Altersvorsorge / Direktversicherung
2., aktualisierte Auflage
herausgegeben von Michael Jungblut
320 Seiten, Paperback, 2004
ISBN 3-636-01130-8

WISO Scheidungsberater

Unterhalt / Sorgerecht / Zugewinnausgleich
von Sigrid Born und Nicole Würth
3., aktualisierte Auflage
264 Seiten, Paperback, 2003
ISBN 3-8323-1053-3

WISO Sicher im Alter

Gesundheit / Wohnen / Geldanlage / Versicherungen
von Wolfgang Jüngst und Matthias Nick
336 Seiten, Paperback, 2004
ISBN 3-8323-1051-7

WISO Start Up
Die besten Konzepte der erfolgreichen Gründer
Von Michael Opoczynski und Frank Thomsen
264 Seiten, Paperback, 2003
ISBN 3-8323-0934-9

WISO Steuerberater 2002/2003
Schenken Sie nichts dem Finanzamt
von Günter D. Alt und Klaus Bothmann
336 Seiten, Paperback, 2003
ISBN 3-8323-0932-2

WISO Vermögensberater
Karriere / Wohlstand / Sicherheit
2., aktualisierte und erweiterte Auflage
herausgegeben von Michael Jungblut
352 Seiten, Paperback, 2001
ISBN 3-8323-0800-8

WISO Versicherungsberater
Finanzielle Sicherheit zum fairen Preis
2., aktualisierte und erweiterte Auflage
herausgegeben von Michael Jungblut
320 Seiten, Paperback, 2003
ISBN 3-8323-1034-7

WISO Vorsorgeplaner
Hinweise für die Nachlassregelung / Formulare für den Todesfall / Entwürfe für Patienten- Betreuungs- und Organverfügungen
Alle persönlichen Daten im Überblick / Mit vielen Checklisten und Musterschreiben
von Thomas J. Kramer, Karin Meyer-Götz, Heinrich Meyer-Götz
208 Seiten, A4, Ringbindung, 2002
ISBN 3-8323-0869-5

WISO Wirtschaftswissen
Von Abfindung bis Zahlungsbilanz
Ein Nachschlagewerk der ZDF Wirtschaftsredaktion
herausgegeben von Michael Jungblut
552 Seiten, Hardcover, 1999
ISBN 3-8323-0583-1

in Vorbereitung:

WISO Aktien Fonds Futures
Eine Einführung in die Börse
2., aktualisierte und erweiterte Auflage
herausgegeben von Michael Jungblut
ca. 300 Seiten, Paperback, 2004
ISBN 3-636-01184-7

WISO Arbeitslosengeld II
Finanzielle Sicherheit zum fairen Preis
von Wolfgang Jüngst und Matthias Nick
ca. 250 Seiten, Paperback, 2005
ISBN 3-636-01187-1

WISO Mieten und Wohnen
3., aktualisierte und erweiterte Auflage
Verträge / Mängel und Mietminderung / Nebenkosten / Musterbriefe & Checklisten
von Thomas J. Kramer
ca. 300 Seiten, Paperback, 2005
ISBN 3-636-01175-8